대한민국 법령 시리즈 359

수도법

법령
시행령
시행규칙

해광출판사

머리말

이 책은 방대한 법전을 보지 않고 간편하게 해당되는 법령만 참고해서 볼 수 있도록 하였습니다. 공공기관이나 관련 종사자들이 쉽고 간편하게 해당 법령을 참조 할 수 있도록 하였습니다.

특히 해당법률은 물론 관련 시행령, 시행규칙을 함께 실어 관련법을 서로 참고할 수 있게 하였습니다.

법률이라는 것이 크든 작든 항상 변하는 관계로, 출간 이후의 정확하고 최신의 법률은 법제처 국가법령정보센터에서 확인이 가능하니 법률의 실제 적용 시 확인이 필요한 점 유의하기를 바랍니다.

편집부

* 수록 법률은 법제처 국가법령정보센터에서 확인 가능합니다.
* 발행일 기준 시행 법률이므로 최신 법령은 위 센터에서 볼 수 있습니다.
* 본 책자에 수록된 법률의 문구에 대하여 법적인 효력은 없으며,
  실제 적용 법률은 위 센터에서 최신의 법률로 확인하시기 바랍니다.
* 해당 법령과 함께 시행령, 시행규칙도 수록되어 있습니다.
* 발행일 기준으로 개정 예정 법률은 밑줄로 별도 표시되어 있으며,
  보다 정확한 것은 법제처에서 확인하기 바랍니다.

목차

수도법

[시행 2025. 10. 1.] [법률 제21065호, 2025. 10. 1., 타법개정]

**개정 예정 법률 밑줄 별도 표시.

수도법

[시행 2025. 10. 1.] [법률 제21065호, 2025. 10. 1., 타법개정]

제1장 총칙

제1조(목적) 이 법은 수도(水道)에 관한 종합적인 계획을 수립하고 수도를 적정하고 합리적으로 설치 · 관리하여 공중위생을 향상시키고 생활환경을 개선하게 하는 것을 목적으로 한다.

제2조(책무) ①국가는 모든 국민이 질 좋은 물을 공급받을 수 있도록 수도에 관한 종합적인 계획을 수립하고 합리적인 시책을 강구하며 수도사업자에 대한 기술 지원 및 재정 지원을 위하여 노력하여야 한다.

②특별시장 · 광역시장 · 특별자치시장 · 도지사 · 특별자치도지사(이하 "시 · 도지사"라 한다)와 시장 · 군수 · 구청장(자치구의 구청장을 말한다. 이하 같다)은 관할 구역의 주민이 질 좋은 물을 공급받을 수 있도록 상수원의 관리 등에 노력하여야 한다. 〈개정 2010. 5. 25., 2011. 11. 14.〉

③특별시장 · 광역시장 · 특별자치시장 · 특별자치도지사 · 시장 · 군수(광역시의 군수는 제외한다) · 상수도조합은 관할 구역의 주민에게 수돗물이 안정적으로 공급되도록 수도시설의 관리 등에 노력하여야 한다. 〈개정 2010. 5. 25., 2011. 11. 14., 2024. 10. 22.〉

④ 도지사 · 특별자치도지사(수도사업자가 아닌 특별자치도지사를 말한다)는 관할 구역의 수도사업자에게 기술적 · 재정적 지원을 하여야 하며, 관할 구역의 수도사업 경영 및 재정체계 개선을 위하여 노력하여야 한다. 〈신설 2024. 10. 22.〉

⑤수도사업자는 수도를 계획적으로 정비하고 수도사업을 합리적으로 경영하여야 하며 수돗물을 안전하고 적정하게 공급하도록 노력하

여야 한다. 〈개정 2024. 10. 22.〉

⑥모든 국민은 국가가 추진하는 수도에 관한 시책에 협력하고 수돗물을 합리적으로 사용하도록 노력하여야 한다. 〈개정 2024. 10. 22.〉

⑦ 국가, 지방자치단체 및 수도사업자는 빈곤층 등 모든 국민에 대한 수돗물의 보편적 공급에 기여하고, 수돗물에 대한 인식과 음용률을 높이기 위하여 노력하여야 한다. 〈신설 2010. 5. 25., 2019. 11. 26., 2024. 10. 22.〉

제3조(정의) 이 법에서 사용하는 용어의 뜻은 다음과 같다. 〈개정 2008. 2. 29., 2010. 5. 25., 2011. 7. 28., 2011. 11. 14., 2013. 3. 23., 2013. 12. 30., 2018. 6. 8., 2019. 11. 26., 2020. 3. 31., 2020. 5. 26., 2024. 10. 22., 2025. 10. 1.〉

1. "원수(原水)"란 음용(飮用)·공업용 등으로 제공되는 자연 상태의 물을 말한다. 다만, 「농어촌정비법」 제2조제3호에 따른 농어촌용수는 제외하되 가뭄 등의 비상 시 대통령령으로 정하는 바에 따라 기후에너지환경부장관이 농림축산식품부장관 또는 해양수산부장관과 협의하여 원수로 사용하기로 한 경우에는 원수로 본다.

2. "상수원"이란 음용·공업용 등으로 제공하기 위하여 취수시설(取水施設)을 설치한 지역의 하천·호소(湖沼)·지하수·해수(海水) 등을 말한다.

3. "광역상수원"이란 둘 이상의 지방자치단체에 공급되는 상수원을 말한다.

4. "정수(淨水)"란 원수를 음용·공업용 등의 용도에 맞게 처리한 물을 말한다.

5. "수도"란 관로(管路), 그 밖의 공작물을 사용하여 원수나 정수를 공급하는 시설의 전부를 말하며, 일반수도·공업용수도 및 전용수도로 구분한다. 다만, 일시적인 목적으로 설치된 시설과 「농어촌정비법」 제2조제6호에 따른 농업생산기반시설은 제외한다.

6. "일반수도"란 광역상수도·지방상수도 및 마을상수도를 말한다.

7. "광역상수도"란 국가·지방자치단체·한국수자원공사 또는 기후에너지환경부장관이 인정하는 자가 둘 이상의 지방자치단체에 원수나 정수를 공급(제43조제4항에 따라 일반 수요자에게 공급하는 경우를 포함한다)하는 일반수도를 말한다. 이 경우 국가나 지방자치단체가 설치할 수 있는 광역상수도의 범위는 대통령령으로 정한다.

8. “지방상수도”란 지방자치단체 또는 상수도조합이 관할 지역주민, 인근 지방자치단체 또는 그 주민에게 원수나 정수를 공급하는 일반수도로서 광역상수도 및 마을상수도 외의 수도를 말한다.

9. “마을상수도”란 지방자치단체 또는 상수도조합이 대통령령으로 정하는 수도시설에 따라 100명 이상 2천500명 이내의 급수인구에게 정수를 공급하는 일반수도로서 1일 공급량이 20세제곱미터 이상 500세제곱미터 미만인 수도 또는 이와 비슷한 규모의 수도로서 특별시장ㆍ광역시장ㆍ특별자치시장ㆍ특별자치도지사ㆍ시장ㆍ군수(광역시의 군수는 제외한다)가 지정하는 수도를 말한다.

10. “공업용수도”란 공업용수도사업자가 원수 또는 정수를 공업용에 맞게 처리하여 공급하는 수도를 말한다.

11. “전용수도”란 전용상수도와 전용공업용수도를 말한다.

12. “전용상수도”란 100명 이상을 수용하는 기숙사, 임직원용 주택, 요양소 및 그 밖의 시설에서 사용되는 자가용의 수도와 수도사업에 제공되는 수도 외의 수도로서 100명 이상 5천명 이내의 급수인구(학교ㆍ교회 등의 유동인구를 포함한다)에 대하여 원수나 정수를 공급하는 수도를 말한다. 다만, 다른 수도에서 공급되는 물만을 상수원으로 하는 것 중 일일 급수량과 시설의 규모가 대통령령으로 정하는 기준에 못 미치는 것은 제외한다.

13. “전용공업용수도”란 수도사업에 제공되는 수도 외의 수도로서 원수 또는 정수를 공업용에 맞게 처리하여 사용하는 수도를 말한다. 다만, 다른 수도에서 공급되는 물만을 상수원으로 하는 것 중 일일 급수량과 시설의 규모가 대통령령으로 정하는 기준에 못 미치는 것은 제외한다.

14. “소규모급수시설”이란 주민이 공동으로 설치ㆍ관리하는 급수인구 100명 미만 또는 1일 공급량 20세제곱미터 미만인 급수시설 중 특별시장ㆍ광역시장ㆍ특별자치시장ㆍ특별자치도지사ㆍ시장ㆍ군수(광역시의 군수는 제외한다)가 지정하는 급수시설을 말한다.

15. 삭제 〈2010. 5. 25.〉

16. 삭제 〈2010. 6. 8.〉

17. “수도시설”이란 원수나 정수를 공급하기 위한 취수(取水)ㆍ저수(貯水)ㆍ도수(導水)ㆍ정수(淨水)ㆍ송수(送水)ㆍ배수시설(配水施設), 급수설비, 그 밖에 수도에 관련된 시설을 말한다.

18. “수도사업”이란 일반 수요자 또는 다른 수도사업자에게 수도를 이용하여 원수나 정수를 공급하는 사업을 말하며, 일반수도사업과 공업용수도사업으로 구분한다.

19. “일반수도사업”이란 일반 수요자 또는 다른 수도사업자에게 일반수도를 사용하여 원수나 정수를 공급하는 사업을 말한다.

20. “공업용수도사업”이란 일반 수요자 또는 다른 수도사업자에게 공업용수도를 사용하여 원수나 정수를 공급하는 사업을 말한다.

21. “수도사업 통합”이란 수도사업의 경영합리화를 통하여 지속가능한 수도공급체계를 구축하고 지역 간 수도서비스 격차를 해소하기 위하여 둘 이상의 지방자치단체가 수도사업의 운영·관리를 일원화하는 것을 말한다.

22. “수도사업자”란 일반수도사업자와 공업용수도사업자를 말한다.

23. “일반수도사업자”란 제17조제1항에 따른 일반수도사업의 인가를 받아 경영하는 자를 말한다.

24. “공업용수도사업자”란 제49조제1항에 따른 공업용수도사업의 인가를 받아 경영하는 자를 말한다.

25. “상수도조합”이란 「지방자치법」 제176조에 따른 지방자치단체조합으로 둘 이상의 지방자치단체가 수도사업을 공동으로 운영·관리하기 위하여 설립한 법인을 말한다.

26. “급수설비”란 수도사업자가 일반 수요자에게 원수나 정수를 공급하기 위하여 설치한 배수관으로부터 분기(分岐)하여 설치된 급수관(옥내급수관을 포함한다)·계량기·저수조(貯水槽)·수도꼭지, 그 밖에 급수를 위하여 필요한 기구(器具)를 말한다.

27. “수도공사”란 수도시설을 신설·증설 또는 개조하는 공사를 말한다.

28. “수도시설관리권”이란 수도시설을 유지·관리하고 그로부터 생산된 원수 또는 정수를 공급받는 자에게서 요금을 징수하는 권리를 말한다.

29. “갱생(更生)”이란 관(管) 내부의 녹과 이물질을 제거한 후 코팅 등의 방법으로 통수(通水)기능을 회복하는 것을 말한다.

30. “정수시설운영관리사”란 정수시설의 운영과 관리 업무를 수행하는 사람으로서 제24조에 따른 자격을 취득한 사람을 말한다.

31. “상수도관망시설운영관리사”란 상수도관망 및 그 부속시설(이하 “상수도관망시설”이라 한다)의 운영과 관리 업무를 수행하는 사람으로서 제25조의2에 따른 자격을 취득한 사람을 말한다.

32. “물 사용기기”란 급수설비를 통하여 공급받는 물을 이용하는 기기로서 전기세탁기와 식기세척기를 말한다.

33. “절수설비”(節水設備)란 물을 적게 사용하도록 기후에너지환경부령으로 정하는 구조·규격 등의 기준에 맞게 제작된 수도꼭지 및 변기 등 기후에너지환경부령으로 정하는 설비를 말한다.

34. “절수기기”란 물을 적게 사용하기 위하여 수도꼭지 및 변기 등 기후에너지환경부령으로 정하는 설비에 기후에너지환경부령으로 정하는 기준에 맞게 추가로 장착하는 기기를 말한다.

35. “해수담수화시설”이란 정수를 공급하기 위하여 해수 또는 해수가 침투하여 염분을 포함한 지하수를 취수하여 담수화하는 수도시설을 말한다.

제4조(국가수도기본계획의 수립) ①기후에너지환경부장관은 국가 수도정책의 체계적 발전, 용수의 효율적 이용 및 수돗물의 안정적 공급을 위하여 국가수도기본계획(이하 이 조에서 “기본계획”이라 한다)을 10년마다 수립하여야 한다. 〈개정 2022. 1. 11., 2025. 10. 1.〉

②기본계획에는 다음 각 호의 사항이 포함되어야 한다. 〈개정 2011. 11. 14., 2020. 3. 31., 2022. 1. 11.〉

1. 인구·산업·토지 등 수도 공급의 여건에 관한 사항
2. 수돗물의 수요 전망
3. 수도정책의 목표 및 기본방향
4. 광역상수도의 수요 전망 및 관리계획
5. 지방상수도의 수요 전망 및 관리계획
6. 마을상수도의 수요 전망 및 관리계획
7. 농어촌생활용수의 수요 전망 및 관리계획
8. 공업용수도의 수요 전망 및 관리계획
9. 상수원의 확보 및 관리, 대체수원(代替水源)의 확보계획
10. 기존 수도시설의 개량·교체 계획
11. 삭제 〈2010. 6. 8.〉
12. 수도사업의 경영체계 개선계획
13. 수도기술의 개발계획

14. 수도인력의 확보 및 교육훈련계획
15. 수도사업의 투자 및 재원조달계획
16. 수돗물의 수질 및 서비스 개선에 관한 사항
17. 수도시설의 정보화에 관한 사항
18. 수도사업의 연계 운영에 관한 사항
19. 수돗물 수질오염 사고 발생 시 대응체계 구축에 관한 사항
20. 제1호부터 제19호까지의 내용을 바탕으로 하는 제43조와 제48조에 따른 일반수도 및 공업용수도의 설치·관리에 관한 계획

③기후에너지환경부장관은 기본계획을 수립하기 위하여 관계 중앙행정기관의 장, 시·도지사 및 관계되는 기관·단체의 장에게 기본계획의 수립에 필요한 자료의 제출을 요청할 수 있다. 〈개정 2022. 1. 11., 2025. 10. 1.〉

④기후에너지환경부장관은 기본계획을 수립하거나 변경(제2항제20호에 관한 사항의 변경은 제외한다)하려면 관계 중앙행정기관의 장 및 시·도지사와 미리 협의하여야 한다. 〈개정 2022. 1. 11., 2025. 10. 1.〉

⑤기후에너지환경부장관은 수도 공급정책의 변경 등으로 기본계획의 중요한 사항이 변경되면 특별시장·광역시장·특별자치시장·특별자치도지사·시장·군수(광역시의 군수는 제외한다)에게 제5조제1항에 따른 수도정비계획의 변경을 요청할 수 있다. 〈개정 2008. 2. 29., 2010. 5. 25., 2011. 11. 14., 2013. 3. 23., 2018. 6. 8., 2022. 1. 11., 2025. 10. 1.〉

⑥기후에너지환경부장관은 기본계획이 수립된 날부터 5년이 지나면 그 타당성을 재검토하여 이를 변경하여야 한다. 〈개정 2022. 1. 11., 2025. 10. 1.〉

⑦ 기후에너지환경부장관은 제1항에 따라 기본계획을 수립하였거나 제6항에 따라 기본계획을 변경하였을 때에는 이를 지체 없이 고시하여야 한다. 〈신설 2011. 11. 14., 2022. 1. 11., 2025. 10. 1.〉

[제목개정 2022. 1. 11.]

[제5조에서 이동, 종전 제4조는 제5조로 이동 〈2022. 1. 11.〉]

제5조(수도정비계획의 수립) ①특별시장·광역시장·특별자치시장·특별자치도지사·시장·군수(광역시의 군수는 제외한다. 이하 이 조에서 같다)는 그 특별시·광역시·특별자치시·특별자치도·시·군이

설치·관리하는 일반수도 및 공업용수도를 적정하고 합리적으로 설치·관리하기 위하여 국가수도기본계획을 바탕으로 수도의 정비에 관한 계획(이하 "수도정비계획"이라 한다)을 10년마다 수립하여야 한다. 다만, 제5조의2에 따라 수도사업 통합을 추진하는 경우에는 대통령령으로 정하는 자가 수도정비계획을 통합하여 수립할 수 있다. 〈개정 2008. 2. 29., 2010. 5. 25., 2011. 11. 14., 2013. 3. 23., 2018. 6. 8., 2022. 1. 11., 2024. 10. 22.〉

1. 삭제 〈2022. 1. 11.〉

2. 삭제 〈2022. 1. 11.〉

② 삭제 〈2022. 1. 11.〉

③특별시장·광역시장·특별자치시장·특별자치도지사·시장·군수는 수도정비계획을 수립하려면 미리 기후에너지환경부장관의 승인을 받아야 한다. 대통령령으로 정하는 중요한 사항을 변경하려는 때에도 각각 승인을 받아야 한다. 〈개정 2008. 2. 29., 2010. 5. 25., 2011. 11. 14., 2013. 3. 23., 2018. 6. 8., 2022. 1. 11., 2025. 10. 1.〉

④특별시장·광역시장·특별자치시장·특별자치도지사·시장·군수가 제1항 또는 제3항에 따라 수도정비계획을 수립하거나 변경하려면 「국토의 계획 및 이용에 관한 법률」 제18조에 따른 도시·군기본계획을 기본으로 하여야 한다. 〈개정 2008. 2. 29., 2010. 5. 25., 2011. 4. 14., 2011. 11. 14., 2013. 3. 23., 2018. 6. 8., 2022. 1. 11.〉

⑤ 특별시장·광역시장·특별자치시장·특별자치도지사·시장·군수가 제1항 또는 제3항에 따라 수도정비계획을 수립하거나 변경하면 지체 없이 고시하고 그 내용을 기후에너지환경부장관에게 통보하여야 한다. 〈개정 2018. 6. 8., 2022. 1. 11., 2025. 10. 1.〉

⑥수도가 둘 이상의 특별시·광역시·특별자치시·특별자치도·시·군(광역시의 군은 제외한다)의 관할 구역에 걸치거나 그 밖에 특별한 이유가 있으면 대통령령으로 정하는 도지사 또는 특별시장·광역시장·특별자치시장·특별자치도지사·시장·군수·상수도조합이 수도정비계획을 수립한다. 〈개정 2010. 5. 25., 2011. 11. 14., 2022. 1. 11., 2024. 10. 22.〉

⑦수도정비계획에는 다음 각 호의 사항이 포함되어야 한다. 〈개정

2010. 5. 25., 2010. 6. 8., 2011. 11. 14., 2019. 11. 26., 2020. 3. 31., 2022. 1. 11.〉

1. 수도(전용수도는 제외한다)의 정비에 관한 기본방침
2. 수돗물의 중장기수급에 관한 사항
3. 대체수원의 확보에 관한 사항
4. 수도공급구역에 관한 사항
5. 상수원의 확보 및 상수원보호구역의 지정ㆍ관리
6. 수도(전용수도는 제외한다) 시설의 배치ㆍ구조 및 공급 능력
7. 수도사업의 재원 조달 및 실시 순위
8. 수도관의 현황 조사 및 세척ㆍ갱생ㆍ교체에 관한 사항
9. 수도사업의 경영 및 재정체계 개선에 관한 사항
10. 광역상수도와 지방상수도를 연계하여 운영할 필요가 있는 지역의 통합 급수구역에 관한 사항
11. 수돗물의 수질 및 서비스 개선에 관한 사항
12. 수도시설의 정보화에 관한 사항
13. 제74조제1항에 따른 기술진단 결과에 따라 수도시설을 개선하기 위한 사항
14. 인접 지방자치단체와의 지방상수도 사업의 연계 운영에 관한 사항
15. 그 밖에 수도시설의 운용 및 수도사업의 효율화에 관한 사항으로서 대통령령으로 정하는 사항

⑧ 삭제 〈2018. 6. 8.〉

⑨특별시장ㆍ광역시장ㆍ특별자치시장ㆍ특별자치도지사ㆍ시장ㆍ군수는 제5항에 따라 수도정비계획을 고시한 후 5년이 지나면 수도정비계획의 타당성을 재검토하여 이를 반영하여야 한다. 〈개정 2008. 2. 29., 2010. 5. 25., 2011. 11. 14., 2013. 3. 23., 2018. 6. 8., 2022. 1. 11.〉

⑩ 제1항 단서 및 제6항에 따라 수도정비계획을 수립하는 경우에도 제3항부터 제5항까지 및 제9항을 적용한다. 〈신설 2024. 10. 22.〉

[제목개정 2022. 1. 11.]

[제4조에서 이동, 종전 제5조는 제4조로 이동 〈2022. 1. 11.〉]

제5조의2(수도사업 통합계획의 수립) ① 도지사ㆍ특별자치도지사(수

도사업자가 아닌 특별자치도지사를 말한다. 이하 이 조에서 같다)는 다음 각 호의 어느 하나에 해당하는 경우에는 수도사업 통합계획(이하 이 조에서 "통합계획"이라 한다)을 수립하여 기후에너지환경부장관의 승인을 받아야 한다. 수립된 통합계획을 변경하려는 때에도 또한 같다. 〈개정 2025. 10. 1.〉

1. 도지사·특별자치도지사가 수도사업 통합이 필요하다고 판단하는 경우

2. 둘 이상의 시장·군수 또는 기후에너지환경부장관이 통합계획 수립을 요청하는 경우. 다만, 통합계획 수립을 요청받은 도지사·특별자치도지사가 수도사업 통합 효과가 미미하다고 판단하는 경우는 제외한다.

② 특별시장·광역시장·특별자치시장·도지사·특별자치도지사는 관할 구역 외의 지방자치단체와 수도사업 통합이 필요하다고 판단하는 경우에는 대통령령으로 정하는 바에 따라 통합계획을 수립할 수 있다. 이 경우 기후에너지환경부장관의 승인을 받아야 하며, 수립된 통합계획을 변경하는 경우에도 또한 같다. 〈개정 2025. 10. 1.〉

③ 통합계획에는 다음 각 호의 사항이 포함되어야 한다.

1. 지자체별 수도서비스 현황
2. 지자체별 수도사업 재정여건 및 경영현황
3. 수도사업 통합 운영방식
4. 재무개선 및 조직효율화 등 경영합리화 방안 및 효과
5. 수도서비스 개선방안 및 효과
6. 그 밖에 지속가능한 수도경영 기반 구축을 위하여 대통령령으로 정하는 사항

[본조신설 2024. 10. 22.]

제6조(물 수요 관리 목표제의 실시) ①시·도지사는 수도사업의 효율성을 높이고 수돗물의 수요 관리를 강화하기 위하여 1인당 적정 물 사용량 등을 고려하여 관할 시·군·구(자치구를 말한다. 이하 같다)별 물 수요 관리 목표를 정하고 이를 달성하기 위한 종합적인 계획(이하 이 조에서 "종합계획"이라 한다)을 5년마다 수립하여 기후에너지환경부장관의 승인을 받아야 한다. 수립된 종합계획을 변경하려는 때에도 또한 같다. 〈개정 2008. 2. 29., 2013. 3. 23., 2018. 6. 8., 2025. 10. 1.〉

②시장·군수·구청장은 종합계획을 시행하기 위하여 다음 각 호의 사항이 포함된 계획(이하 이 조에서 "시행계획"이라 한다)을 수립하여 시·도지사의 승인을 받아야 하고, 수립된 시행계획을 변경하려는 때에도 승인을 받아야 한다. 다만, 특별시·광역시·특별자치시의 경우 제1호 및 제2호에 관한 사항은 특별시장, 광역시장 및 특별자치시장이 시행계획을 수립·시행한다. 〈개정 2010. 6. 8., 2011. 11. 14., 2019. 11. 26.〉

1. 연차별 누수량(漏水量) 줄이기 목표 및 사업계획
2. 연차별 유수수량(有收水量, 수도사업자가 수도시설을 통하여 공급한 총급수량 중 요금을 징수할 수 있는 수량을 말한다) 늘리기 목표 및 사업계획
3. 절수 설비 등 물 절약 시설의 연차별 보급목표 및 추진계획
4. 그 밖에 물 절약과 물 이용의 효율성을 높이기 위하여 대통령령으로 정하는 사항

③기후에너지환경부장관 및 관계 행정기관의 장은 제1항에 따른 물 수요 관리 목표를 달성하지 못한 시·군·구에 대하여는 그 시·군·구가 시행하려는 다음 각 호의 사업 또는 행위에 대한 승인·허가 등을 하지 아니할 수 있다. 특별한 이유 없이 종합계획 및 시행계획의 승인을 받지 아니한 특별시·광역시·특별자치시·도·특별자치도(이하 "시·도"라 한다)와 시·군·구에 대하여도 또한 같다. 〈개정 2010. 5. 25., 2011. 11. 14., 2025. 10. 1.〉

1. 일반수도사업
2. 도시개발사업, 산업단지 및 관광지 등의 개발

④기후에너지환경부장관 및 관계 중앙행정기관의 장은 제1항에 따른 물 수요 관리 목표의 추진 성과에 따라 시·도 및 시·군·구에 대한 지원을 달리 할 수 있다. 〈개정 2025. 10. 1.〉

제7조(상수원보호구역 지정 등) ①기후에너지환경부장관은 상수원의 확보와 수질 보전을 위하여 필요하다고 인정되는 지역을 상수원 보호를 위한 구역(이하 "상수원보호구역"이라 한다)으로 지정하거나 변경할 수 있다. 〈개정 2025. 10. 1.〉

②기후에너지환경부장관은 제1항에 따라 상수원보호구역을 지정하거나 변경하면 지체 없이 공고하여야 한다. 〈개정 2025. 10. 1.〉

③제1항과 제2항에 따라 지정·공고된 상수원보호구역에서는 다

음 각 호의 행위를 할 수 없다. 〈개정 2007. 5. 17., 2011. 7. 28., 2011. 11. 14., 2013. 6. 4., 2017. 1. 17., 2022. 1. 11., 2024. 2. 6.〉

1. 「물환경보전법」 제2조제7호 및 제8호에 따른 수질오염물질·특정수질유해물질, 「화학물질관리법」 제2조제3호에 따른 허가물질, 같은 조 제4호에 따른 제한물질, 같은 조 제5호에 따른 금지물질 및 같은 조 제7호에 따른 유해화학물질, 「농약관리법」 제2조제1호에 따른 농약, 「폐기물관리법」 제2조제1호에 따른 폐기물, 「하수도법」 제2조제1호·제2호에 따른 오수·분뇨 또는 「가축분뇨의 관리 및 이용에 관한 법률」 제2조제2호에 따른 가축분뇨를 사용하거나 버리는 행위. 다만, 다음 각 목의 어느 하나에 해당하는 행위는 제외한다.

가. 취수시설, 정수시설, 「물환경보전법」 제2조제17호에 따른 공공폐수처리시설, 「하수도법」 제2조제9호에 따른 공공하수처리시설 또는 국가·지방자치단체에 소속된 시험·분석·연구 기관에서 「화학물질관리법」 제2조제3호에 따른 허가물질, 같은 조 제4호에 따른 제한물질, 같은 조 제5호에 따른 금지물질 및 같은 조 제7호에 따른 유해화학물질을 수처리제(「먹는물관리법」 제3조제5호에 따른 수처리제를 말한다), 중화제, 소독제 또는 시약으로 사용하는 행위

나. 법률 제10976호 수도법 일부개정법률의 시행일(2012년 1월 29일을 말한다), 「화학물질관리법」 제2조제3호에 따른 허가물질, 같은 조 제4호에 따른 제한물질, 같은 조 제5호에 따른 금지물질 및 같은 조 제7호에 따른 유해화학물질 고시일 또는 상수원보호구역 공고일 이전부터 「화학물질관리법」 제2조제3호에 따른 허가물질, 같은 조 제4호에 따른 제한물질, 같은 조 제5호에 따른 금지물질 및 같은 조 제7호에 따른 유해화학물질을 사용하고 있는 사업장에서 그 허가물질, 제한물질, 금지물질 및 유해화학물질이나 그 대체물질을 사용하는 행위

2. 그 밖에 상수원을 오염시킬 명백한 위험이 있는 행위로서 대통령령으로 정하는 금지행위

④제1항과 제2항에 따라 지정·공고된 상수원보호구역에서 다음 각 호의 어느 하나에 해당하는 행위를 하려는 자는 관할 특별자치시장·특별자치도지사·시장·군수·구청장의 허가를 받아야 한다.

다만, 대통령령으로 정하는 경미한 행위인 경우에는 신고하여야 한다. 〈개정 2010. 5. 25., 2011. 7. 28., 2011. 11. 14.〉

1. 건축물, 그 밖의 공작물의 신축 · 증축 · 개축 · 재축(再築) · 이전 · 용도변경 또는 제거

2. 입목(立木) 및 대나무의 재배 또는 벌채

3. 토지의 굴착 · 성토(盛土), 그 밖에 토지의 형질변경

⑤ 특별자치시장 · 특별자치도지사 · 시장 · 군수 · 구청장은 제4항 각 호 외의 부분 단서에 따른 신고를 받은 경우 그 내용을 검토하여 이 법에 적합하면 신고를 수리하여야 한다. 〈신설 2019. 11. 26.〉

⑥제1항부터 제4항까지의 규정에 따른 상수원보호구역의 지정절차, 허가의 기준에 필요한 사항은 대통령령으로 정한다. 〈개정 2007. 12. 27., 2019. 11. 26.〉

제7조의2(상수원보호구역 외의 지역에서의 공장설립의 제한) ① 상수원보호구역의 상류지역이나 취수시설(광역상수도 및 지방상수도의 취수시설만을 말한다)의 상류 · 하류 일정지역으로서 대통령령으로 정하는 지역에서는 「산업집적활성화 및 공장설립에 관한 법률」 제2조제1호에 따른 공장을 설립할 수 없다.

② 특별자치시장 · 특별자치도지사 · 시장 · 군수 · 구청장은 관할구역에서 제1항의 취수시설이 설치되거나 변경되는 경우에는 기후에너지환경부령으로 정하는 바에 따라 지체 없이 공고하여야 한다. 〈신설 2013. 12. 30., 2025. 10. 1.〉

③ 시장 · 군수 · 구청장은 제1항에도 불구하고 공장설립이 제한되는 지역 중 상수원에 미치는 영향 등을 고려하여 대통령령으로 정하는 지역에는 기후에너지환경부령으로 정하는 공장의 설립을 승인할 수 있다. 이 경우 상수원보호구역이 다른 시장 · 군수 · 구청장의 관할에 속하는 경우에는 해당 시장 · 군수 · 구청장과 미리 협의하여야 한다. 〈개정 2013. 12. 30., 2025. 10. 1.〉

④ 제3항에 따른 승인을 받아 공장을 설립한 자는 상수원 보호를 위하여 기후에너지환경부령으로 정하는 준수사항을 지켜야 한다. 〈개정 2013. 12. 30., 2025. 10. 1.〉

[본조신설 2010. 5. 25.]

제7조의3(상수원 정보관리체계 구축 및 운영) ① 기후에너지환경부

장관은 상수원보호구역 및 제7조의2에 따라 공장설립이 제한되는 지역의 수질관리를 위하여 다음 각 호에 관한 정보관리체계(이하 “상수원 정보관리체계”라 한다)를 구축·운영하여야 한다. 〈개정 2025. 10. 1.〉

1. 취수·정수 등 수도시설 및 급수현황 등에 관한 정보

2. 상수원보호구역의 지정 현황, 토지이용 실태, 수질 및 오염물질 발생 현황 등에 관한 정보

3. 제7조의2에 따른 공장설립의 제한지역 및 공장입지 현황 등에 관한 정보

4. 그 밖에 상수원 수질관리를 위하여 필요한 정보

② 기후에너지환경부장관은 상수원 정보관리체계의 구축 및 운영을 위하여 중앙행정기관, 지방자치단체, 「공공기관의 운영에 관한 법률」 제4조에 따른 공공기관 등 관계 기관의 장에게 필요한 자료 또는 정보의 제공을 요청할 수 있다. 이 경우 요청을 받은 기관의 장은 특별한 사유가 없으면 이에 따라야 한다. 〈개정 2025. 10. 1.〉

③ 상수원 정보관리체계의 구축 및 운영에 필요한 사항은 기후에너지환경부령으로 정한다. 〈개정 2025. 10. 1.〉

[본조신설 2014. 3. 24.]

제8조(상수원보호구역의 관리) ①상수원보호구역은 해당 구역을 관할하는 특별자치시장·특별자치도지사·시장·군수·구청장이 관리한다. 〈개정 2010. 5. 25., 2011. 11. 14.〉

②상수원보호구역이 둘 이상의 시·군·구의 관할 구역에 걸치거나 그 밖에 특별한 이유가 있으면 대통령령으로 정하는 시·도지사 또는 시장·군수·구청장이 관리한다.

③기후에너지환경부장관은 상수원보호구역의 관리상태를 기후에너지환경부령으로 정하는 바에 따라 평가하고 관계 행정기관의 장에게 그 구역의 적정한 관리를 위하여 필요한 조치를 요청할 수 있다. 〈개정 2025. 10. 1.〉

제8조의2(상수원보호구역에 대한 수질관리계획) ① 특별자치시장·특별자치도지사·시장·군수·구청장은 5년마다 관할 상수원보호구역에 대한 수질관리계획을 수립·시행하여야 한다.

② 기후에너지환경부장관은 제1항에 따라 수립된 수질관리계획의 타당성 등을 검토하여 필요한 경우 보완을 요구할 수 있다. 〈개정

2025. 10. 1.〉

③ 기후에너지환경부장관은 제1항에 따라 수립된 수질관리계획의 추진실적을 매년 평가하고 특별자치시장·특별자치도지사·시장·군수·구청장에게 필요한 조치를 요청할 수 있다. 〈개정 2025. 10. 1.〉

[본조신설 2013. 12. 30.]

제9조(주민지원사업) ①제8조제1항 또는 제2항에 따라 상수원보호구역을 관리하는 시·도지사 또는 시장·군수·구청장(이하 이 조부터 제11조까지의 규정에서 "관리청"이라 한다)은 대통령령으로 정하는 바에 따라 상수원보호구역에 거주하는 주민 또는 상수원보호구역에서 농림·수산업 등에 종사하는 자에 대한 지원사업(이하 "주민지원사업"이라 한다) 계획을 수립·시행할 수 있다. 이 경우 시장·군수·구청장은 시·도지사의 승인을 받아야 한다.

②주민지원사업의 종류는 다음 각 호와 같다.

1. 소득증대사업
2. 복지증진사업
3. 육영사업
4. 그 밖에 대통령령으로 정하는 사업

③주민지원사업에 관한 계획의 수립·시행절차, 그 밖에 필요한 사항은 대통령령으로 정한다.

제10조(재원 등) ①주민지원사업에 필요한 재원은 관리청이 다음 각 호의 재원으로 조성한다.

1. 상수원보호구역의 지정으로 이익을 받는 수도사업자의 출연금
2. 차입금
3. 제1호와 제2호에 따른 자금의 운용으로 생기는 수익금
4. 지방자치단체의 일반회계 및 다른 특별회계로부터의 전입금

②제1항제1호에 따른 수도사업자는 수도사업의 판매 수입금 중 일부를 대통령령으로 정하는 바에 따라 출연금(出捐金)으로 내야 한다.

③국가는 제1항에 따라 조성된 재원의 규모와 소요재원 등을 고려하여 대통령령으로 정하는 바에 따라 환경개선특별회계에서 필요한 비용의 일부를 보조할 수 있다.

④관리청은 제1항에 따른 재원을 별도의 회계로 구분·관리하여야 한다.

제11조(상수원보호구역의 비용부담) ①수도사업자가 상수원보호구역

의 지정·관리로 이익을 얻는 경우에는 그 상수원보호구역의 관리와 대통령령으로 정하는 수질오염 방지시설의 운영 등에 드는 비용을 그 상수원보호구역을 관리하는 관리청과 협의하여 그 이익을 얻는 범위에서 대통령령으로 정하는 비용부담 기준에 따라 부담하여야 한다. 〈개정 2011. 7. 28.〉

②제1항에 따른 협의가 성립되지 아니하면 다음 각 호에 따라 그 비용부담을 결정한다.

1. 관계되는 시·군·구가 각각 같은 시·도의 관할 구역에 속하면 관할 시·도지사가 결정한다.

2. 관계되는 시·군·구가 각각 다른 시·도의 관할 구역에 속하면 관할 시·도지사 간에 협의하여 결정한다.

3. 수도사업자가 지방자치단체가 아닌 경우에는 그 수도사업자와 해당 상수원보호구역을 관할하는 시·도지사가 협의하여 결정한다.

③행정안전부장관은 제2항제2호 및 제3호에 따른 협의가 성립되지 아니하면 시·도지사의 의견을 들어 관계 중앙행정기관의 장과 협의하여 결정한다. 〈개정 2008. 2. 29., 2013. 3. 23., 2014. 11. 19., 2017. 7. 26.〉

제12조(수도사업의 경영 원칙) ①수도사업은 국가·지방자치단체 또는 한국수자원공사가 경영하는 것을 원칙으로 한다. 다만, 지방자치단체 등을 대신하여 민간 사업자 또는 상수도조합에 의하여 수돗물을 공급하는 것이 필요하다고 인정되는 경우에는 그러하지 아니하다. 〈개정 2024. 10. 22.〉

②수도사업자는 수도사업을 경영하는 경우 합리적인 원가산정에 따른 수도 요금 체계를 확립하고, 수도시설의 정비·확충 및 수도에 관한 기술 향상을 위하여 노력하여야 한다.

③수도사업자는 제2항에 따른 수도요금 체계를 확립하는 경우에 수요자의 물 절약을 유도하고 수도사업자가 물을 공급받는 데에 드는 비용과 사업의 계속성을 유지하기 위하여 필요한 재원을 요금수입으로 확보하도록 노력하여야 한다.

④ 지방자치단체인 수도사업자는 다른 수도사업자와의 연계운영 등을 통하여 경영 효율성을 높이고, 관할구역 내 취수원 확보 및 보전을 통하여 물 자급률을 향상하기 위하여 노력하여야 한다. 〈신설 2019. 11. 26.〉

제12조의2(재난에 따른 수도요금에 관한 특례) 수도사업자는 「재난 및 안전관리 기본법」 제3조제1호에 따른 재난으로 인하여 수도요금의 납부가 곤란하다고 인정할 때에는 대통령령으로 정하는 바에 따라 수도요금을 감면할 수 있다.

[본조신설 2024. 1. 23.]

제13조(영리행위 금지 등) ①누구든지 수돗물을 용기에 넣거나 기구 등으로 다시 처리하여 판매할 수 없다.

②기후에너지환경부장관 또는 특별시장·광역시장·특별자치시장·시장·군수(광역시의 군수는 제외한다)는 제1항을 위반한 자에게 기구 등의 철거, 수돗물의 공급중지 등 필요한 조치를 할 수 있다. 〈개정 2011. 11. 14., 2025. 10. 1.〉

제14조(수도용 자재와 제품의 인증 등) ① 수도시설(취수·저수·도수 시설은 제외한다) 중 물에 접촉하는 수도용 자재나 제품을 제조 또는 수입하려는 자는 미리 기후에너지환경부장관으로부터 그 수도용 자재와 제품이 대통령령으로 정하는 위생안전기준에 맞는지에 대하여 인증을 받아야 한다. 〈개정 2025. 10. 1.〉

② 누구든지 다음 각 호의 어느 하나에 해당하는 수도용 자재나 제품을 제조·수입·공급·판매하여서는 아니 된다. 다만, 학교나 연구기관 등 기후에너지환경부령으로 정하는 자가 시험·연구 목적으로 수도용 자재나 제품을 제조·수입하는 경우에는 그러하지 아니하다. 〈개정 2017. 12. 12., 2025. 10. 1.〉

1. 제1항에 따른 인증을 받지 아니한 경우
2. 제6항 또는 제7항에 따른 정기검사 또는 수시검사 결과 제8항에 따른 기준에 적합하지 않은 경우

③ 일반수도 또는 전용상수도를 설치하려는 자는 대통령령으로 정하는 기준에 맞는 수도용 자재와 제품을 사용하여야 하며, 물에 접촉하는 수도용 자재와 제품은 제1항에 따라 인증을 받은 수도용 자재와 제품을 사용하여야 한다.

④ 제1항에 따라 인증을 받은 자는 기후에너지환경부장관으로부터 인증을 받은 사실을 수도용 자재나 제품 및 그 포장에 표시하여야 한다. 〈개정 2025. 10. 1.〉

⑤ 누구든지 제1항에 따른 인증을 받지 아니한 수도용 자재나 제품 및 그 포장에 인증표시를 하여서는 아니 된다.

⑥ 제1항에 따라 인증을 받은 자는 그 수도용 자재 및 제품에 대하여 기후에너지환경부장관에게 정기검사를 받아야 한다. 〈신설 2013. 12. 30., 2019. 11. 26., 2025. 10. 1.〉

⑦ 제1항에 따라 인증을 받은 자는 수도용 자재나 제품의 품질저하로 소비자에게 피해가 발생하였거나 발생할 우려가 있다고 판단되는 등 기후에너지환경부령으로 정하는 사유가 있는 경우 기후에너지환경부장관에게 검사(이하 "수시검사")를 받아야 한다. 〈개정 2013. 12. 30., 2017. 12. 12., 2019. 11. 26., 2025. 10. 1.〉

⑧ 다음 각 호의 사항은 기후에너지환경부령으로 정한다. 〈신설 2017. 12. 12., 2019. 11. 26., 2025. 10. 1.〉

1. 제1항에 따라 인증을 받아야 하는 수도용 자재와 제품의 범위, 인증의 방법·절차 및 수수료
2. 제4항에 따른 표시방법
3. 제6항에 따른 정기검사의 주기
4. 제6항에 따른 정기검사와 수시검사의 기준, 방법, 절차 및 수수료 등

[전문개정 2010. 5. 25.]

제14조의2(인증의 취소 등) ① 기후에너지환경부장관은 제14조에 따라 인증을 받은 자가 다음 각 호의 어느 하나에 해당하는 경우에는 기후에너지환경부령으로 정하는 바에 따라 인증을 취소하거나 6개월 이내의 범위에서 제조·수입·공급·판매의 정지 또는 개선명령을 할 수 있다. 다만, 제1호, 제3호 또는 제4호 중 어느 하나에 해당하면 그 인증을 취소하여야 한다. 〈개정 2013. 12. 30., 2017. 12. 12., 2025. 10. 1.〉

1. 거짓이나 그 밖의 부정한 방법으로 인증을 받은 경우
2. 제14조제6항에 따른 정기검사를 받지 아니한 경우
3. 제14조제8항에 따른 정기검사 또는 수시검사 기준에 적합하지 아니하거나 그 검사를 거부, 방해 또는 기피한 경우
4. 폐업 등의 사유로 영업활동이 불가능한 경우
5. 인증받은 내용과 다르게 수도용 자재나 제품을 제조하거나 수입한 경우

② 제1항에 따라 인증이 취소된 자는 다음 각 호의 구분에 따른 기간이 지나기 전까지는 다시 인증을 신청할 수 없다. 〈개정 2013.

12. 30., 2016. 1. 27., 2017. 12. 12.〉

1. 제1항제1호, 제2호, 제3호 또는 제5호에 따라 취소된 경우: 취소된 날부터 6개월

2. 제1항제4호에 따라 취소된 경우: 취소된 날부터 1개월

[본조신설 2010. 5. 25.]

제14조의3(검사기관의 지정 등) ① 기후에너지환경부장관은 제14조제1항에 따른 인증 업무를 전문적으로 수행하기 위하여 검사기관을 지정하고 수도용 자재와 제품의 위생안전기준 적합 여부에 대한 시험검사 업무를 대행하게 할 수 있다. 〈개정 2025. 10. 1.〉

② 제1항에 따라 검사기관으로 지정받으려는 자는 다음 각 호의 기준을 모두 갖추어 기후에너지환경부령으로 정하는 바에 따라 기후에너지환경부장관에게 신청하여야 한다. 〈개정 2025. 10. 1.〉

1. 제14조제1항에 따른 위생안전기준과 관련된 분야에서 「국가표준기본법」 제23조에 따라 시험·검사기관으로 인정을 받은 기관일 것

2. 시험검사에 필요한 기술인력, 시설 및 장비 등 대통령령으로 정하는 기준을 갖출 것

③ 제1항에 따라 지정을 받은 검사기관(이하 "검사기관"이라 한다)은 지정받은 사항 중 소재지, 상호 등 대통령령으로 정하는 중요한 사항을 변경하려면 기후에너지환경부장관에게 변경승인을 받아야 한다. 〈개정 2025. 10. 1.〉

④ 기후에너지환경부장관은 검사기관이 제2항에 따른 기준을 갖추고 있는지 여부 등을 정기적으로 확인하여야 한다. 〈개정 2025. 10. 1.〉

⑤ 검사기관은 검사의 방법, 검사 결과의 기록·보존, 검사기간 등 대통령령으로 정하는 사항을 지켜야 한다.

⑥ 제1항에 따른 검사기관 지정의 절차와 방법, 제3항에 따른 변경승인의 절차와 방법, 제4항에 따른 확인의 절차 및 주기 등에 필요한 사항은 기후에너지환경부령으로 정한다. 〈개정 2025. 10. 1.〉

[본조신설 2019. 11. 26.]

[종전 제14조의3은 제14조의5로 이동 〈2019. 11. 26.〉]

제14조의4(검사기관의 지정 취소) ① 기후에너지환경부장관은 검사기관이 다음 각 호의 어느 하나에 해당하면 지정을 취소하거나 6개

월 이내의 기간을 정하여 업무의 정지를 명할 수 있다. 다만, 제1호 또는 제2호에 해당하는 경우 그 지정을 취소하여야 한다. 〈개정 2025. 10. 1.〉

1. 거짓이나 그 밖의 부정한 방법으로 지정을 받은 경우

2. 제14조의3제4항에 따라 확인한 결과 같은 조 제2항에 따른 기준에 맞지 아니하게 된 경우

3. 제14조의3제5항에 따른 사항을 준수하지 아니한 경우

4. 정당한 사유 없이 지정받은 업무를 1개월 이상 하지 아니한 경우

② 기후에너지환경부장관은 제1항에 따라 지정이 취소된 자를 그 지정이 취소된 날부터 1년 이내에는 검사기관으로 다시 지정할 수 없다. 〈개정 2025. 10. 1.〉

③ 제1항에 따른 지정 취소 등 행정처분의 기준 및 세부 절차는 기후에너지환경부령으로 정한다. 〈개정 2025. 10. 1.〉

[본조신설 2019. 11. 26.]

[종전 제14조의4는 제14조의6으로 이동 〈2019. 11. 26.〉]

제14조의5(제품등의 수거등의 권고) ① 기후에너지환경부장관은 다음 각 호의 어느 하나에 해당하는 경우에는 해당 수도용 자재나 제품(이하 “제품등”이라 한다)을 제조·수입·공급·판매한 사업자에 대하여 해당 제품등을 수거·파기·교환·환급·개선조치 또는 그 밖에 필요한 조치(이하 “수거등”이라 한다)를 권고할 수 있다. 〈개정 2017. 12. 12., 2025. 10. 1.〉

1. 제14조제4항에 따른 표시를 하지 아니하거나 인증받은 내용과 다르게 표시한 경우

2. 제14조제8항에 따른 정기검사 또는 수시검사 기준에 부적합한 경우

② 사업자는 제1항에 따른 권고에 따라 조치를 한 경우 조치의 결과 등 대통령령으로 정하는 사항을 기후에너지환경부장관에게 보고하여야 한다. 〈개정 2025. 10. 1.〉

③ 기후에너지환경부장관은 제1항에 따른 권고를 받은 사업자가 정당한 사유 없이 그 권고를 따르지 아니하는 경우에는 그 사실을 공표할 수 있다. 〈개정 2025. 10. 1.〉

④ 제1항에 따른 수거등의 권고, 제2항에 따른 보고 및 제3항에

따른 공표에 필요한 사항은 대통령령으로 정한다.

[본조신설 2016. 1. 27.]

[제14조의3에서 이동, 종전 제14조의5는 제14조의7로 이동 〈2019. 11. 26.〉]

제14조의6(제품등의 수거등의 명령) ① 기후에너지환경부장관은 다음 각 호의 어느 하나에 해당하는 경우에는 대통령령으로 정하는 절차에 따라 수거등을 명령하고, 그 사실을 공표할 수 있다. 〈개정 2017. 12. 12., 2019. 11. 26., 2025. 10. 1.〉

1. 제14조제2항을 위반하여 인증을 받지 아니한 제품등을 제조·수입·공급·판매한 경우

2. 제14조의5제1항에 따른 권고를 받은 사업자가 정당한 사유 없이 그 권고를 따르지 아니하는 경우

② 사업자는 제1항에 따른 명령에 따라 조치를 한 경우 그 조치의 결과 등 대통령령으로 정하는 사항을 기후에너지환경부장관에게 보고하여야 한다. 〈개정 2025. 10. 1.〉

③ 기후에너지환경부장관은 사업자가 제1항에 따른 명령에 따르지 아니하는 경우에는 직접 해당 제품등의 수거등을 할 수 있다. 이 경우 수거등에 사용되는 비용은 해당 사업자에게 징수할 수 있다. 〈개정 2025. 10. 1.〉

④ 제1항에 따른 수거등의 명령과 공표, 제2항에 따른 보고 및 제3항에 따른 조치와 비용징수에 필요한 사항은 대통령령으로 정한다.

[본조신설 2016. 1. 27.]

[제14조의4에서 이동, 종전 제14조의6은 제14조의8로 이동 〈2019. 11. 26.〉]

제14조의7(현장조사 등) ① 기후에너지환경부장관은 수거등의 권고 또는 명령을 위하여 관계 공무원으로 하여금 현장조사를 하게 하거나 필요한 자료의 제출을 요구할 수 있다. 〈개정 2025. 10. 1.〉

② 제1항에 따라 조사를 하는 관계 공무원은 그 권한을 나타내는 증표를 지니고 이를 관계인에게 제시하여야 한다.

[본조신설 2017. 12. 12.]

[제14조의5에서 이동 〈2019. 11. 26.〉]

제14조의8(권고 등의 해제 신청 등) ① 수거등의 권고나 명령을 받

은 사업자 또는 해당 권고나 명령에 이해관계를 가진 사업자는 불복하는 경우 그 권고나 명령이 있음을 안 날부터 30일 이내에 기후에너지환경부장관에게 권고나 명령의 전부 또는 일부의 해제를 신청할 수 있다. 〈개정 2020. 5. 26., 2025. 10. 1.〉

② 기후에너지환경부장관은 제1항에 따른 신청에 대하여 30일 이내에 권고 또는 명령의 전부 또는 일부의 해제 여부를 결정하여야 한다. 다만, 부득이한 사정으로 그 기간 내에 결정을 할 수 없을 경우에는 30일의 범위에서 기간을 연장할 수 있다. 〈개정 2025. 10. 1.〉

③ 제14조의6제1항에 따른 명령을 받은 자는 제1항에 따른 신청 여부와 관계없이 「행정심판법」에 다른 행정심판을 청구할 수 있다. 〈개정 2019. 11. 26.〉

④ 제1항에 따른 신청의 절차 및 방법 등은 대통령령으로 정한다.

[본조신설 2017. 12. 12.]

[제14조의6에서 이동 〈2019. 11. 26.〉]

제15조(절수설비 등의 설치) ①건축주는 「건축법」 제2조제1항제2호에 따른 건축물이나 지방자치단체의 조례로 정하는 시설을 건축하려는 경우에 수돗물의 절약과 효율적 이용을 위하여 절수설비를 설치하여야 한다. 〈개정 2011. 7. 28., 2019. 11. 26.〉

②「공중위생관리법」 제2조제1항제2호 및 제3호에 따른 숙박업(객실이 10실 이하인 경우는 제외한다) 및 목욕장업 또는 「체육시설의 설치 · 이용에 관한 법률」 제10조제1항에 따른 체육시설업을 영위하는 자 또는 「공중화장실 등에 관한 법률」 제2조제1호에 따른 공중화장실을 설치하는 자는 절수설비 및 절수기기를 설치하여야 한다. 〈개정 2011. 11. 14.〉

③특별자치시장 · 특별자치도지사 · 시장 · 군수 또는 구청장은 제2항에 따른 숙박업 및 목욕장업 또는 체육시설업을 영위하는 자나 공중화장실을 설치하는 자가 절수설비 및 절수기기를 설치하지 아니하면 그 이행을 명할 수 있다. 〈개정 2010. 5. 25., 2011. 7. 28., 2011. 11. 14.〉

④ 제1항부터 제3항까지의 절수설비를 국내에 판매하기 위하여 제조하거나 수입하려는 자는 해당 절수설비에 절수등급을 표시하여야 한다. 〈신설 2018. 12. 24., 2021. 8. 17.〉

⑤ 제4항에 따른 절수설비 등급표시에 관하여 필요한 사항은 기후

에너지환경부령으로 정한다. 〈신설 2018. 12. 24., 2025. 10. 1.〉

제15조의2(물절약전문업의 등록) ① 다음 각 호의 어느 하나에 해당하는 사업(이하 “물절약전문업”이라 한다)을 하려는 자는 대통령령으로 정하는 기준에 따른 시설·장비 및 기술능력을 갖추어 기후에너지환경부장관에게 등록하여야 한다. 〈개정 2025. 10. 1.〉

1. 수돗물을 공급받는 시설 또는 지역의 누수량을 줄이기 위한 배수시설 및 급수설비의 관리·용역 사업(시설개선 투자를 포함한다)
2. 제15조에 따른 절수설비 및 절수기기의 설치 사업
3. 그 밖에 기후에너지환경부령으로 정하는 물 절약을 위한 사업

② 기후에너지환경부장관은 제1항에 따라 등록한 자(이하 “물절약전문업자”라 한다)에 대하여 기술지원 등 필요한 지원을 할 수 있다. 〈개정 2025. 10. 1.〉

[본조신설 2013. 12. 30.]

제15조의3(물절약전문업의 등록취소 등) 기후에너지환경부장관은 물절약전문업자가 다음 각 호의 어느 하나에 해당하면 기후에너지환경부령으로 정하는 바에 따라 그 등록을 취소하거나 제15조의2제2항에 따른 지원을 중단할 수 있다. 다만, 제1호에 해당하는 경우에는 그 등록을 취소하여야 한다. 〈개정 2025. 10. 1.〉

1. 거짓이나 그 밖의 부정한 방법으로 제15조의2제1항에 따른 등록을 한 경우
2. 물절약전문업자가 타인에게 그 등록증을 대여하여 제15조의2제1항 각 호의 어느 하나에 해당하는 사업을 수행하게 한 경우
3. 제15조의2제1항에 따른 등록기준에 못 미치게 된 경우
4. 정당한 사유 없이 등록한 후 3년 이내에 사업을 시작하지 아니하거나 3년 이상 계속하여 사업수행 실적이 없는 경우

[본조신설 2013. 12. 30.]

제15조의4(물절약전문업의 등록 제한) 제15조의3에 따라 등록이 취소된 자는 등록이 취소된 날부터 1년이 지나지 아니하면 제15조의2제1항에 따른 등록을 할 수 없다.

[본조신설 2013. 12. 30.]

제16조(물 사용기기의 물 사용량 표시 등) 물 사용기기를 국내에 판매하기 위하여 제조하거나 수입하려는 자는 대통령령으로 정하는 바에 따라 「에너지이용 합리화법」 제15조제2항에 따른 에너지소비효

율등급 표시에 포함하여 물 사용량을 표시하여야 한다.

[본조신설 2011. 7. 28.]

제2장 일반수도사업

제17조(일반수도사업의 인가) ①일반수도사업을 경영하려는 자는 대통령령으로 정하는 바에 따라 다음 각 호의 구분에 따른 기후에너지환경부장관, 시·도지사, 또는 시장·군수(군수는 광역시의 군수를 제외하며, 이하 "인가관청"이라 한다)의 인가를 받아야 한다. 인가된 사항을 변경(대통령령으로 정하는 가벼운 사항을 변경하는 경우는 제외한다)하려는 경우에도 또한 같다. 〈개정 2008. 2. 29., 2010. 5. 25., 2011. 7. 28., 2011. 11. 14., 2013. 3. 23., 2018. 6. 8., 2024. 10. 22., 2025. 10. 1.〉

1. 광역상수도 및 지방상수도(제3호 및 제4호에 해당하는 광역상수도와 지방상수도는 제외한다): 기후에너지환경부장관

2. 삭제 〈2018. 6. 8.〉

3. 도 또는 특별자치도의 관할구역에서 지방자치단체 또는 상수도조합이 설치하는 시설용량 1일 1만톤 이하인 광역상수도 및 지방상수도: 도지사 또는 특별자치도지사

4. 특별시, 광역시 또는 특별자치시의 관할구역에서 지방자치단체가 설치하는 시설용량 1일 10만톤 이하인 광역상수도 및 지방상수도: 특별시장, 광역시장 또는 특별자치시장

5. 마을상수도: 특별시장·광역시장·특별자치시장·특별자치도지사·시장·군수(광역시의 군수는 제외한다)

② 시·도지사가 제1항제3호 또는 제4호에 따른 인가를 하려면 기후에너지환경부장관과 미리 협의하여야 한다. 〈개정 2018. 6. 8., 2025. 10. 1.〉

③인가관청은 제1항에 따라 일반수도사업을 인가하면 지체 없이 고시하여야 한다. 〈개정 2008. 2. 29., 2010. 5. 25., 2011. 7. 28.〉

④ 삭제 〈2018. 6. 8.〉

⑤ 시·도지사는 일반수도사업(마을상수도는 제외한다)을 인가하면 인가한 내용을 기후에너지환경부장관에게 지체 없이 통보하여야 한다. 〈신설 2011. 7. 28., 2025. 10. 1.〉

제18조(시설 기준 등) ①일반수도사업자는 수도시설을 설치할 때에 지진에 대한 안전성을 고려하여야 하고, 원수(原水)의 질과 양, 지리적 조건, 수도의 종류 및 시설의 규모에 따라 대통령령으로 정하는 기준에 맞는 일반수도의 수도시설을 갖추어야 한다.

② 삭제 〈2010. 5. 25.〉

③제3조제24호에 따른 저수조를 설치할 때에는 기후에너지환경부령으로 정하는 기준에 따라야 한다. 다만, 제33조제2항에 따른 대통령령으로 정하는 규모 이상의 건축물 또는 시설을 제외한 건축물 또는 시설에 저수조를 설치하는 경우에 따라야 하는 시설 기준은 해당 지방자치단체의 조례로 정할 수 있다. 〈개정 2025. 10. 1.〉

제19조(완공 시 수질검사) ①일반수도사업자가 수도공사를 완공하면 대통령령으로 정하는 바에 따라 수질검사를 받아야 한다.

②일반수도사업자는 제1항에 따른 수질검사를 받지 아니하고는 수돗물을 공급할 수 없다.

제20조(수도시설의 보호) 누구든지 일반수도사업자의 사전 동의를 받지 아니하고는 일반수도의 기존 수도관으로부터 분기(分岐)하여 수도시설을 설치하거나, 일반수도의 수도시설을 변조하거나 손괴하여서는 아니 된다.

제21조(수도시설의 관리) ①일반수도의 수도시설관리권은 일반수도사업자가 가진다. 다만, 급수설비의 수도시설관리권은 대통령령으로 정하는 자가 가진다.

②제1항 단서에도 불구하고 일반수도사업자는 해당 급수설비의 소유자 또는 관리자의 동의를 받아 급수설비의 상태와 수돗물의 수질을 검사할 수 있다. 다만, 수돗물을 신규로 공급할 때에는 해당 급수설비의 소유자 또는 관리자의 동의를 받아 해당 시설에 급수설비가 적정하게 설치되었는지를 검사하여야 한다. 〈개정 2013. 12. 30.〉

③일반수도사업에 의하여 수돗물을 공급받는 자는 그 수도사업자에게 급수설비의 상태와 공급받는 수돗물의 수질에 대한 검사를 요구할 수 있다.

④ 제2항 및 제3항에 따른 급수설비의 검사 기준 및 절차 등 필요한 사항은 기후에너지환경부령으로 정한다. 〈신설 2013. 12. 30., 2025. 10. 1.〉

⑤일반수도사업자는 제2항과 제3항에 따른 검사 결과 급수설비가 제4항에 따른 검사 기준에 못 미치거나 수돗물이 제26조제2항에 따른 수질기준에 위반된 경우에는 해당 지방자치단체의 조례로 정하는 바에 따라 그 급수설비의 소유자 또는 관리자에게 급수설비의 세척·갱생 또는 교체 등 필요한 조치를 하도록 권고할 수 있다. 이 경우 일반수도사업자는 해당 지방자치단체의 조례에 따라 세척·갱생 또는 교체에 필요한 비용의 일부를 보조하거나 융자할 수 있다. 〈개정 2011. 11. 14., 2013. 12. 30.〉

⑥일반수도사업자는 수도에 관한 기술적인 관리 등 대통령령으로 정하는 업무를 수행하기 위하여 대통령령으로 정하는 기준에 맞는 자를 수도시설관리자로 임명하여야 한다. 〈개정 2013. 12. 30.〉

⑦일반수도사업자는 정수시설의 효율적인 운영·관리를 위하여 정수시설의 규모 등을 고려하여 대통령령으로 정하는 기준에 따라 정수시설운영관리사를 배치하여 관리하도록 하여야 한다. 〈개정 2013. 12. 30.〉

⑧ 일반수도사업자는 상수도관망시설의 효율적인 운영·관리를 위하여 상수도관망시설의 규모 등을 고려하여 대통령령으로 정하는 기준에 따라 상수도관망시설운영관리사를 배치하여 관리하도록 하여야 한다. 〈신설 2020. 3. 31.〉

⑨ 일반수도사업자는 수도시설의 운영·관리에 소요되는 에너지를 절감하고 수도시설을 효율적으로 운영·관리하기 위하여 다음 각 호의 방안을 이행하도록 노력하여야 한다. 〈신설 2019. 11. 26., 2020. 3. 31.〉

1. 「신에너지 및 재생에너지 개발·이용·보급 촉진법」 제2조제2호에 따른 재생에너지의 사용
2. 에너지 절약형 정수처리공법 활용
3. 에너지 절약형 자재 및 제품의 사용

제21조의2(상수도관망의 관리) 지방자치단체인 일반수도사업자는 수돗물 공급과정에서 수질오염을 방지하고, 누수량을 줄여 유수율(有收率, 총급수량 중 유수수량의 비율을 말한다)을 높이기 위하여 대통령령으로 정하는 바에 따라 상수도관망을 효율적이고 체계적으로 유지·관리하여야 한다. 〈개정 2020. 3. 31.〉

[본조신설 2019. 11. 26.]

[제목개정 2020. 3. 31.]

제21조의3(상수도관망 중점관리지역 지정 등) ① 기후에너지환경부장관은 상수도관망의 노후 등으로 수질오염이 발생하거나 발생할 우려가 있는 지역을 관할 일반수도사업자(지방자치단체인 일반수도사업자를 말한다. 이하 이 조에서 같다)와 협의하여 상수도관망 중점관리지역(이하 "중점관리지역"이라 한다)으로 지정할 수 있다. 〈개정 2025. 10. 1.〉

② 일반수도사업자는 관할 지역에 중점관리지역 지정 사유가 발생하거나 중점관리지역의 지정 해제가 필요하다고 판단되는 경우에는 기후에너지환경부장관에게 중점관리지역의 지정 또는 지정 해제를 요청할 수 있다. 〈개정 2025. 10. 1.〉

③ 일반수도사업자는 관할 중점관리지역에 대하여 정기적인 수질측정 등을 실시하고 관망개선계획을 수립하여 기후에너지환경부장관에게 제출하여야 한다. 〈개정 2025. 10. 1.〉

④ 기후에너지환경부장관은 중점관리지역의 상수도관망 정비에 필요한 경비를 예산의 범위에서 지원할 수 있다. 〈개정 2025. 10. 1.〉

⑤ 기후에너지환경부장관은 중점관리지역의 지정 사유가 해소되거나, 지정 유지의 필요성이 현저히 감소하는 등 지정의 해제가 필요하다고 인정될 때에는 그 지정을 해제할 수 있다. 〈개정 2025. 10. 1.〉

⑥ 제1항에 따른 중점관리지역의 지정 기준·절차, 제3항에 따른 수질측정, 관망개선계획의 수립 및 제5항에 따른 지정 해제 절차 등에 관하여 필요한 사항은 기후에너지환경부령으로 정한다. 〈개정 2025. 10. 1.〉

[본조신설 2020. 3. 31.]

제21조의4(상수도관망관리대행업의 등록 등) ① 다음 각 호의 어느 하나에 해당하는 업무(이하 "상수도관망관리대행업"이라 한다)를 하려는 자는 대통령령으로 정하는 기준에 따라 인력·장비 등의 요건을 갖추어 기후에너지환경부장관에게 등록하여야 한다. 〈개정 2025. 10. 1.〉

1. 상수도관망의 세척
2. 상수도관망의 누수탐사·복구 등 누수 관리

3. 상수도관망시설의 점검ㆍ정비
4. 그 밖에 기후에너지환경부령으로 정하는 상수도관망의 운영ㆍ관리에 해당하는 업무

② 제1항에 따라 등록한 사항 중 기술인력의 변경 등 기후에너지환경부령으로 정하는 중요한 사항을 변경하는 경우에는 변경등록을 하여야 한다. 〈개정 2025. 10. 1.〉

③ 제1항에 따라 상수도관망관리대행업을 등록한 자(이하 "상수도관망관리대행업자"라 한다)는 상수도관망 관리에 관한 사항을 기록ㆍ보존하는 등 대통령령으로 정하는 준수사항을 지켜야 한다.

④ 제1항 및 제2항에 따른 상수도관망관리대행업의 등록 및 변경등록 절차 등에 관하여 필요한 사항은 기후에너지환경부령으로 정한다. 〈개정 2025. 10. 1.〉

[본조신설 2020. 3. 31.]

제21조의5(상수도관망관리대행업의 등록취소 등) ① 기후에너지환경부장관은 상수도관망관리대행업자가 다음 각 호의 어느 하나에 해당하는 경우 그 등록을 취소하거나 6개월 이내의 기간을 정하여 업무의 전부 또는 일부의 정지를 명할 수 있다. 다만, 제1호에 해당하는 경우에는 그 등록을 취소하여야 한다. 〈개정 2025. 10. 1.〉

1. 거짓이나 그 밖의 부정한 방법으로 제21조의4제1항에 따른 등록을 한 경우
2. 제21조의4제1항에 따른 등록을 한 후 1년 이내에 업무를 개시하지 아니하거나 정당한 사유 없이 계속하여 1년 이상 휴업을 한 경우
3. 제21조의4제1항에 따른 등록요건에 미달하게 된 경우
4. 제21조의4제2항에 따른 변경등록을 하지 아니하거나 거짓이나 그 밖의 부정한 방법으로 변경등록을 한 경우
5. 제21조의4제3항에 따른 준수사항을 지키지 아니한 경우
6. 업무정지명령을 위반하여 상수도관망관리대행업을 수행한 경우

② 제1항에 따라 등록이 취소된 자는 등록이 취소된 날부터 1년이 지나지 아니하면 제21조의4제1항에 따른 등록을 할 수 없다.

③ 제1항에 따른 행정처분의 세부기준은 그 위반행위의 종류와 위반의 정도 등을 고려하여 기후에너지환경부령으로 정한다. 〈개정 2025. 10. 1.〉

[본조신설 2020. 3. 31.]

제22조(수도사업의 민간자본 유치) 국가 또는 지방자치단체는 「사회기반시설에 대한 민간투자법」으로 정하는 바에 따라 수도사업에 드는 비용의 전부 또는 일부에 대하여 민간자본을 유치할 수 있다.

제23조(수도시설 운영·관리 업무의 위탁) ①일반수도사업자(지방자치단체 및 상수도조합인 일반수도사업자를 말한다. 이하 이 조에서 같다)는 수도사업을 효율적으로 운영·관리하기 위하여 대통령령으로 정하는 바에 따라 수도시설의 운영·관리에 관한 업무(이하 "수도관리업무"라 한다)의 전부 또는 일부를 대통령령으로 정하는 전문기관 또는 지방자치단체인 수도사업자에게 위탁할 수 있다. 이 경우 일반수도사업자는 다른 일반수도사업자와 공동으로 수도관리업무를 위탁할 수 있으며, 수도사업 통합을 추진하는 경우에도 또한 같다. 〈개정 2010. 5. 25., 2011. 11. 14., 2024. 10. 22.〉

②일반수도사업자는 제1항에 따라 수도관리업무를 위탁하려면 대통령령으로 정하는 바에 따라 수도관리업무를 위탁받는 자(이하 "수탁자"라 한다)와 위탁계약을 체결하여야 하고, 기후에너지환경부령으로 정하는 바에 따라 기후에너지환경부장관에게 다음 각 호의 사항을 지체 없이 신고하여야 한다. 〈개정 2011. 11. 14., 2025. 10. 1.〉

1. 위탁계약을 체결한 경우 그 체결사실 또는 위탁계약 내용 변경 시 그 변경사실

2. 위탁계약을 해지한 경우에는 그 해지 사실

③수탁자는 그 수탁을 받은 수도관리업무의 범위에서 제28조·제28조의2·제29조·제32조·제33조제1항·제36조·제37조 및 제61조를 적용하는 경우 일반수도사업자로 본다. 〈개정 2011. 11. 14.〉

④일반수도사업자가 수도관리업무를 위탁하면 그 위탁업무의 처리에 대하여 수탁자를 지도·감독하여야 한다. 이 경우 수돗물의 안전하고 적정한 공급을 위하여 필요하다고 인정하면 보고나 자료의 제출을 요구할 수 있다.

⑤ 일반수도사업자는 수도관리업무의 위탁에 관한 사항을 심의하기 위하여 수도관리위탁심의위원회를 설치·운영하여야 한다. 〈신설 2010. 5. 25.〉

⑥ 수도관리위탁심의위원회의 위원장은 상수도 관련 업무를 담당

하고 있는 3급부터 5급까지의 공무원 중에서 일반수도사업자가 임명하는 자가 되고, 위원은 대통령령으로 정하는 바에 따라 15인 이내의 위원으로 구성한다. 〈신설 2010. 5. 25.〉

⑦ 그 밖에 수도관리위탁심의위원회의 기능 및 운영 등에 관하여 필요한 사항은 대통령령으로 정한다. 〈신설 2010. 5. 25.〉

제23조의2(수도시설 운영ㆍ관리 실태점검) ① 기후에너지환경부장관은 수도 서비스의 품질 향상을 위하여 수도시설의 운영ㆍ관리 등에 대한 실태를 점검(이하 이 조에서 “실태점검”이라 한다)할 수 있다. 〈개정 2025. 10. 1.〉

② 기후에너지환경부장관은 효율적인 실태점검 및 관련 정보의 공유를 위하여 전산망을 구축ㆍ운영할 수 있다. 〈개정 2025. 10. 1.〉

③ 실태점검을 위한 지표, 방법 등에 관한 사항은 기후에너지환경부장관이 정하여 고시한다. 〈개정 2025. 10. 1.〉

[본조신설 2011. 11. 14.]

제24조(정수시설운영관리사) ① 정수시설운영관리사가 되려는 사람은 기후에너지환경부장관이 실시하는 정수시설운영관리사 자격시험에 합격하거나 양성과정의 이수 등 대통령령으로 정하는 자격요건을 갖추어 기후에너지환경부장관에게 자격증 발급을 신청하여야 한다. 〈개정 2025. 10. 1.〉

② 제1항에 따른 정수시설운영관리사의 등급은 1급ㆍ2급 및 3급으로 한다.

③ 정수시설운영관리사 1급ㆍ2급 자격은 국가시험에 합격한 사람에게 부여하고, 3급 자격은 양성과정의 이수 등 대통령령으로 정하는 자격요건을 갖춘 사람에게 부여한다.

④ 다음 각 호의 어느 하나에 해당하는 사람은 정수시설운영관리사가 될 수 없다. 〈개정 2024. 10. 22.〉

1. 피성년후견인
2. 파산선고를 받고 복권되지 아니한 사람
3. 이 법, 「하수도법」, 「먹는물관리법」 또는 「물의 재이용 촉진 및 지원에 관한 법률」을 위반하여 금고 이상의 실형을 선고받고 그 집행이 종료(집행이 종료된 것으로 보는 경우를 포함한다)되거나 집행이 면제된 날부터 2년이 지나지 아니한 사람
4. 이 법, 「하수도법」, 「먹는물관리법」 또는 「물의 재이용 촉진

및 지원에 관한 법률」을 위반하여 금고 이상의 형의 집행유예를 선고받고 그 유예기간 중에 있는 사람

5. 제25조에 따라 자격이 취소(제24조제4항제1호 또는 제2호에 해당하여 자격이 취소된 경우는 제외한다)된 날부터 3년이 지나지 아니한 사람

⑤ 기후에너지환경부장관은 제1항에 따른 자격시험에 합격하거나 같은 항에 따른 자격요건을 갖추어 자격증 발급을 신청한 사람에게 자격증을 교부하여야 한다. 〈개정 2025. 10. 1.〉

⑥ 제5항에 따라 정수시설운영관리사 자격증을 교부받은 사람은 그 자격증을 다른 사람에게 대여하여서는 아니 된다.

⑦ 누구든지 정수시설운영관리사 자격증을 대여받아서는 아니 되며, 이를 알선하여서도 아니 된다.

⑧ 제1항에 따른 정수시설운영관리사 자격시험의 응시자격, 시험과목, 시험방법, 시험의 일부 면제, 자격증 교부절차, 그 밖에 시험에 필요한 사항은 대통령령으로 정한다.

⑨ 기후에너지환경부장관은 제1항에 따른 정수시설운영관리사 양성과정을 효율적으로 운영하기 위하여 양성과정 운영 업무를 대통령령으로 정하는 기관 또는 단체에 위탁할 수 있다. 〈개정 2025. 10. 1.〉

[전문개정 2023. 8. 16.]

제24조의2(시험부정행위자에 대한 제재) 기후에너지환경부장관은 정수시설운영관리사 자격시험에서 부정한 행위를 한 응시자에 대하여는 그 시험을 정지 또는 무효로 하거나 합격결정을 취소하고, 그 시험을 정지하거나 무효로 한 날 또는 합격결정을 취소한 날부터 3년간 시험응시 자격을 정지한다. 〈개정 2020. 5. 26., 2025. 10. 1.〉

[본조신설 2016. 1. 27.]

제25조(정수시설운영관리사의 자격 취소 등) ①기후에너지환경부장관은 정수시설운영관리사가 다음 각 호의 어느 하나에 해당하면 그 자격을 취소하거나 3년 이내의 범위에서 자격을 정지시킬 수 있다. 다만, 제1호나 제2호에 해당하면 그 자격을 취소하여야 한다. 〈개정 2023. 8. 16., 2025. 10. 1.〉

1. 거짓이나 그 밖의 부정한 방법으로 자격을 취득한 경우

2. 제24조제4항제1호부터 제5호까지의 규정 중 어느 하나에 해

당하게 된 경우

3. 고의나 중대한 과실에 의한 정수시설 운영·관리의 잘못으로 수돗물을 공급받은 주민들의 건강에 해로운 영향을 미친 경우

4. 제24조제6항을 위반하여 자격증을 다른 사람에게 대여한 경우

②제1항에 따른 정수시설운영관리사 자격의 취소 또는 정지에 관한 기준은 그 처분의 사유와 위반의 정도 등을 고려하여 기후에너지환경부령으로 정한다. 〈개정 2025. 10. 1.〉

제25조의2(상수도관망시설운영관리사) ① 상수도관망시설운영관리사가 되려는 사람은 대통령령으로 정하는 자격요건을 갖추어 기후에너지환경부장관에게 자격증 발급을 신청하여야 한다. 〈개정 2025. 10. 1.〉

② 다음 각 호의 어느 하나에 해당하는 사람은 상수도관망시설운영관리사가 될 수 없다. 〈개정 2024. 10. 22.〉

1. 피성년후견인

2. 파산선고를 받고 복권되지 아니한 사람

3. 이 법, 「하수도법」, 「먹는물관리법」 또는 「물의 재이용 촉진 및 지원에 관한 법률」을 위반하여 금고 이상의 실형을 선고받고 그 집행이 종료(집행이 종료된 것으로 보는 경우를 포함한다)되거나 집행이 면제된 날부터 2년이 지나지 아니한 사람

4. 이 법, 「하수도법」, 「먹는물관리법」 또는 「물의 재이용 촉진 및 지원에 관한 법률」을 위반하여 금고 이상의 형의 집행유예를 선고받고 그 유예기간 중에 있는 사람

5. 제25조의3에 따라 자격이 취소(제25조의2제2항제1호 또는 제2호에 해당하여 자격이 취소된 경우는 제외한다)된 날부터 3년이 지나지 아니한 사람

③ 기후에너지환경부장관은 제1항에 따른 자격요건을 갖추어 자격증 발급을 신청한 사람에게 자격증을 교부하여야 한다. 〈개정 2025. 10. 1.〉

④ 제3항에 따라 상수도관망시설운영관리사 자격증을 교부받은 사람은 그 자격증을 다른 사람에게 대여하여서는 아니 된다.

⑤ 누구든지 상수도관망시설운영관리사 자격증을 대여받아서는 아니 되며, 이를 알선하여서도 아니 된다. 〈신설 2022. 1. 11.〉

⑥ 기후에너지환경부장관은 제3항에 따라 상수도관망시설운영관리

사 자격증을 교부(재교부를 포함한다)받으려는 사람에게 기후에너지환경부령으로 정하는 바에 따라 수수료를 받을 수 있다. 〈개정 2022. 1. 11., 2025. 10. 1.〉

⑦ 상수도관망시설운영관리사의 등급 및 직무범위, 제3항에 따른 자격증의 교부절차 등에 관하여 필요한 사항은 대통령령으로 정한다. 〈개정 2022. 1. 11.〉

[본조신설 2020. 3. 31.]

제25조의3(상수도관망시설운영관리사의 자격 취소 등) ① 기후에너지환경부장관은 상수도관망시설운영관리사가 다음 각 호의 어느 하나에 해당하는 경우 그 자격을 취소하거나 3년 이내의 범위에서 자격을 정지시킬 수 있다. 다만, 제1호나 제2호에 해당하는 경우에는 그 자격을 취소하여야 한다. 〈개정 2025. 10. 1.〉

1. 거짓이나 그 밖의 부정한 방법으로 자격을 취득한 경우
2. 제25조의2제2항 각 호의 어느 하나에 해당하게 된 경우
3. 상수도관망시설을 운영·관리함에 있어 고의나 중대한 과실로 수돗물을 공급받은 주민들의 건강에 해로운 영향을 미친 경우
4. 제25조의2제4항을 위반하여 자격증을 다른 사람에게 대여한 경우

② 제1항에 따른 상수도관망시설운영관리사 자격의 취소 또는 정지에 관한 기준은 그 처분의 사유와 위반의 정도 등을 고려하여 기후에너지환경부령으로 정한다. 〈개정 2025. 10. 1.〉

[본조신설 2020. 3. 31.]

제26조(수질기준) ①수도를 통하여 음용을 목적으로 공급되는 물에는 다음 각 호의 어느 하나에 해당하는 물질이 포함되어서는 아니 된다. 〈개정 2020. 5. 26.〉

1. 병원성 미생물에 오염되었거나 오염될 우려가 있는 물질
2. 건강에 해로운 영향을 미칠 수 있는 무기물질 또는 유기물질
3. 심미적(審美的) 영향을 미칠 수 있는 물질
4. 그 밖에 건강에 해로운 영향을 미칠 수 있는 물질

②제1항에 따른 수질기준에 관하여 필요한 사항은 기후에너지환경부령으로 정한다. 〈개정 2025. 10. 1.〉

③ 기후에너지환경부장관은 제2항의 수질기준의 설정 등을 위하여 원수·정수 중의 미량(微量)유해물질 등 감시가 필요한 항목을

먹는물 감시항목으로 지정할 수 있다. 이 경우 먹는물 감시항목의 지정대상·지정절차, 먹는물 감시항목별 감시기준 및 검사 주기 등에 관한 세부 사항은 기후에너지환경부장관이 정하여 고시한다. 〈신설 2013. 12. 30., 2025. 10. 1.〉

④ 시·도지사는 주민의 건강보호 등을 위하여 필요한 경우 해당 시·도의 조례로 다음 각 호의 어느 하나에 해당하는 사항을 정할 수 있다. 다만, 둘 이상의 시·도에 원수 또는 정수를 공급하는 광역상수도에 대해서는 그러하지 아니하다. 〈개정 2013. 12. 30.〉

1. 제2항에 따른 수질기준 및 제3항에 따른 먹는물 감시항목별 감시기준의 강화

2. 제2항에 따른 수질기준 항목 외의 항목에 대한 수질기준 및 검사방법과 제3항에 따른 먹는물 감시항목 외의 항목에 대한 감시기준 및 검사방법

제26조의2(수돗물 수질기준 위반 보고 등) ① 일반수도사업자는 수돗물이 제26조제2항에 따른 수질기준에 위반되면 즉시 수질기준 위반 항목 및 조치계획 등을 관할 유역환경청 또는 지방환경청의 장(이하 "지방환경관서의 장"이라 한다)에게 보고하여야 한다.

② 제1항에 따라 보고를 받은 지방환경관서의 장은 즉시 기후에너지환경부령으로 정하는 바에 따라 조치계획의 적정성을 검토하여 기후에너지환경부장관에게 보고하여야 한다. 〈개정 2025. 10. 1.〉

③ 기후에너지환경부장관은 수돗물이 제26조제2항에 따른 수질기준에 위반되는 등 수돗물을 안전하고 적정하게 공급하기 어려운 경우에는 신속한 대응 및 상황 관리, 사고정보의 수집과 통보를 위하여 해당 사고 발생현장에 기후에너지환경부령으로 정하는 요건을 갖춘 현장수습조정관을 파견할 수 있다. 〈개정 2025. 10. 1.〉

④ 제3항에 따라 현장수습조정관을 파견할 수 있는 경우와 파견절차·방법 및 현장수습조정관의 역할은 대통령령으로 정한다.

⑤ 제3항에 따라 현장수습조정관이 파견된 지역의 일반수도사업자는 현장수습조정관이 사고 현장에서 원활히 업무를 수행할 수 있도록 적극 협조하여야 하고, 주요한 사안을 결정·집행하는 경우에는 현장수습조정관과 협의하여야 한다.

[본조신설 2019. 11. 26.]

제27조(수질기준 위반내용 등의 공지) ①일반수도사업자는 수돗물이

제26조제2항에 따른 수질기준에 위반된 경우나 그 밖에 대통령령으로 정하는 사유에 해당하는 경우에는 그 위반내용 등을 관할 구역의 주민에게 알리고 수질개선을 위하여 필요한 조치를 하여야 한다. 〈개정 2011. 11. 14.〉

②제1항에 따른 공지의 시기, 내용, 방법 등에 관한 사항은 기후에너지환경부령으로 정한다. 〈개정 2011. 11. 14., 2025. 10. 1.〉

[제목개정 2011. 11. 14.]

제28조(정수처리기준) ①일반수도사업자는 수도를 통하여 음용을 목적으로 공급되는 물이 병원성 미생물로부터 안전성이 확보되도록 기후에너지환경부령으로 정하는 정수처리기준을 지켜야 한다. 다만, 지표수(地表水)의 영향을 받지 아니하는 지하수를 상수원으로 사용하는 등의 경우로서 기후에너지환경부령으로 정하는 인증을 받은 경우에는 그러하지 아니하다. 〈개정 2011. 11. 14., 2013. 12. 30., 2025. 10. 1.〉

② 기후에너지환경부장관은 제1항 단서에 따라 인증을 받은 일반수도사업자가 다음 각 호의 어느 하나에 해당하면 인증을 취소하여야 한다. 〈개정 2011. 11. 14., 2025. 10. 1.〉

1. 거짓, 그 밖의 부정한 방법으로 인증을 받은 경우
2. 인증을 받은 해당 상수원이 제3항에 따른 인증기준을 충족하지 못하게 된 경우

③ 제1항 본문에 따른 정수처리기준을 지켜야 하는 시설의 범위 및 같은 항 단서에 따른 인증기준, 인증주기 및 인증절차 등에 관한 사항은 기후에너지환경부령으로 정한다. 〈신설 2011. 11. 14., 2025. 10. 1.〉

④ 일반수도사업자는 제1항 본문에 따른 정수처리기준을 지키기 위하여 정수처리된 물의 탁도(濁度) 등이 기후에너지환경부령으로 정하는 기준에 적합하도록 정수시설을 설치·운영하여야 한다. 〈신설 2011. 11. 14., 2025. 10. 1.〉

⑤ 일반수도사업자는 정수처리된 물이 제4항에 따른 기준에 적합한지를 확인하기 위하여 주기적으로 검사를 실시하여야 한다. 이 경우 검사의 항목, 주기, 방법 등에 관한 사항은 기후에너지환경부령으로 정한다. 〈신설 2011. 11. 14., 2025. 10. 1.〉

⑥ 일반수도사업자는 제5항에 따라 실시한 검사 결과를 기후에너

지환경부령으로 정하는 바에 따라 기록·보존하고, 기후에너지환경부장관에게 보고하여야 한다. 〈신설 2011. 11. 14., 2025. 10. 1.〉

⑦ 일반수도사업자는 제5항에 따른 검사 결과가 제4항에 따른 기준에 위반된 경우에는 기후에너지환경부령으로 정하는 바에 따라 수도시설의 개선 등 필요한 조치를 하여야 한다. 〈신설 2011. 11. 14., 2025. 10. 1.〉

⑧ 기후에너지환경부장관은 일반수도사업자가 제1항 본문에 따른 정수처리기준을 지키지 아니하면 수도시설의 개선 등 필요한 조치를 명할 수 있다. 〈신설 2011. 11. 14., 2025. 10. 1.〉

제28조의2(병원성 미생물의 분포 실태조사) ① 일반수도사업자는 정수시설의 효율적인 운영을 위하여 정수처리된 물에 대하여 바이러스 등 병원성 미생물의 분포실태를 조사하고, 그 결과를 기후에너지환경부장관에게 보고하여야 한다. 〈개정 2025. 10. 1.〉

② 제1항에 따른 조사의 대상 시설, 조사 시기·항목·방법, 결과 보고의 내용·절차 등에 관한 사항은 기후에너지환경부령으로 정한다. 〈개정 2025. 10. 1.〉

[본조신설 2011. 11. 14.]

제29조(수질검사와 수량분석) ①일반수도사업자는 원수 및 정수가 기후에너지환경부령으로 정하는 기준에 맞는지를 파악하기 위하여 기후에너지환경부령으로 정하는 바에 따라 수질검사를 실시하여야 하고, 취수량·정수량 및 공급량 등에 대한 수량분석을 실시하여야 한다. 〈개정 2025. 10. 1.〉

②일반수도사업자는 수질검사를 하기 위하여 대통령령으로 정하는 기준에 맞는 검사시설을 설치하여야 한다.

③일반수도사업자가 제1항에 따른 수질검사 및 수량분석을 실시하면 기후에너지환경부령으로 정하는 바에 따라 이에 관한 기록을 작성·보존하여야 하며, 즉시 인터넷 홈페이지 등에 수질검사 및 수량분석 결과를 공개하여야 한다. 〈개정 2013. 12. 30., 2025. 10. 1.〉

④ 기후에너지환경부장관은 제1항 및 제3항에 따라 작성된 수질검사 및 수량분석에 관한 기록을 전산처리할 수 있는 전산망을 설치·운영하여야 한다. 〈신설 2013. 12. 30., 2025. 10. 1.〉

⑤기후에너지환경부장관은 일반수도사업자가 제1항에 따른 수질검사 및 수량분석 결과를 거짓으로 발표하거나 기후에너지환경부장관

에게 거짓으로 보고하면 그 수도사업자에게 그 업무를 담당한 자의 징계를 요구할 수 있다. 이 경우 그 수도사업자는 특별한 사유가 없으면 이에 따라야 한다. 〈개정 2013. 12. 30., 2025. 10. 1.〉

제29조의2(수돗물 먹는 실태조사) ① 기후에너지환경부장관은 국민에게 안전하고 질 좋은 수돗물을 공급하기 위하여 3년마다 수돗물 먹는 실태조사를 실시하여야 한다. 〈개정 2025. 10. 1.〉

② 기후에너지환경부장관은 제1항에 따른 실태조사를 위하여 필요한 경우에는 관계 중앙행정기관의 장, 지방자치단체의 장, 관련 기관·단체의 장 등에게 필요한 자료 또는 정보의 제공을 요청할 수 있다. 이 경우 요청을 받은 관계 중앙행정기관의 장 등은 특별한 사유가 없으면 그 요청에 따라야 한다. 〈신설 2022. 1. 11., 2025. 10. 1.〉

③ 제1항에 따른 실태조사의 범위, 절차 및 방법 등은 대통령령으로 정한다. 〈개정 2022. 1. 11.〉

[본조신설 2020. 3. 31.]

제30조(수돗물평가위원회) ①다음 각 호의 업무를 수행하기 위하여 수도사업자인 특별시·광역시·특별자치시·도·특별자치도·시·군(광역시의 군은 제외한다)·상수도조합에 수돗물평가위원회(이하 이 조에서 "위원회"라 한다)를 둔다. 〈개정 2010. 5. 25., 2011. 11. 14., 2024. 10. 22.〉

1. 수돗물의 정기적 검사 실시 및 공표
2. 수도사업자에 대한 수질 관리 및 수도시설의 운영에 관한 자문
3. 제1호에 따른 검사 대상과 검사 지점의 선정

② 제1항에 따라 위원회를 둔 기관의 장은 위원회의 운영계획을 매년 수립하여야 한다. 〈신설 2010. 5. 25., 2011. 11. 14., 2024. 10. 22.〉

③ 제1항에 따라 위원회를 둔 기관의 장은 위원회의 운영계획을 수립하거나 변경한 때에는 기후에너지환경부령으로 정하는 방법 및 절차에 따라 기후에너지환경부장관에게 보고하여야 한다. 〈신설 2010. 5. 25., 2011. 11. 14., 2024. 10. 22., 2025. 10. 1.〉

④제1항에 따른 위원회의 조직과 운영 등에 관하여 필요한 사항은 대통령령으로 정한다. 〈개정 2010. 5. 25., 2024. 10. 22.〉

제31조(수돗물품질보고서) ①일반수도사업자는 매년 1회 이상 수돗

물품질보고서를 발간하여 관할 급수구역에서 수돗물을 공급받는 자에게 제공하여야 한다.

②제1항에 따른 수돗물품질보고서의 내용, 발간 및 제공 방법 등에 관하여 필요한 사항은 기후에너지환경부령으로 정한다. 〈개정 2025. 10. 1.〉

제32조(건강진단) ①일반수도사업자는 취수·정수 또는 배수시설에서 업무에 종사하는 사람 및 그 시설 안에 거주하는 사람에 대하여 기후에너지환경부령으로 정하는 바에 따라 건강진단을 실시하여야 한다. 〈개정 2020. 5. 26., 2025. 10. 1.〉

②일반수도사업자는 제1항에 따른 건강진단 결과 다른 사람에게 위해(危害)를 끼칠 우려가 있는 질병이 있다고 인정되는 사람을 그 업무에 종사하게 하거나 그 시설 안에 거주하게 하여서는 아니 된다. 〈개정 2020. 5. 26.〉

③제1항에 따른 건강진단에 관한 기록의 작성·보존에 관하여는 제29조제3항을 준용한다.

제33조(위생상의 조치 등) ①일반수도사업자는 수도에 관하여 소독 및 수질검사, 그 밖의 위생에 필요한 조치(이하 "소독등위생조치"라 한다)를 하여야 한다.

② 수돗물을 다량으로 사용하는 건축물 또는 시설로서 대통령령으로 정하는 규모 이상의 건축물 또는 시설의 소유자나 관리자(「공동주택관리법」 제2조제1항제1호에 따른 공동주택에 대해서는 같은 법 제64조에 따른 관리사무소장을 건축물이나 시설의 관리자로 본다. 이하 제3항부터 제5항까지와 제36조제1항에서 같다)가 저수조를 설치한 경우 일반수도사업자에게 대통령령으로 정하는 바에 따라 신고하여야 한다. 다만, 일반수도사업자가 수도시설관리권을 가지는 경우에는 그러하지 아니하다. 〈신설 2024. 1. 16.〉

③제2항에 따른 건축물 또는 시설의 소유자나 관리자는 급수설비(일반수도사업자가 수도시설관리권을 가지는 부분은 제외한다)에 대한 소독등위생조치를 하여야 한다. 이 경우 일반수도사업자는 해당 지방자치단체의 조례로 정하는 바에 따라 수질검사에 필요한 비용의 일부를 지원할 수 있다. 〈개정 2016. 1. 27., 2019. 11. 26., 2024. 1. 16.〉

④다음 각 호의 어느 하나에 해당하는 건축물 또는 시설로서 대

통령령으로 정하는 규모 이상의 건축물 또는 시설의 소유자나 관리자는 기후에너지환경부령으로 정하는 바에 따라 급수관(일반수도사업자가 수도시설관리권을 가지는 부분은 제외한다)을 주기적으로 검사하고, 그 결과에 따라 세척 · 갱생 · 교체 등 필요한 조치(이하 "세척등조치"라 한다)를 하여야 한다. 〈개정 2016. 1. 27., 2022. 11. 15., 2024. 1. 16., 2025. 10. 1.〉

1. 「유통산업발전법」 제2조제3호에 따른 대규모점포

2. 「주택법」 제2조제3호에 따른 공동주택 중 대통령령으로 정하는 건축물

3. 「건축법」 제2조제2항제8호에 따른 운수시설

4. 「건축법」 제2조제2항제9호에 따른 의료시설

5. 「건축법」 제2조제2항제10호에 따른 교육연구시설 중 대통령령으로 정하는 시설

6. 국가나 지방자치단체가 설치하는 「건축법」 제2조제2항제11호부터 제13호까지의 규정에 따른 시설 중 대통령령으로 정하는 시설

7. 「건축법」 제2조제2항제14호에 따른 업무시설

8. 국가나 지방자치단체가 설치하는 「건축법」 제2조제2항제23호에 따른 교정(矯正)시설 중 대통령령으로 정하는 시설

9. 국가나 지방자치단체가 설치하는 「건축법」 제2조제2항제24호에 따른 국방 · 군사시설 중 대통령령으로 정하는 시설

10. 그 밖에 안전한 수돗물의 공급을 위하여 특히 필요하다고 인정하여 조례로 정하는 시설

⑤일반수도사업자는 제2항 또는 제4항에 따른 건축물 또는 시설의 소유자나 관리자가 소독등위생조치 또는 세척등조치를 하는지에 대하여 지도 · 감독하여야 한다. 〈개정 2024. 1. 16.〉

⑥제1항 및 제3항부터 제5항까지의 규정에 따른 소독등위생조치, 세척등조치, 수질검사의 주기 · 항목 및 지도 · 감독에 관하여 필요한 사항은 기후에너지환경부령으로 정한다. 다만, 제3항에 따른 규모 이상의 건축물 또는 시설을 제외한 건축물 또는 시설에 대한 소독등위생조치는 해당 지방자치단체의 조례로 정할 수 있다. 〈개정 2024. 1. 16., 2025. 10. 1.〉

[제목개정 2024. 1. 16.]

제33조의2(정수장의 위생안전 인증) ① 기후에너지환경부장관은 원

수나 정수를 공급하는 과정에서 발생할 수 있는 위해요소를 제거하여 위생적이고 안전한 원수나 정수를 공급할 수 있는 수도시설을 갖춘 일반수도업자의 정수장을 위생안전 정수장으로 인증(이하 "정수장 위생안전 인증"이라 한다)할 수 있다. 〈개정 2025. 10. 1.〉

② 제1항에 따라 정수장 위생안전 인증을 받으려는 일반수도사업자는 기후에너지환경부령으로 정하는 인증기준에 따라 다음 각 호의 요건을 갖추어 기후에너지환경부장관에게 인증을 신청하여야 한다. 〈개정 2025. 10. 1.〉

1. 기후에너지환경부령으로 정하는 기준에 부합하는 수도시설을 갖출 것
2. 위생 및 안전관리계획을 수립하여 제출할 것
3. 그 밖에 기후에너지환경부령으로 정하는 인증기준을 갖출 것

③ 정수장 위생안전 인증의 유효기간은 일반수도사업자가 인증을 받은 날부터 3년으로 한다.

④ 정수장 위생안전 인증을 받은 일반수도사업자가 제3항에 따른 인증의 유효기간이 끝난 후에도 계속하여 그 인증을 유지하려는 경우에는 기후에너지환경부령으로 정하는 바에 따라 기후에너지환경부장관에게 재인증을 받아야 한다. 〈개정 2025. 10. 1.〉

⑤ 기후에너지환경부장관은 정수장 위생안전 인증을 받은 정수장에 기후에너지환경부령으로 정하는 바에 따라 인증서를 교부하여야 한다. 〈개정 2025. 10. 1.〉

⑥ 누구든지 제1항에 따른 정수장 위생안전 인증을 받지 아니하고 제5항에 따른 인증서를 제작·사용하거나 이와 비슷한 인증표시를 하여서는 아니 된다.

⑦ 제1항에 따른 정수장 위생안전 인증의 방법, 절차와 그 밖에 필요한 사항은 기후에너지환경부령으로 정한다. 〈개정 2025. 10. 1.〉

[본조신설 2024. 1. 23.]

제33조의3(정수장 위생안전 인증의 취소 등) ① 기후에너지환경부장관은 제33조의2제1항에 따라 정수장 위생안전 인증을 받은 일반수도사업자가 다음 각 호의 어느 하나에 해당하는 경우에는 그 인증을 취소할 수 있다. 다만, 제1호에 해당하는 경우에는 그 인증을 취소하여야 한다. 〈개정 2025. 10. 1.〉

1. 거짓이나 그 밖의 부정한 방법으로 인증을 받은 경우

2. 제26조제2항에 따른 수질기준을 위반한 경우
3. 제28조에 따른 정수처리기준을 위반한 경우
4. 제33조의2제2항에 따른 인증기준을 충족하지 못하게 된 경우
5. 제42조에 따라 폐업 또는 휴업하는 경우

② 제1항에 따른 인증 취소의 세부 기준과 절차 등에 관하여 필요한 사항은 기후에너지환경부장관이 정하여 고시한다. 〈개정 2025. 10. 1.〉

[본조신설 2024. 1. 23.]

제34조(저수조청소업의 신고) ①저수조의 위생적 관리를 위한 청소업(이하 "저수조청소업"이라 한다)을 경영하려는 자는 기후에너지환경부령으로 정하는 인력ㆍ시설 및 장비 등의 기준을 갖추고 특별자치시장ㆍ특별자치도지사ㆍ시장ㆍ군수ㆍ구청장에게 신고하여야 한다. 신고한 사항 중 기후에너지환경부령으로 정하는 중요 사항을 변경하려는 때에도 또한 같다. 〈개정 2007. 12. 27., 2010. 5. 25., 2011. 11. 14., 2025. 10. 1.〉

② 특별자치시장ㆍ특별자치도지사ㆍ시장ㆍ군수ㆍ구청장은 제1항 전단에 따른 신고 또는 같은 항 후단에 따른 변경신고를 받은 경우 그 내용을 검토하여 이 법에 적합하면 신고를 수리하여야 한다. 〈신설 2019. 11. 26.〉

③제2항에 따라 저수조청소업 신고가 수리된 자(이하 "저수조청소업자"라 한다)는 폐업하거나 휴업하려면 특별자치시장ㆍ특별자치도지사ㆍ시장ㆍ군수ㆍ구청장에게 신고하여야 한다. 〈개정 2010. 5. 25., 2011. 11. 14., 2019. 11. 26.〉

④제35조제1항에 따라 사업장의 폐쇄명령을 받은 자는 그 명령을 받은 날부터 1년 이내에는 저수조청소업의 신고를 할 수 없다. 〈개정 2019. 11. 26.〉

제35조(저수조청소업의 영업정지 등) ①특별자치시장ㆍ특별자치도지사ㆍ시장ㆍ군수ㆍ구청장은 저수조청소업자가 다음 각 호의 어느 하나에 해당하면 3개월 이내의 기간을 정하여 영업의 정지를 명하거나 사업장의 폐쇄를 명할 수 있다. 〈개정 2010. 5. 25., 2011. 11. 14.〉

1. 거짓이나 그 밖의 부정한 방법으로 제34조에 따른 신고를 하거나 신고를 하지 아니하고 저수조청소업을 한 경우
2. 제34조제1항에 따른 신고 기준을 충족하지 못한 경우

3. 이 법 또는 이 법에 따른 명령 또는 처분을 위반한 경우

②제1항에 따른 처분의 기준은 기후에너지환경부령으로 정한다. 〈개정 2025. 10. 1.〉

제36조(교육) ①다음 각 호의 어느 하나에 해당하는 자는 대통령령으로 정하는 바에 따라 기후에너지환경부장관이 행하는 수도시설의 관리에 관한 교육을 받아야 한다. 〈개정 2020. 3. 31., 2025. 10. 1.〉

는 시설의 소유자나 관리자

및 상수도관망관리대행업자는
·상수도관망관리대행업에 직접
정하는 바에 따라 제1항에 따른
20. 3. 31.〉
및 제2항에 따른 교육업무를 대
에 위탁할 수 있다. 〈개정 2025.

반수도사업자는 수돗물이 건강을
물의 공급을 정지하여야 한다.
수돗물의 공급을 정지하면 지체
및 관계 기관의 장에게 상황을
요한 조치를 강구하여야 한다.
건강을 해칠 우려가 있음을 발
사실을 지체 없이 알려야 한다.
는 대통령령으로 정하는 바에 따
공사의 비용부담, 그 밖에 수돗
여 수돗물의 공급을 시작하기 전
까지 인가관청의 승인을 받아야 하고, 승인을 받은 사항을 변경하려는 경우에도 또한 같다. 다만, 수도사업자가 지방자치단체이면 그 지방자치단체의 조례로 정한다. 〈개정 2008. 2. 29., 2011. 7. 28.〉

②제1항 본문에 따른 일반수도사업자 및 인가관청은 수돗물의 공급 조건에 관한 규정을 정하거나 승인할 때에 그 수도의 설치에 든 비용을 전액 수돗물의 요금으로 회수할 수 있도록 하여야 한다.

③ 일반수도사업자는 수돗물의 요금이 정하여지면 3개월 이내에 수도요금 생산원가, 요금부과 단가, 재원부족액, 부족 예산 충당 계획 등을 기후에너지환경부령으로 정하는 바에 따라 공고하여야 한다. 다만, 「공공기관의 운영에 관한 법률」 제4조에 따른 공공기관인 일반수도사업자는 같은 법 제11조·제12조에 따른다. 〈신설 2013. 12. 30., 2025. 10. 1.〉

④ 일반수도사업자는 다음 각 호의 어느 하나에 해당하는 자 및 교육시설·사회복지시설 등 대통령령으로 정하는 공익시설에 대하여는 대통령령으로 정하는 바에 따라 수돗물의 요금을 할인하여 줄 수 있다. 〈신설 2010. 5. 25., 2013. 12. 30., 2019. 11. 26.〉

1. 65세 이상인 자
2. 「장애인복지법」의 적용을 받는 장애인
3. 「국민기초생활 보장법」에 따른 수급권자 및 차상위계층
4. 그 밖에 지방자치단체가 요금의 할인이 필요하다고 인정하여 조례로 정하는 자

제39조(급수 의무) ①일반수도사업자는 수돗물의 공급을 원하는 자에게 대통령령으로 정하는 정당한 이유 없이 그 공급을 거절하여서는 아니 된다. 〈개정 2013. 12. 30.〉

②일반수도사업자가 부득이한 이유로 일시 수돗물을 공급할 수 없는 경우에는 미리 그 구역과 기간을 정하여 공고하여야 한다.

③ 일반수도사업자는 수돗물의 공급을 거절하려는 경우에는 2개월 이상의 유예기간을 두고 공급 거절의 사유와 이를 시정하지 아니하면 수돗물의 공급을 거절한다는 사실을 서면으로 통지하여야 한다. 〈신설 2010. 5. 25.〉

제40조(관할 구역 외의 급수) 기후에너지환경부장관은 일반 수요자의 편익 증진, 그 밖에 공익을 위하여 필요하다고 인정하면 수도사업자인 지방자치단체에게 그 지방자치단체로 하여금 관할 구역 외의 지역에 물을 공급하게 할 수 있다. 〈개정 2020. 5. 26., 2025. 10. 1.〉

제41조(긴급 급수 지원) ①시·도지사는 천재지변이나 그 밖의 비상시에 긴급히 수돗물을 공급할 필요가 있다고 인정하면 수도사업자에게 기간·수량 및 방법을 정하여 수돗물을 다른 수도사업자에게 공급하게 할 수 있다. 다만, 수도사업자가 시·도지사이면 기후에너지환경부장관이 명한다. 〈개정 2025. 10. 1.〉

②제1항에 따라 공급하는 수돗물의 요금은 관계 수도사업자 간에 협의하여 정한다.

③관계 수도사업자는 제2항에 따른 협의가 성립되지 아니하면 대통령령으로 정하는 바에 따라 「환경분쟁 조정 및 환경피해 구제 등에 관한 법률」에 따른 관할 환경분쟁조정피해구제위원회의 조정(調整)을 신청할 수 있다. 〈개정 2011. 7. 28., 2024. 3. 19.〉

④ 삭제 〈2011. 7. 28.〉

제42조(사업의 폐업 또는 휴업) 일반수도사업자는 수돗물의 공급을 시작한 후에는 그 일반수도사업의 전부 또는 일부를 폐업하거나 휴업하여서는 아니 된다. 다만, 대통령령으로 정하는 폐업 또는 휴업의 허가 기준에 따라 인가관청의 허가를 받은 경우에는 그러하지 아니하다.

제43조(국가가 설치하는 수도의 특례) ①기후에너지환경부장관은 일반수도사업자인 지방자치단체가 재정적·기술적 또는 지리적 조건 등으로 인하여 일반수도의 수도시설을 설치할 수 없거나 그 설치가 곤란하다고 인정하면 직접 일반수도의 수도시설을 설치할 수 있다. 〈개정 2008. 2. 29., 2013. 3. 23., 2018. 6. 8., 2025. 10. 1.〉

②기후에너지환경부장관은 제1항에 따라 설치한 일반수도의 수도시설을 해당 지방자치단체에 위임하거나 한국수자원공사에 위탁하여 관리하게 할 수 있다. 〈개정 2008. 2. 29., 2013. 3. 23., 2018. 6. 8., 2025. 10. 1.〉

③기후에너지환경부장관은 제1항에 따라 수도시설을 설치하거나 제2항에 따라 수도시설을 위임 또는 위탁하여 관리하게 하려면 미리 행정안전부장관과 협의하여야 한다. 다만, 기후에너지환경부장관이 설치하여 한국수자원공사에 위탁하는 시설의 경우에는 그러하지 아니하다. 〈개정 2008. 2. 29., 2013. 3. 23., 2014. 11. 19., 2017. 7. 26., 2018. 6. 8., 2025. 10. 1.〉

④기후에너지환경부장관은 대통령령으로 정하는 바에 따라 한국수자원공사로 하여금 광역상수도의 수돗물을 일반 수요자에게 공급하게 할 수 있다. 이 경우 미리 관계 특별시장·광역시장·특별자치시장·특별자치도지사·시장·군수(광역시의 군수는 제외한다)의 동의를 받아야 한다. 〈개정 2008. 2. 29., 2010. 5. 25., 2011. 11. 14., 2013. 3. 23., 2018. 6. 8., 2025. 10. 1.〉

제44조(수도시설등의 매수) ①지방자치단체는 지방자치단체 외의 자(국가는 제외한다)가 그 관할 구역에서 일반수도사업을 경영하고 있으면서 다음 각 호의 어느 하나에 해당하면 시·도지사의 승인을 받아 해당 일반수도사업자로부터 그 수도시설과 이에 딸린 토지, 건물, 그 밖의 물건(이하 "수도시설등"이라 한다)을 매수할 수 있다.

1. 제65조에 따른 공급 조건의 변경 명령을 받고 개선하지 아니한 경우
2. 급수 구역의 확장이 필요한 경우
3. 공급되는 수돗물이 제26조에 따른 수질 기준을 충족하지 못하여 건강을 해할 우려가 있는 경우

②지방자치단체가 제1항에 따라 일반수도의 수도시설등을 매수하려면 그 가격이나 그 밖의 매수 조건에 관하여 그 일반수도사업자와 협의하여야 한다.

③지방자치단체와 일반수도사업자는 제2항에 따른 협의가 성립되지 아니하면 관할 토지수용위원회에 재결을 신청할 수 있다.

④제3항에 따른 관할 토지수용위원회의 재결, 이의에 대한 재결 및 그 효과 등에 관하여는 「공익사업을 위한 토지 등의 취득 및 보상에 관한 법률」을 준용한다.

제45조(소화전) 일반수도사업자는 해당 수도에 공공의 소방을 위하여 필요한 소화전을 설치·관리하여야 한다.

제46조(다른 법률에 따른 인·허가 등의 의제) ①일반수도사업을 경영하려는 자가 제17조제1항에 따라 일반수도사업의 인가를 받으면 다음 각 호의 인가·허가·동의·면허·승인·지정 또는 해제(이하 "인·허가등"이라 한다)에 관하여 인가관청이 관계 행정기관의 장과 미리 협의한 사항에 대해서는 해당 인·허가등을 받은 것으로 보고, 일반수도사업의 인가 고시가 있으면 다음 각 호의 관계 법률에 따른 고시 또는 공고가 있는 것으로 본다. 〈개정 2007. 12. 27., 2008. 3. 21., 2009. 6. 9., 2010. 4. 15., 2010. 5. 31., 2011. 7. 28., 2011. 11. 14., 2014. 1. 14., 2014. 6. 3., 2021. 7. 20., 2022. 12. 27., 2024. 1. 30.〉

1. 「국토의 계획 및 이용에 관한 법률」 제30조에 따른 도시관리계획의 결정(「국토의 계획 및 이용에 관한 법률」 제2조제6호의 기반시설에 한정한다), 같은 법 제56조제1항에 따른 개발행위허가, 같은

법 제86조에 따른 도시계획시설사업의 시행자 지정, 같은 법 제88조에 따른 실시계획 인가

2. 「공유수면 관리 및 매립에 관한 법률」 제8조에 따른 공유수면의 점용·사용허가, 같은 법 제17조에 따른 점용·사용 실시계획의 승인 또는 신고, 같은 법 제28조에 따른 공유수면의 매립면허, 같은 법 제35조에 따른 국가 등이 시행하는 매립의 협의 또는 승인 및 같은 법 제38조에 따른 공유수면매립실시계획의 승인

3. 삭제 〈2010. 4. 15.〉

4. 「하천법」 제30조에 따른 하천공사시행의 허가 및 같은 법 제33조제1항제2호부터 제5호까지의 규정에 따른 하천의 점용등의 허가

5. 「도로법」 제36조에 따른 도로공사시행의 허가 및 같은 법 제61조에 따른 도로의 점용허가

6. 「농지법」 제34조에 따른 농지의 전용허가

7. 「산지관리법」 제14조·제15조에 따른 산지전용허가 및 산지전용신고, 같은 법 제15조의2에 따른 산지일시사용허가·신고, 「산림자원의 조성 및 관리에 관한 법률」 제36조제1항·제5항 및 제45조제1항·제2항에 따른 입목벌채등의 허가·신고. 다만, 「산림자원의 조성 및 관리에 관한 법률」에 따른 산림유전자원보호림, 채종림 및 시험림의 경우는 제외한다.

8. 「초지법」 제21조의2에 따른 토지형질변경 등의 허가와 같은 법 제23조에 따른 초지전용의 허가 또는 신고

9. 「사방사업법」 제14조에 따른 벌채등의 허가 및 같은 법 제20조에 따른 사방지지정의 해제

10. 「공간정보의 구축 및 관리 등에 관한 법률」 제15조제4항에 따른 지도등의 간행 심사

11. 「산업입지 및 개발에 관한 법률」 제16조제1항에 따른 사업시행자의 지정과 같은 법 제17조제1항, 같은 법 제18조제1항, 같은 법 제19조제1항에 따른 실시계획의 승인

12. 「사도법」 제4조에 따른 사도의 개설허가

13. 「장사 등에 관한 법률」 제27조제1항에 따른 무연분묘(無緣墳墓)의 개장(改葬)허가

②인가관청이 제17조제1항에 따라 일반수도사업의 인가를 하려는 경우 그 사업계획에 제1항 각 호의 사항이 포함되어 있으면 미리

관계 행정기관의 장과 협의하여야 한다.

③일반수도사업자가 국가나 지방자치단체일 경우 제1항에 다라 다른 법률에 따른 인ㆍ허가등을 받은 것으로 보는 경우에는 관계 법률에 따라 부과되는 수수료 또는 사용료 등을 면제한다. 다만, 「농지법」 제38조에 따른 농지보전부담금과 「초지법」 제23조제6항에 따른 대체초지조성비는 제외한다.

④ 제1항부터 제3항까지에서 규정한 사항 외에 인ㆍ허가등 의제의 기준 및 효과 등에 관하여는 「행정기본법」 제24조부터 제26조까지에 따른다. 〈신설 2024. 1. 30.〉

[제목개정 2024. 1. 30.]

제47조(마을상수도) ①국가와 지방자치단체는 마을상수도의 위생 관리를 위하여 필요한 기술 및 재정 지원을 하여야 한다.

②특별시장ㆍ광역시장ㆍ특별자치시장ㆍ특별자치도지사ㆍ시장ㆍ군수(광역시의 군수는 제외한다)는 그 지방자치단체의 조례로 정하는 바에 따라 관할 구역의 마을상수도를 적정하게 운영ㆍ관리하여야 한다. 〈개정 2010. 5. 25., 2011. 7. 28., 2011. 11. 14.〉

③ 특별시장ㆍ광역시장ㆍ특별자치시장ㆍ특별자치도지사ㆍ시장ㆍ군수ㆍ구청장은 「가축전염병예방법」 제22조제2항에 따른 가축 사체의 매몰 등으로 인한 마을상수도 오염 방지 대책을 수립ㆍ시행하고, 마을상수도 관리 실태를 기후에너지환경부령으로 정하는 바에 따라 매년 기후에너지환경부장관에게 보고하여야 한다. 〈신설 2011. 11. 14., 2025. 10. 1.〉

제3장 공업용수도사업

제48조(국가 등이 설치하는 공업용수도) ①국가는 「산업입지 및 개발에 관한 법률」 제2조제8호에 따른 산업단지에 대하여 공업용수도시설을 설치하여 공업용수를 공급하거나 다른 수도사업자에게 공업용수도시설을 설치하여 공업용수를 공급하게 하여야 한다. 〈개정 2011. 7. 28., 2011. 8. 4.〉

② 국가는 「산업집적활성화 및 공장설립에 관한 법률」 제2조제1호에 따른 공장(제4조제1항에 따른 국가수도기본계획의 수도공급구역에 설립된 부지면적이 30만제곱미터 이상인 공장으로 한정한다)에 대하여 공업용수도시설을 설치하여 공업용수를 공급하거나 다른 수

도사업자에게 공업용수도시설을 설치하여 공업용수를 공급하게 할 수 있다. 〈신설 2011. 7. 28., 2022. 1. 11.〉

제49조(공업용수도사업의 인가) ① 공업용수도사업을 하려는 자는 대통령령으로 정하는 바에 따라 다음 각 호의 구분에 따른 기후에너지환경부장관 또는 시·도지사의 인가를 받아야 한다. 인가된 사항을 변경(대통령령으로 정하는 가벼운 사항을 변경하는 경우는 제외한다)하려는 경우에도 또한 같다. 〈개정 2013. 3. 23., 2018. 6. 8., 2025. 10. 1.〉

1. 시설용량이 1일 1만톤을 초과하는 공업용수도: 기후에너지환경부장관
2. 시설용량이 1일 1만톤 이하인 공업용수도: 시·도지사

② 시·도지사가 제1항제2호에 다른 인가를 하려면 기후에너지환경부장관과 미리 협의하여야 한다. 〈개정 2018. 6. 8., 2025. 10. 1.〉

[전문개정 2011. 7. 28.]

제49조의2(공업용수도사업자의 하수처리수 공급에 관한 특례) 공업용수도사업자는 한정된 수자원의 합리적인 이용을 위하여 필요한 경우 공업용수도를 통해 원수나 정수 외에 「물의 재이용 촉진 및 지원에 관한 법률」 제2조제5호의 하수처리수를 공업용에 맞게 처리하여 공급할 수 있다.

[본조신설 2022. 1. 11.]

제50조(준용 규정) 공업용수도 및 공업용수도사업에 관하여는 제17조제3항·제5항, 제18조, 제20조, 제21조제1항·제6항, 제23조 및 제38조부터 제46조까지의 규정을 준용한다. 〈개정 2011. 7. 28., 2013. 12. 30.〉

제4장 전용수도

제51조(국가가 설치하는 전용수도) 국가가 설치하는 전용수도에 관하여는 이 법에 특별한 규정이 있는 것 외에는 대통령령으로 정하는 바에 따른다.

제52조(전용상수도 인가) ①전용상수도를 설치하려는 자는 대통령령으로 정하는 바에 따라 특별시장·광역시장·특별자치시장·특별자치도지사·시장·군수(광역시의 군수는 제외한다)의 인가를 받아야

하며, 그 인가의 요건은 대통령령으로 정한다. 〈개정 2007. 12. 27., 2010. 5. 25., 2011. 11. 14.〉

②제1항에 따라 인가받은 사항 중 대통령령으로 정하는 중요한 사항을 변경하려면 변경인가를 받아야 하고, 그 밖의 사항을 변경하려면 변경신고를 하여야 한다.

③전용상수도의 설치자는 전용상수도를 폐지하거나 일정기간 그만두려면 특별시장ㆍ광역시장ㆍ특별자치시장ㆍ특별자치도지사ㆍ시장ㆍ군수(광역시의 군수는 제외한다)에게 신고하여야 한다. 〈개정 2010. 5. 25., 2011. 11. 14.〉

제53조(전용상수도에 관한 준용 규정) 전용상수도에 관하여는 제14조, 제14조의2, 제18조, 제19조, 제21조제6항, 제26조, 제29조제1항ㆍ제3항(인터넷 홈페이지 등 공개에 관한 내용은 제외한다), 제32조, 제33조, 제37조 및 제61조를 준용한다. 〈개정 2010. 5. 25., 2013. 12. 30.〉

제54조(전용공업용수도에 관한 준용 규정) 전용공업용수도에 관하여는 제21조제6항, 제52조 및 제61조를 준용한다. 〈개정 2013. 12. 30.〉

제55조(소규모급수시설) ①특별시장ㆍ광역시장ㆍ특별자치시장ㆍ특별자치도지사ㆍ시장ㆍ군수(광역시의 군수는 제외한다)는 소규모급수시설에 대하여 기후에너지환경부령으로 정하는 바에 따라 수질검사를 하여야 한다. 〈개정 2010. 5. 25., 2011. 7. 28., 2011. 11. 14., 2025. 10. 1.〉

② 특별시장ㆍ광역시장ㆍ특별자치시장ㆍ특별자치도지사ㆍ시장ㆍ군수(광역시의 군수는 제외한다)는 주민의 건강 보호나 소규모급수시설의 위생 관리를 위하여 필요하다고 인정하는 경우 또는 지역적 특성을 고려하여 수질을 유지할 필요가 있다고 인정하는 경우에는 해당 지방자치단체의 조례로 정하는 바에 따라 기후에너지환경부령으로 정하는 수질기준 및 수질검사 주기보다 강화된 수질기준 및 수질검사 주기를 마련하여 적용할 수 있다. 〈신설 2019. 11. 26., 2025. 10. 1.〉

③특별시장ㆍ광역시장ㆍ특별자치시장ㆍ특별자치도지사ㆍ시장ㆍ군수(광역시의 군수는 제외한다)는 그 지방자치단체의 조례로 정하는 바에 따라 소규모급수시설의 개량ㆍ관리를 위하여 노력하여야 한다. 〈개정 2010. 5. 25., 2011. 7. 28., 2011. 11. 14., 2019. 11. 26.〉

④국가와 지방자치단체는 소규모급수시설의 설치 및 위생관리를 위하여 필요한 기술적·재정적 지원을 할 수 있다. 〈개정 2019. 11. 26.〉

⑤ 특별시장·광역시장·특별자치시장·특별자치도지사·시장·군수·구청장은 「가축전염병예방법」 제22조제2항에 따른 가축 사체의 매몰 등으로 인한 소규모급수시설 오염 방지 대책을 수립·시행하고, 소규모급수시설 관리 실태를 기후에너지환경부령으로 정하는 바에 따라 매년 기후에너지환경부장관에게 보고하여야 한다. 〈신설 2011. 11. 14., 2019. 11. 26., 2025. 10. 1.〉

⑥ 특별시장·광역시장·특별자치시장·특별자치도지사·시장·군수(광역시의 군수는 제외한다)는 수도시설에 관한 전문성을 갖춘 자로서 기후에너지환경부령으로 정하는 요건을 갖춘 자를 소규모급수시설의 관리자로 지정하는 등 소규모급수시설의 관리를 지원하기 위한 시책을 추진하여야 한다. 〈신설 2019. 11. 26., 2025. 10. 1.〉

제55조의2(군부대 지역의 급수시설 설치 등에 관한 특례) 국가와 지방자치단체는 지리적 조건 등으로 일반수도의 수도시설을 설치하기 어려운 군부대 지역의 급수시설 설치 및 위생관리를 위하여 필요한 기술적·재정적 지원을 할 수 있다.

[본조신설 2015. 12. 1.]

제5장 한국상하수도협회

제56조(한국상하수도협회의 설립) ①수도사업자, 「하수도법」 제18조에 따른 공공하수도관리청, 수도(하수도를 포함한다. 이하 이 장에서 같다)와 관련된 사업을 경영하는 자, 수도와 관련된 학술·연구 분야에 종사하는 자, 그 밖에 대통령령으로 정하는 자는 수도에 관한 조사 연구, 기술 개발, 그 밖에 수도의 건전한 발전을 꾀하기 위하여 한국상하수도협회(이하 "협회"라 한다)를 설립할 수 있다.

②협회는 법인으로 한다.

③협회는 그 주된 사업소의 소재지에서 설립등기를 함으로써 성립한다.

④협회의 사업에 드는 경비는 수도사업자 등 회원이 내는 회비와 사업수입금 등으로 충당하며, 국가·지방자치단체 및 한국수자원공사는 경비의 일부를 예산의 범위에서 지원할 수 있다.

⑤제1항에 따라 협회가 설립되면 수도사업자(민간 수도사업자는 제외한다)와 공공하수도관리청은 당연히 회원이 된다.

제57조(임원과 선출 방법 등) ①협회에는 회장을 포함한 이사와 감사를 임원으로 둔다.

②협회의 업무는 대통령령으로 정한다.

③협회 임원의 정원 · 임기 및 선출 방법 등에 관하여 필요한 사항은 정관으로 정한다.

제58조(감독) 기후에너지환경부장관은 협회에 수도에 관한 조사 · 연구를 하게 하거나 업무에 필요한 보고를 하게 할 수 있다. 〈개정 2020. 5. 26., 2025. 10. 1.〉

제59조(「민법」규정의 준용) 협회에 관하여는 이 법에 규정이 있는 것 외에는 「민법」 중 사단법인에 관한 규정을 준용한다.

제6장 토지등의 수용과 사용

제60조(토지등의 수용 및 사용) ①수도사업자는 수도사업의 시행을 위하여 필요하면 「공익사업을 위한 토지 등의 취득 및 보상에 관한 법률」 제3조에서 정하는 토지 · 물건 또는 권리(이하 "토지등"이라 한다)를 수용하거나 사용할 수 있다.

②제17조제1항 및 제3항(제50조에 따라 준용되는 경우를 포함한다)에 따른 수도사업 인가 및 인가 고시가 있으면 「공익사업을 위한 토지 등의 취득 및 보상에 관한 법률」 제20조제1항 및 같은 법 제22조에 따른 사업인정 및 사업인정 고시가 있는 것으로 보며, 재결의 신청은 「공익사업을 위한 토지 등의 취득 및 보상에 관한 법률」 제23조제1항 및 같은 법 제28조제1항에도 불구하고 수도공사를 완공할 때까지 하여야 한다.

③토지등의 수용 또는 사용에 관하여 이 법에서 규정한 것 외에는 「공익사업을 위한 토지 등의 취득 및 보상에 관한 법률」을 준용한다. 〈개정 2020. 5. 26.〉

제60조의2(토지의 지하부분 사용에 대한 보상 등) ① 수도사업자가 수도사업의 시행을 위하여 타인 토지의 지하부분을 사용하려는 경우에는 그 토지의 이용 가치, 지하의 깊이 및 토지 이용을 방해하는 정도 등을 고려하여 보상한다.

② 제1항에 따른 지하부분 사용에 대한 구체적인 보상의 기준 및

방법은 대통령령으로 정한다.

[본조신설 2017. 12. 12.]

제60조의3(구분지상권의 설정등기 등) ① 수도사업자는 「공익사업을 위한 토지 등의 취득 및 보상에 관한 법률」에 따라 토지등의 소유자 또는 그 권리자와 토지의 지하부분 사용에 관한 협의가 성립된 경우에는 구분지상권을 설정하거나 이전하여야 한다.

② 수도사업자는 「공익사업을 위한 토지 등의 취득 및 보상에 관한 법률」에 따라 구분지상권을 설정하거나 이전하는 내용으로 수용 또는 사용의 재결을 받은 경우에는 「부동산등기법」 제99조를 준용하여 단독으로 그 구분지상권의 설정등기 또는 이전등기를 신청할 수 있다.

③ 토지의 지하부분 사용에 관한 구분지상권의 등기절차는 대법원규칙으로 정한다.

④ 제1항 및 제2항에 따른 구분지상권의 존속기간은 「민법」 제280조 및 제281조에도 불구하고 수도시설이 존속하는 날까지로 한다.

[본조신설 2017. 12. 12.]

제61조(타인 토지에의 출입 등) ①수도사업자는 수도사업의 시행 또는 급수설비의 검사를 위하여 필요하면 타인의 토지에 출입하거나 타인의 토지를 일시 사용할 수 있으며 특히 필요한 경우에는 입목 및 대나무, 토석, 그 밖의 장애물을 변경하거나 제거할 수 있다.

②제1항의 경우에는 「국토의 계획 및 이용에 관한 법률」 제130조 제2항부터 제8항까지 및 같은 법 제131조를 준용한다. 이 경우 "도시 · 군계획시설사업의 시행자"는 이 법에 따른 "수도사업자"로 본다. 〈개정 2011. 4. 14.〉

제7장 감독

제62조(지휘 · 감독) 기후에너지환경부장관은 수도시설의 설치계획, 수도사업의 운영 등과 관련하여 수돗물의 수질보전 및 개선과 수도시설의 효율적인 운영 · 관리를 위하여 필요하다고 인정하면 그 수도사업자에게 사업계획의 변경 요구, 사업운영의 개선 지시, 그 밖에 필요한 조치를 명할 수 있다. 〈개정 2025. 10. 1.〉

제63조(법령 위반자 등에 대한 조치) ① 인가관청은 수도사업자 또는 전용수도의 설치자가 다음 각 호의 어느 하나에 해당하면 이 법에 따

른 인가를 취소하여야 한다. 〈개정 2011. 7. 28., 2020. 5. 26.〉

1. 인가를 받은 수도사업 또는 전용수도의 공사 시작 예정일 또는 공사 완공 예정일부터 1년이 지나도 공사를 시작하지 아니하거나 공사를 완공하지 아니한 경우

2. 인가를 받은 수도사업의 급수 개시 예정일부터 6개월이 지나도 수돗물을 공급하지 아니한 경우

3. 거짓이나 그 밖의 부정한 방법으로 이 법에 따른 인가·허가 또는 승인을 받은 경우

② 인가관청은 수도사업자(수탁자를 포함한다) 또는 전용수도의 설치자가 다음 각 호의 어느 하나에 해당하면 이 법에 따른 인가를 취소하거나, 그 효력의 정지, 공사의 중지, 공작물의 개축·이전·변경 및 제거를 명하거나 그 밖에 필요한 조치를 할 수 있다. 〈개정 2011. 7. 28., 2011. 11. 14., 2013. 12. 30., 2020. 3. 31., 2024. 1. 16.〉

1. 제13조제1항을 위반하여 수돗물을 용기에 넣거나 기구 등으로 다시 처리하여 판매한 경우

2. 제17조제1항 각 호 외의 부분 후단 또는 제49조제1항 각 호 외의 부분 후단에 따라 인가를 받지 아니하고 인가된 사항을 변경한 경우

3. 제18조(제50조 및 제53조에 따라 준용하는 경우를 포함한다)를 위반하여 수도시설이 이 법에 따른 시설 기준에 맞지 아니한 경우

4. 제19조(제53조에 따라 준용하는 경우를 포함한다)를 위반하여 수질검사를 받지 아니하거나 받지 아니하고 수돗물을 공급한 경우

5. 제21조제6항(제50조·제53조 및 제54조에 따라 준용하는 경우를 포함한다)에 따른 수도시설관리자를 임명하지 아니하거나 같은 조 제7항에 따른 정수시설운영관리사 또는 같은 조 제8항에 따른 상수도관망시설운영관리사를 배치하지 아니한 경우

6. 제23조제2항(제50조에 따라 준용하는 경우를 포함한다)에 따른 위탁계약 체결의 신고를 하지 아니한 경우

7. 제27조제1항을 위반하여 수질기준 위반내용 등을 주민에게 알리지 아니하거나 필요한 조치를 하지 아니한 경우

8. 제28조제1항 본문(제23조제3항에 따라 준용하는 경우를 포함한다)에 따른 정수처리기준을 지키지 아니하거나 같은 조 제8항(제

23조제3항에 따라 준용하는 경우를 포함한다)에 따른 조치명령을 이행하지 아니한 경우

9. 제29조제1항 및 제3항(제23조제3항 및 제53조에 따라 준용하는 경우를 포함한다)을 위반하여 수질검사 및 수량분석을 실시하지 아니하거나 그 기록을 작성·보존하지 아니한 경우

10. 제31조제1항을 위반하여 수돗물품질보고서를 제공하지 아니한 경우

11. 제32조(제23조제3항 및 제53조에 따라 준용하는 경우를 포함한다)에 따른 건강진단에 관한 규정을 위반한 경우

12. 제33조제1항(제23조제3항 및 제53조에 따라 준용하는 경우를 포함한다)에 따른 소독등위생조치를 하지 아니하거나 같은 조 제5항에 따른 지도·감독을 하지 아니한 경우

13. 제36조(제23조제3항에 따라 준용하는 경우를 포함한다)를 위반하여 수도시설의 운영요원에게 교육을 받게 하지 아니한 경우

14. 제37조(제23조제3항 및 제53조에 따라 준용하는 경우를 포함한다)에 따른 급수의 긴급정지 등에 관한 규정을 위반한 경우

15. 제38조제1항(제50조에 따라 준용하는 경우를 포함한다)을 위반하여 인가관청의 승인을 받지 아니하거나 변경승인을 받지 아니한 경우

16. 제39조(제50조에 따라 준용하는 경우를 포함한다)를 위반하여 정당한 이유 없이 수돗물 공급을 거절하거나 부득이하게 수돗물을 공급할 수 없을 때에 미리 공고를 하지 아니한 경우

17. 제41조제1항(제50조에 따라 준용하는 경우를 포함한다)에 따른 긴급 급수 지원명령을 이행하지 아니한 경우

18. 제42조(제50조에 따라 준용하는 경우를 포함한다)를 위반하여 인가관청의 허가를 받지 아니하고 일반수도사업을 폐업 또는 휴업한 경우

19. 제45조(제50조에 따라 준용하는 경우를 포함한다)를 위반하여 수도에 소화전을 설치·관리하지 아니한 경우

20. 제61조제2항(제23조제3항, 제53조 및 제54조에 따라 준용하는 경우를 포함한다)에 따라 준용되는 「국토의 계획 및 이용에 관한 법률」 제130조제2항부터 제4항까지의 규정에 따른 허가 또는 동의를 받지 아니하고 제61조제1항에 따른 행위를 한 경우

21. 제62조에 따른 조치명령을 이행하지 아니한 경우
22. 제64조제1항부터 제4항까지의 규정에 따른 개선명령을 이행하지 아니한 경우
23. 제65조에 따른 변경명령을 이행하지 아니한 경우
24. 제66조제1항에 따른 검사를 거부·방해 또는 기피하거나 보고를 하지 아니한 경우
[전문개정 2007. 12. 27.]

제64조(개선 명령 등) ①인가관청은 수도시설이 이 법에 따른 시설기준을 충족하지 못하면 해당 수도사업자나 전용수도 설치자에게 기간을 정하여 그 시설의 개선을 명할 수 있다.

②인가관청은 수도시설의 관리상태가 심각하게 불량하다고 인정하면 수도사업자 또는 전용수도의 설치자에게 필요한 명령을 할 수 있다.

③인가관청은 천재지변이나 그 밖의 수질오염 사고 등으로 수돗물 공급에 큰 지장을 주거나 줄 우려가 있으면 수도사업자 또는 전용수도의 설치자에게 필요한 명령을 할 수 있다.

④ 기후에너지환경부장관은 일반수도사업자가 운영하는 정수시설에서 발생되는 수돗물 수질오염 사고에 대하여 직권으로 조사하고 조사결과 필요한 경우 시설의 운영·관리에 대한 개선을 명할 수 있다. 〈신설 2013. 12. 30., 2025. 10. 1.〉

⑤ 제1항부터 제4항까지의 규정에 따라 개선 명령을 받은 자는 특별한 사정이 없으면 1개월 이내에 개선 명령을 이행하거나 이행계획을 수립·제출하여야 한다. 〈신설 2013. 12. 30.〉

⑥제1항부터 제4항까지의 규정에 따른 인가관청의 명령으로 인하여 손실이 발생한 경우에 관하여는 「국토의 계획 및 이용에 관한 법률」 제131조를 준용한다. 〈개정 2013. 12. 30.〉

제65조(공급 조건의 변경) 인가관청은 제38조제1항 본문에 따라 지방자치단체 외의 수도사업자가 공급규정에서 정한 수돗물의 요금, 급수설비에 관한 공사의 비용부담, 그 밖에 물의 공급에 관한 조건 등이 매우 부당하다고 인정하면 그 수도사업자에게 그 변경을 명할 수 있다.

제66조(보고의 요구 등) ①인가관청은 수도의 시설 기준(제14조제3항에 따른 수도용 자재와 제품의 사용기준을 포함한다), 수질기준을

지키는지 확인하기 위하여 관계 공무원으로 하여금 수도시설에 출입하여 관계 서류·시설·기자재 및 수질을 검사하게 하거나 수도사업자 또는 전용수도의 설치자에게 필요한 보고를 하게 할 수 있다. 〈개정 2010. 5. 25.〉

②제1항에 따른 검사를 하는 자는 그 권한을 표시하는 증표를 지니고 이를 관계인에게 내보여야 한다.

제8장 보칙

제67조(수도시설의 관할권) 수도시설이 둘 이상의 시·도의 관할 구역에 걸치는 수도사업이나 전용수도에 관한 시·도지사의 권한은 관계 시·도지사가 협의하여 행사한다.

제68조(요금 등의 강제징수) ①지방자치단체인 수도사업자는 수돗물의 공급을 받은 자가 수돗물의 요금, 급수설비에 관한 공사의 비용 또는 제71조에 따른 원인자부담금(이하 이 조에서 "요금등"이라 한다)을 내지 아니하면 내야 할 금액의 100분의 3의 범위에서 지방자치단체의 조례로 정하는 바에 따라 가산금을 징수할 수 있다. 이 경우 요금등 및 가산금의 징수는 지방세 체납처분의 예에 따른다. 〈개정 2022. 1. 11.〉

②제40조에 따라 관할 구역 외의 지역에 수돗물을 공급한 지방자치단체는 대통령령으로 정하는 바에 따라 그 지역을 관할하는 지방자치단체에 제1항에 따른 강제징수를 위임하거나 위탁할 수 있다.

③수도사업자인 지방자치단체는 제2항에 따라 강제징수를 위임받거나 위탁받은 지방자치단체에 그 징수한 금액의 100분의 4에 해당하는 금액을 내주어야 한다.

제69조(수입금의 사용 제한) 한국수자원공사 외의 수도사업자는 수도사업의 수입금을 수도사업에 관한 비용 또는 대통령령으로 정하는 사항 외의 용도에 사용할 수 없다.

제70조(수도 설치비용의 부담) 수도(급수설비는 제외한다)의 설치비용은 수도사업자가 부담한다.

제71조(원인자부담금) ①수도사업자는 수도공사를 하는 데에 비용 발생의 원인을 제공한 자(주택단지·산업시설 등 수돗물을 많이 쓰는 시설을 설치하여 수도시설의 신설이나 증설 등의 원인을 제공한 자를 포함한다) 또는 수도시설을 손괴하는 사업이나 행위를 한 자에

게 그 수도공사·수도시설의 유지나 손괴 예방을 위하여 필요한 비용의 전부 또는 일부를 부담하게 할 수 있다.

②제1항에 따른 부담금의 산정 기준과 징수방법, 그 밖에 필요한 사항은 대통령령으로 정한다.

③ 제1항에 따른 부담금은 수도의 신설, 증설, 이설, 개축 및 개수 등 공사에 드는 비용으로만 사용할 수 있다. 〈신설 2011. 7. 28.〉

제72조(수도요금 등의 납부) 지방자치단체인 수도사업자로부터 수돗물을 공급받은 자 또는 지방자치단체인 수도사업자에게 제71조제1항에 따른 부담금을 납부하여야 하는 자는 수돗물의 요금 또는 그 부담금을 해당 지방자치단체의 조례로 정하는 바에 따라 「여신전문금융업법」에 따른 신용카드·직불카드 또는 정보통신망을 이용한 전자화폐·전자결제 등의 방법으로 납부할 수 있다.

[본조신설 2011. 7. 28.]

제73조(기술 연구·개발 등) ①기후에너지환경부장관은 수도에 관한 기술의 연구·개발을 촉진하기 위하여 수도에 관한 연구·개발계획을 수립하여 「환경기술 및 환경산업 지원법」 제5조제1항 각 호의 어느 하나에 해당하는 기관이나 단체 또는 사업자에게 연구·개발을 추진하게 하고 지원할 수 있다. 〈개정 2013. 12. 30., 2025. 10. 1.〉

②기후에너지환경부장관은 수도 분야의 종사자에 대한 교육·훈련을 효율적으로 추진하기 위하여 수도에 관한 교육·훈련계획을 수립하여 수도에 관한 전문연구기관에 교육·훈련을 위탁하여 실시하게 하고 지원할 수 있다. 〈개정 2025. 10. 1.〉

③기후에너지환경부장관 및 지방자치단체의 장은 수도시설의 기기·자재의 전문제조업체와 전문기능인을 육성하기 위하여 기술 지도, 기능 훈련 등의 시책을 시행할 수 있다. 〈개정 2025. 10. 1.〉

제74조(수도시설에 대한 기술진단 등) ①수도사업자는 수도시설의 관리상태를 점검하기 위하여 5년마다 기후에너지환경부령으로 정하는 바에 따라 정수장·상수도관망 등 그 수도시설에 대한 기술진단을 실시하고, 그 결과를 반영한 시설개선계획을 수립하여 시행하여야 한다. 〈개정 2025. 10. 1.〉

②수도사업자는 제1항에 따른 기술진단에 관한 업무를 기후에너

지환경부령으로 정하는 자에게 대행하게 할 수 있다. 〈개정 2025. 10. 1.〉

③수도사업자는 제1항에 따른 기술진단 결과 및 시설개선계획의 수립·시행 결과를 기후에너지환경부령으로 정하는 기한 내에 인가관청에 알려야 한다. 〈개정 2013. 12. 30., 2025. 10. 1.〉

④ 제1항에 따른 기술진단의 실시를 위한 장비기준 및 방법 등의 준수사항은 대통령령으로 정한다. 〈신설 2019. 11. 26.〉

제74조의2(기술진단 결과의 평가) ① 기후에너지환경부장관은 제74조에 따른 기술진단의 전문성과 정확성을 높이기 위하여 기술진단 결과에 대한 평가를 할 수 있다. 〈개정 2025. 10. 1.〉

② 기후에너지환경부장관은 수도사업자에게 제1항에 따른 평가에 필요한 자료의 제출을 요구할 수 있다. 이 경우 자료의 제출을 요구받은 수도사업자는 정당한 사유가 없으면 이에 따라야 한다. 〈개정 2025. 10. 1.〉

③ 기후에너지환경부장관은 제1항에 따른 평가 결과에 따라 수도사업자에게 기술진단 결과의 수정 또는 보완을 요구할 수 있다. 〈개정 2025. 10. 1.〉

④ 제1항에 따른 평가의 항목·방법·절차 등에 필요한 사항은 기후에너지환경부령으로 정한다. 〈개정 2025. 10. 1.〉

[본조신설 2019. 11. 26.]

[종전 제74조의2는 제74조의3으로 이동 〈2019. 11. 26.〉]

제74조의3(국가수도정보센터의 구축·운영) ① 기후에너지환경부장관은 수질검사 및 수량분석 결과, 생산 및 공급시설 현황, 수도사업 평가자료, 수도에 관한 통계자료 등의 효율적인 관리 및 활용을 위하여 국가수도정보센터(이하 이 조에서 "센터"라 한다)를 구축·운영할 수 있다. 〈개정 2019. 11. 26., 2025. 10. 1.〉

② 기후에너지환경부장관은 센터의 운영에 필요하다고 인정하는 경우에는 수도사업자에게 관련 자료의 제출을 요구할 수 있다. 〈개정 2025. 10. 1.〉

③ 제1항 및 제2항에서 규정한 사항 외에 센터의 구축 및 운영 등에 필요한 사항은 기후에너지환경부장관이 정하여 고시한다. 〈개정 2025. 10. 1.〉

[본조신설 2013. 12. 30.]

[제74조의2에서 이동 〈2019. 11. 26.〉]

제74조의4(유역수도지원센터의 설립·운영) ① 기후에너지환경부장관은 지방자치단체인 수도사업자의 수도관리업무 및 관련 기술·정책 등을 지원하기 위하여 유역수도지원센터(이하 이 조에서 "지원센터"라 한다)를 설립·운영할 수 있다. 〈개정 2025. 10. 1.〉

② 기후에너지환경부장관은 지원센터의 운영에 필요하다고 인정하는 경우에는 지방자치단체인 수도사업자에 관련 자료의 제출을 요구할 수 있다. 〈개정 2025. 10. 1.〉

③ 제1항 및 제2항에 따른 지원센터의 설립·운영 및 자료제출 요구 등에 필요한 사항은 기후에너지환경부장관이 정하여 고시한다. 〈개정 2025. 10. 1.〉

[본조신설 2020. 3. 31.]

제75조(국고 보조 등) 국가는 수도사업자에게 수도사업에 필요한 비용을 보조하거나 융자할 수 있다. 다만, 지방자치단체인 수도사업자가 수도시설을 설치하거나 낡은 수도시설을 개량하는 경우 또는 해수담수화시설을 운영하는 경우에는 그 지방자치단체의 재정자립도 등을 고려하여 대통령령으로 정하는 바에 따라 그 비용의 전부 또는 일부를 보조할 수 있다. 〈개정 2011. 7. 28.〉

제76조(수도사업용 댐의 수몰민에 대한 지원) 수도사업용 댐의 건설로 발생하는 수몰민(水沒民)에 대한 지원에 관하여는 「댐건설·관리 및 주변지역지원 등에 관한 법률」 제39조 및 제40조를 준용한다. 이 경우 「댐건설·관리 및 주변지역지원 등에 관한 법률」의 "댐수탁관리자"나 "댐수탁관리예정자"는 이 법의 "수도사업자"로 본다. 〈개정 2021. 6. 15.〉

제77조(국유지의 매각·임대) 국유의 일반재산으로서 수도사업에 직접 필요한 토지는 「국유재산법」 제43조에도 불구하고 수의계약으로 수도사업자에게 매각하거나 임대할 수 있다. 〈개정 2009. 1. 30.〉

제77조의2(국유재산의 무상사용) 국가는 국유재산인 광역상수도 및 공업용수도 부지에 지방자치단체가 직접 공용·공공용 또는 비영리 공익사업용으로 사용하기 위하여 다음 각 호의 어느 하나에 해당하는 시설을 설치하려는 경우 「국유재산법」 제34조에도 불구하고 지방자치단체가 그 국유재산을 무상으로 사용하게 할 수 있다.

1. 수도관로

2. 「하수도법」 제2조제6호에 따른 하수관로
3. 「국토의 계획 및 이용에 관한 법률」 제2조제6호가목에 따른 도로 · 주차장
4. 「국토의 계획 및 이용에 관한 법률」 제2조제6호나목에 따른 공원
[본조신설 2022. 1. 11.]

제78조(권한의 위임과 위탁) ①이 법에 따른 기후에너지환경부장관의 권한은 대통령령으로 정하는 바에 따라 그 일부를 시 · 도지사 또는 지방환경관서의 장에게 위임할 수 있다. 〈개정 2007. 12. 27., 2008. 2. 29., 2010. 5. 25., 2011. 7. 28., 2013. 3. 23., 2018. 6. 8., 2025. 10. 1.〉

② 이 법에 따른 기후에너지환경부장관의 업무는 대통령령으로 정하는 바에 따라 그 일부를 다음 각 호의 기관에 위탁할 수 있다. 〈신설 2010. 5. 25., 2013. 3. 23., 2013. 12. 30., 2018. 6. 8., 2019. 11. 26., 2025. 10. 1.〉
1. 한국환경공단
2. 한국수자원공사
3. 협회
4. 「물관리기술 발전 및 물산업 진흥에 관한 법률」에 따른 한국물기술인증원
5. 「한국산업인력공단법」에 따른 한국산업인력공단

제79조(청문) 기후에너지환경부장관, 시 · 도지사 또는 시장 · 군수 · 구청장은 다음 각 호의 어느 하나에 해당하는 처분을 하려면 청문을 하여야 한다. 〈개정 2008. 2. 29., 2010. 5. 25., 2013. 3. 23., 2013. 12. 30., 2018. 6. 8., 2019. 11. 26., 2020. 3. 31., 2025. 10. 1.〉
1. 제14조의2제1항에 따른 인증의 취소
1의2. 제14조의4에 따른 검사기관의 지정 취소
2. 제15조의3에 따른 물절약전문업의 등록취소
2의2. 제21조의5에 따른 상수도관망관리대행업의 등록취소
3. 제25조에 따른 정수시설운영관리사의 자격취소
3의2. 제25조의3에 따른 상수도관망시설운영관리사의 자격 취소
4. 제35조에 따른 저수조청소사업장의 폐쇄명령

5. 제63조에 따른 수도사업 인가의 취소

제80조(벌칙 적용에서의 공무원 의제) 공무원이 아니더라도 제14조의3, 제23조(제50조에 따라 준용하는 경우를 포함한다) 및 제73조 제2항에 따라 대행하거나 위탁받은 업무에 종사하는 자 또는 그 임직원은 「형법」 제129조부터 제132조까지의 규정을 적용할 때 공무원으로 본다. 〈개정 2010. 5. 25., 2019. 11. 26.〉

제9장 벌칙

제81조(벌칙) 다음 각 호의 어느 하나에 해당하는 자는 5년 이하의 징역 또는 5천만원 이하의 벌금에 처한다. 〈개정 2011. 7. 28., 2014. 3. 24.〉

1. 제17조제1항 각 호 외의 부분 전단 또는 제49조제1항 각 호 외의 부분 전단에 따른 수도사업의 인가를 받지 아니하고 이를 경영한 자

2. 제37조제1항(제23조제3항 및 제53조에 따라 준용하는 경우를 포함한다)을 위반하여 지체 없이 수돗물의 공급을 정지하지 아니한 일반수도사업자(수탁자를 포함한다) 또는 전용상수도의 설치자

제82조(벌칙) 다음 각 호의 어느 하나에 해당하는 자는 3년 이하의 징역 또는 3천만원 이하의 벌금에 처한다. 〈개정 2014. 3. 24., 2016. 1. 27., 2019. 11. 26.〉

1. 제13조제1항을 위반하여 수돗물을 용기에 넣거나 기구 등으로 다시 처리하여 판매한 자

2. 제14조의6제1항에 따른 수거등의 명령을 따르지 아니한 자

제83조(벌칙) 다음 각 호의 어느 하나에 해당하는 자는 2년 이하의 징역 또는 2천만원 이하의 벌금에 처한다. 〈개정 2010. 5. 25., 2011. 7. 28., 2013. 12. 30., 2014. 3. 24., 2017. 12. 12., 2020. 3. 31., 2022. 1. 11., 2023. 8. 16., 2024. 1. 16.〉

1. 제7조제3항 또는 제4항에 따른 금지 또는 제한을 위반한 자

1의2. 거짓이나 그 밖의 부정한 방법으로 제14조제1항에 따른 인증을 취득한자

1의3. 제14조제2항을 위반하여 인증을 받지 아니하였거나 같은 조 제8항에 따른 정기검사 · 수시검사 기준에 적합하지 아니한 제품등을 제조 · 수입 · 공급하거나 판매한 자

1의4. 제14조제3항을 위반하여 기준에 맞지 아니하거나 인증을 받지 아니한 수도용 자재나 제품을 사용한 자

1의5. 제14조제5항을 위반하여 인증을 받지 아니한 수도용 자재나 제품 및 그 포장에 인증표시를 한 자

2. 제17조제1항 각 호 외의 부분 후단 또는 제49조제1항 각 호 외의 부분 후단에 따른 인가를 받지 아니하고 인가된 사항을 변경한 수도사업자

3. 제18조제3항을 위반하여 저수조를 기준에 맞지 아니하게 설치한 자

4. 제20조(제50조에 따라 준용하는 경우를 포함한다)를 위반하여 기존 수도관으로부터 분기하여 수도시설을 설치하거나, 수도시설을 변조하거나 손괴한 자

5. 제24조제6항 또는 제25조의2제4항을 위반하여 자격증을 다른 사람에게 대여한 사람

5의2. 제24조제7항 또는 제25조의2제5항을 위반하여 자격증을 대여받은 사람 또는 자격증의 대여를 알선한 사람

6. 제33조제1항 · 제3항 · 제4항(제23조제3항 및 제53조에 따라 준용하는 경우를 포함한다)의 규정을 위반하여 소독등위생조치 또는 세척등조치를 하지 아니한 일반수도사업자(수탁자를 포함한다), 전용상수도시설의 설치자 또는 건축물 · 시설의 소유자 또는 관리자

7. 제37조제2항(제23조제3항 및 제53조에 따라 준용되는 경우를 포함한다)을 위반하여 해당 지역의 주민에게 상황을 알리지 아니하거나 수질검사 · 비상급수 등의 필요한 조치를 강구하지 아니한 일반수도사업자(수탁자를 포함한다) 또는 전용상수도 설치자

8. 제38조(제50조에 따라 준용하는 경우를 포함한다)를 위반하여 인가관청의 승인을 받지 아니하거나 인가관청의 승인을 받은 사항을 변경한 수도사업자

9. 제41조제1항(제50조에 따라 준용하는 경우를 포함한다)에 따른 긴급 급수 지원 명령을 위반한 수도사업자

10. 제42조(제50조에 따라 준용하는 경우를 포함한다)에 따른 허가를 받지 아니하고 수도사업의 전부 또는 일부를 폐업하거나 휴업한 수도사업자

11. 제74조제1항에 따른 수도시설에 대한 기술진단을 실시하지

아니한 수도사업자

제84조(벌칙) 다음 각 호의 어느 하나에 해당하는 자는 300만원 이하의 벌금에 처한다. 〈개정 2020. 3. 31.〉

1. 제21조의4제1항을 위반하여 등록을 하지 아니하고 상수도관망관리대행업을 하거나 거짓이나 그 밖의 부정한 방법으로 등록한 자

1의2. 제34조제1항을 위반하여 신고를 하지 아니하고 저수조청소업을 경영하거나 거짓이나 그 밖의 부정한 방법으로 신고한 자

2. 제35조에 따라 저수조청소업의 사업장 폐쇄 명령을 받고도 저수조청소업을 계속한 자

3. 삭제 〈2011. 7. 28.〉

4. 제61조제2항(제23조제3항, 제53조 및 제54조에 따라 준용하는 경우를 포함한다)에 따라 준용되는 「국토의 계획 및 이용에 관한 법률」 제130조제2항부터 제4항까지의 규정에 따른 허가 또는 동의를 받지 아니하고 제61조제1항에 따른 행위를 한 자(수탁자를 포함한다)

제85조(벌칙) 다음 각 호의 어느 하나에 해당하는 자는 200만원 이하의 벌금에 처한다. 〈개정 2011. 11. 14., 2013. 12. 30., 2019. 11. 26.〉

1. 제19조제2항(제53조에 따라 준용하는 경우를 포함한다)을 위반하여 수질검사를 받지 아니하고 수돗물을 공급한 수도사업자 또는 전용수도 설치자

1의2. 제26조의2제1항을 위반하여 지방환경관서의 장에게 보고하지 아니한 일반수도사업자

2. 삭제 〈2011. 7. 28.〉

3. 제27조제1항을 위반하여 주민에게 공지를 하지 아니한 일반수도사업자

4. 제28조제8항(제23조제3항에 따라 준용하는 경우를 포함한다)에 따른 조치명령을 위반한 일반수도사업자(수탁자를 포함한다)

5. 제29조제1항(제23조제3항 및 제53조에 따라 준용하는 경우를 포함한다)에 따른 수질검사 및 수량분석을 실시하지 아니한 일반수도사업자(수탁자를 포함한다) 또는 전용상수도 설치자

6. 삭제 〈2010. 5. 25.〉

7. 제32조제1항(제23조제3항 및 제53조에 따라 준용하는 경우를

포함한다)에 따른 건강진단을 실시하지 아니한 일반수도사업자(수탁자를 포함한다) 또는 전용상수도 설치자

8. 제32조제2항(제23조제3항과 제53조에 따라 준용하는 경우를 포함한다)을 위반하여 다른 사람에게 위해를 끼칠 우려가 있는 질병이 있다고 인정되는 자를 그 업무에 종사하게 하거나 그 시설의 구내에 거주하게 한 일반수도사업자(수탁자를 포함한다) 또는 전용상수도의 설치자

9. 제39조제1항(제50조에 따라 준용하는 경우를 포함한다)을 위반하여 정당한 이유 없이 수돗물의 공급을 거절한 수도사업자

10. 삭제 〈2010. 5. 25.〉

11. 제52조(제54조에 따라 준용하는 경우를 포함한다)에 따른 인가를 받지 아니하고 전용수도를 설치한 자

12. 제62조에 따른 사업계획의 변경 요구, 사업운영의 개선 지시, 그 밖에 필요한 조치 명령을 위반한 수도사업자

13. 제64조제1항부터 제4항까지의 규정에 따른 시설의 개선 명령 등을 위반한 수도사업자 또는 전용수도 설치자

제86조(양벌규정) 법인의 대표자나 법인 또는 개인의 대리인, 사용인, 그 밖의 종업원이 그 법인 또는 개인의 업무에 관하여 제81조부터 제85조까지의 어느 하나에 해당하는 위반행위를 하면 그 행위자를 벌하는 외에 그 법인 또는 개인에게도 해당 조문의 벌금형을 과(科)한다. 다만, 법인 또는 개인이 그 위반행위를 방지하기 위하여 해당 업무에 관하여 상당한 주의와 감독을 게을리하지 아니한 경우에는 그러하지 아니하다.

[전문개정 2010. 5. 25.]

제87조(과태료) ① 다음 각 호의 어느 하나에 해당하는 자에게는 1천만원 이하의 과태료를 부과한다. 〈개정 2017. 12. 12., 2021. 8. 17.〉

1. 제7조의2제4항에 따른 준수사항을 위반한 자

2. 제14조제6항에 따른 정기검사 또는 수시검사를 거부, 방해 또는 기피한 자

3. 제15조제1항 또는 제2항을 위반하여 절수설비 또는 절수기기를 설치하지 아니한 자

② 다음 각 호의 어느 하나에 해당하는 자에게는 500만원 이하의 과태료를 부과한다. 〈개정 2017. 12. 12., 2018. 12. 24., 2019.

11. 26., 2021. 8. 17., 2024. 1. 23.〉

1. 제14조제1항에 따라 인증받은 내용과 다른 제품등을 제조 · 수입 · 공급 또는 판매한 자

2. 제14조의5제2항 또는 제14조의6제2항에 따라 수거등의 권고 또는 명령에 따른 조치의 결과 등을 보고하지 아니한 자

3. 제14조의7에 따른 현장조사를 거부, 방해 또는 기피하거나 자료의 제출을 하지 아니한 자(거짓으로 제출한 자를 포함한다)

4. 제15조제4항을 위반하여 절수설비에 절수등급을 표시하지 아니하거나 거짓으로 표시한 자

5. 제33조의2제6항을 위반하여 같은 조 제1항에 따른 인증을 받지 아니하고 같은 조 제5항에 따른 인증서를 제작 · 사용하거나 이와 비슷한 인증표시를 한 자

③다음 각 호의 어느 하나에 해당하는 자에게는 300만원 이하의 과태료를 부과한다. 〈개정 2010. 5. 25., 2011. 7. 28., 2011. 11. 14., 2013. 12. 30., 2016. 1. 27., 2019. 11. 26., 2023. 8. 16.〉

1. 삭제 〈2016. 1. 27.〉

2. 제14조제4항을 위반하여 인증표시를 하지 아니하거나 인증받은 내용과 다르게 인증표시를 한 자

3. 삭제 〈2021. 8. 17.〉

3의2. 제16조를 위반하여 물 사용기기에 물 사용량을 표시하지 아니하거나 거짓으로 표시한 자

3의3. 제21조제6항(제50조 · 제53조 및 제54조에 따라 준용하는 경우를 포함한다)을 위반하여 수도시설관리자를 임명하지 아니한 수도사업자 또는 전용수도 설치자

3의4. 제21조제7항을 위반하여 정수시설운영관리사를 배치하지 아니한 일반수도사업자

4. 제23조제2항(제50조에 따라 준용하는 경우를 포함한다)을 위반하여 위탁계약 체결의 신고를 하지 아니한 수도사업자

4의2. 제28조제4항 · 제5항 · 제6항 또는 제7항(제23조제3항에 따라 준용하는 경우를 포함한다)을 위반한 일반수도사업자(수탁자를 포함한다)

4의3. 제28조의2제1항(제23조제3항에 따라 준용하는 경우를 포함한다)을 위반하여 병원성 미생물의 분포실태를 조사하지 아니한

일반수도사업자(수탁자를 포함한다)

5. 제31조제1항을 위반하여 수돗물품질보고서를 제공하지 아니한 일반수도사업자

6. 제45조(제50조에 따라 준용하는 경우를 포함한다)를 위반하여 수도에 소화전을 설치하지 아니한 수도사업자

7. 제61조제1항에 따른 수도사업의 시행 또는 급수설비의 검사에 필요한 토지 출입 등의 행위를 정당한 이유 없이 방해하거나 거부한 자

8. 제74조제4항에 따른 준수사항을 지키지 아니한 자

9. 제74조의2제2항을 위반하여 평가에 필요한 자료를 정당한 사유 없이 제출하지 아니한 자

④다음 각 호의 어느 하나에 해당하는 자에게는 100만원 이하의 과태료를 부과한다. 〈개정 2010. 5. 25., 2011. 7. 28., 2011. 11. 14., 2013. 12. 30., 2016. 1. 27., 2019. 11. 26., 2020. 3. 31., 2024. 1. 16.〉

1. 제7조제4항 단서를 위반하여 신고를 하지 아니한 자

2. 제15조제3항에 따른 특별자치시장·특별자치도지사·시장·군수 또는 구청장의 이행명령을 따르지 아니한 자

3. 삭제 〈2010. 6. 8.〉

3의2. 삭제 〈2011. 7. 28.〉

3의3. 삭제 〈2011. 7. 28.〉

3의4. 삭제 〈2011. 7. 28.〉

4. 제29조제3항(제23조제3항 및 제53조에 따라 준용하는 경우를 포함한다)을 위반하여 수질검사 및 수량분석에 관한 기록을 작성·보존하지 아니하거나 인터넷 홈페이지 등에 공개하지 아니한 일반수도사업자(수탁자를 포함한다) 또는 수질검사 및 수량분석에 관한 기록을 작성·보존하지 아니한 전용상수도 설치자

5. 제32조제3항(제23조제3항 및 제53조에 따라 준용하는 경우를 포함한다)을 위반하여 건강진단에 관한 기록을 작성·보존하지 아니한 일반수도사업자(수탁자를 포함한다) 또는 전용상수도 설치자

5의2. 제33조제2항을 위반하여 일반수도사업자에게 저수조 설치현황을 신고하지 아니하거나 거짓으로 신고한 자

6. 제34조제3항을 위반하여 신고를 하지 아니하고 사업을 폐업하

거나 휴업한 자

7. 제36조(제23조제3항에 따라 준용하는 경우를 포함한다)를 위반하여 수도시설의 관리에 관한 교육을 받지 아니하거나 받지 다니하게 한 다음 각 목의 어느 하나에 해당하는 자

가. 건축물 또는 시설의 소유자나 관리자

나. 저수조청소업자

다. 일반수도사업자(수탁자를 포함한다)

라. 상수도관망관리대행업자

8. 제39조제2항(제50조에 따라 준용하는 경우를 포함한다)을 위반하여 미리 수돗물을 공급할 수 없는 구역 및 기간을 공고하지 아니한 수도사업자

9. 제66조제1항에 따른 검사를 거부·방해 또는 기피하거나 보고를 하지 아니한 수도사업자 또는 전용수도의 설치자

⑤제1항부터 제4항까지의 규정에 따른 과태료는 대통령령으로 정하는 바에 따라 기후에너지환경부장관, 시·도지사 또는 시장·군수·구청장이 부과·징수한다. 〈개정 2008. 2. 29., 2010. 5. 25., 2013. 3. 23., 2016. 1. 27., 2018. 6. 8., 2025. 10. 1.〉

⑥ 삭제 〈2010. 5. 25.〉

⑦ 삭제 〈2010. 5. 25.〉

부칙 〈제8370호, 2007. 4. 11.〉

제1조 (시행일) 이 법은 공포한 날부터 시행한다. 다만, 부칙 제19조제56항의 개정규정은 2007년 7월 4일부터 시행하고, 제7조제3항제1호 및 제56조제1항의 개정규정은 2007년 9월 28일부터 시행하며, 제68조 및 제71조의 개정규정은 2008년 1월 4일부터 시행한다.

제2조 (시행일에 관한 경과조치) 부칙 제1조 단서에 따라 제7조제3항제1호와 제56조제1항의 개정규정이 시행되기 전까지는 그에 해당하는 종전의 제5조제3항제1호와 제39조제1항을 적용한다.

제3조 (유효기간) 제3조제15호, 제14조, 제87조제1항제1호 및 제2항제1호의 개정규정은 2007년 9월 27일까지 효력을 가지고, 제72조의 개정규정은 2008년 1월 3일까지 효력을 가진다.

제4조 (원인자부담금 징수에 관한 적용례) 법률 제8208호 수도법

일부개정법률 제51조제1항의 개정규정 중 수도공사를 할 때 비용이 발생하게 된 원인을 제공한 자에게 부과되는 원인자부담금 징수에 관한 부분은 같은 법의 시행일인 2008년 1월 4일 이후 최초로 부과되는 원인자부담금부터 적용한다.

제5조 (상수원보호구역 지정에 관한 경과조치) 법률 제4429호 수도법개정법률의 시행일인 1992년 12월 15일 당시 종전의 규정에 따라 지정된 상수보호구역은 이 법에 따라 지정된 상수원보호구역으로 본다.

제6조 (일반수도사업의 인가에 관한 경과조치) 법률 제4781호 수도법중개정법률의 시행일인 1994년 8월 3일 당시 종전의 규정에 따라 일반수도사업의 인가를 받은 자는 이 법에 따라 인가를 받은 것으로 본다.

제7조 (전용수도의 인가에 관한 경과조치) 법률 제5395호 수도법중개정법률의 시행일인 1998년 3월 1일 당시 종전의 규정에 따라 전용수도의 인가를 받은 자는 이 법에 따라 인가를 받은 것으로 본다.

제8조 (간이상수도에 관한 경과조치) 법률 제5395호 수도법중개정법률의 시행일인 1998년 3월 1일 당시 종전의 규정에 따른 간이상수도 중 급수인구 100인 미만 또는 1일 공급량 20세제곱미터 미만인 수도는 제3조제14호에 따른 소규모급수시설로 지정된 것으로 본다.

제9조 (중수도 및 빗물이용시설의 설치에 관한 적용례) 제14조제1항·제4항 및 제16조의 개정규정은 법률 제6449호 수도법중개정법률의 시행 후 최초로 건축허가를 받는 것부터 적용한다.

제10조 (권한의 변경에 따른 경과조치) 법률 제6449호 수도법중개정법률의 시행일인 2001년 9월 29일 당시 종전의 제5조제4항, 제21조제1항·제2항 및 제21조의3제1항에 따라 특별시장·광역시장이 한 행정처분 등의 행위와 특별시장·광역시장에게 행한 신고 등의 행위는 이 법에 따라 구청장·군수의 행위 또는 구청장·군수에게 한 행위로 본다.

제11조 (한국수도협회에 관한 경과조치) ①법률 제6449호 수도법중개정법률 제39조에 따라 설립된 한국상하수도협회는 종전의 규정에 따른 한국수도협회의 권리·의무를 포괄승계한다.

②법률 제6449호 수도법중개정법률의 시행일인 2001년 9월 29일 당시의 한국수도협회는 법률 제6449호 수도법중개정법률 제39

조에 따라 한국상하수도협회가 설립된 때에 민법 제77조에 따라 해산된 것으로 본다.
제12조 (수도설치비용의 부담에 관한 적용례) 제70조의 개정규정은 법률 제6828호 수도법중개정법률 시행 후 최초로 설치하는 광역상수도의 정수시설부터 적용한다.
제13조 (수도사업자의 지위승계에 관한 경과조치) 법률 제6828호 수도법중개정법률의 시행일인 2002년 12월 26일 당시 설치되었거나 설치 중이었던 광역상수도의 수도사업자는 종전의 제52조의2제1항 단서에 따라 해당 광역상수도의 물을 공급받는 수도사업자가 정수시설의 설치비용으로 이미 부담하였거나 부담할 금액을 환부 또는 대신 납부하고 그에 따른 해당 수도사업자의 지위를 승계할 수 있다. 이 경우 미리 해당 수도사업자와 협의하여야 한다.
제14조 (수도설치 비용부담의 환부) 부칙 제12조에 따른 정수시설의 설치비용을 부담한 금액의 환부금액은 법률 제6828호 수도법중개정법률 시행 당시 종전의 제52조의2제3항에 따른 출자금액과 같은 금액으로 한다.
제15조 (수돗물수질평가위원회에 대한 경과조치) 법률 제7777호 수도법중개정법률의 시행일인 2006년 6월 30일 전에 종전의 제19조의2에 따라 수돗물수질평가위원회가 행한 검사대상의 선정 등은 법률 제7777호 수도법중개정법률 제19조의2에 따른 수돗물평가위원회가 행한 것으로 본다.
제16조 (원인자부담금의 징수에 관한 경과조치) 법률 제8208호 수도법 일부개정법률의 시행일인 2008년 1월 4일 전에 종전의 규정에 따라 부과된 손괴자부담금은 같은 법에 따라 부과된 원인자부담금으로 본다.
제17조 (처분 등에 관한 일반적 경과조치) 이 법 시행 당시 종전의 규정에 따른 행정기관의 행위나 행정기관에 대한 행위는 그에 해당하는 이 법에 따른 행정기관의 행위나 행정기관에 대한 행위로 본다.
제18조 (벌칙이나 과태료에 관한 경과조치) 이 법 시행 전의 행위에 대하여 벌칙이나 과태료 규정을 적용할 때에는 종전의 규정에 따른다.
제19조 (다른 법률의 개정) ①고도(고도)보존에관한특별법 일부를 다음과 같이 개정한다.

제12조제1항제5호를 다음과 같이 한다.

5. 「수도법」 제17조·제49조 및 제50조에 따른 수도사업의 인가와 같은 법 제52조 및 제54조에 따른 전용수도 설치의 인가

②골재채취법 일부를 다음과 같이 개정한다.

제23조제1항제3호 중 "수도법 제5조제4항"을 "「수도법」 제7조제4항"으로 한다.

③공공기관 지방이전에 따른 혁신도시 건설 및 지원에 관한 특별법 일부를 다음과 같이 개정한다.

제14조제1항제28호 중 "「수도법」 제12조 및 제33조의2"를 "「수도법」 제17조 및 제49조"로, "제36조 및 제38조"를 "제52조 및 제54조"로 한다.

④과학관육성법 일부를 다음과 같이 개정한다.

제8조제3호 중 "수도법 제36조"을 "「수도법」 제52조"로 한다.

⑤국민임대주택건설 등에 관한 특별조치법 일부를 다음과 같이 개정한다.

제12조제1항제17호 중 "수도법 제12조제1항"을 "「수도법」 제17조제1항"으로, "동법 제36조"를 "같은 법 제52조"로 한다.

제23조제4항제14호를 다음과 같이 한다.

14. 「수도법」 제17조제1항 또는 제49조에 따른 수도사업의 인가, 같은 법 제52조에 따른 전용상수도 설치의 인가

⑥국제회의산업육성에관한법률 일부를 다음과 같이 개정한다.

제17조제1항제2호 중 "수도법 제36조"를 "「수도법」 제52조"로, 같은 조 제2항제1호 중 "수도법 제37조"를 "「수도법」 제53조"로 한다.

⑦국토의 계획 및 이용에 관한 법률 일부를 다음과 같이 개정한다.

제8조제2항제1호다목 중 "「수도법」 제5조"를 "「수도법」 제7조"로 한다.

제61조제1항제12호 중 "「수도법」 제36조"를 "「수도법」 제52조"로, "동법 제38조"를 "같은 법 54조"로 한다.

제92조제1항제15호 중 "「수도법」 제12조"를 "「수도법」 제17조"로, "동법 제33조의2"를 "같은 법 제49조"로, "동법 제36조"를 "같은 법 제52조"로, "동법 제38조"를 "같은 법 제54조"로 한다.

⑧금강수계물관리및주민지원등에관한법률 일부를 다음과 같이 개정한다.

제2조제1호 중 "수도법 제3조제2호"를 "「수도법」 제3조제2호"로,

같은 조 제2호 중 “수도법 제3조제19호”를 “「수도법」 제3조제21호”로 하고, 같은 조 제5호가목 중 “수도법 제5조”를 “「수도법」 제7조”로 한다.

제7조제1항 본문 중 “수도법 제3조제7호 및 제8호”를 “「수도법」 제3조제7호 및 제8호”로, “수도법 제5조”를 “「수도법」 제7조”로 하고, 같은 조 제4항 중 “수도법 제5조”를 “「수도법」 제7조”로 한다.

제21조제4항 중 “수도법 제6조의2 및 제6조의3”을 “「수도법」 제9조 및 제10조”로 한다.

제26조제1항 제6호 중 “수도법 제12조 및 제33조의2”를 “「수도법」 제17조 및 제49조”로 한다.

제30조제2항 중 “수도법 제3조제11호”를 “「수도법」 제3조제11호”로 하고, 같은 조 제9항 중 “수도법 제51조제2항 및 제3항”을 “「수도법」 제68조제2항 및 제3항”으로 하며, 같은 조 제10항 중 “수도법 제6조의3제2항 및 제7조”를 “「수도법」 제10조제2항 및 제11조”로 한다.

⑨기업도시개발 특별법 일부를 다음과 같이 개정한다.

제13조제1항제21호를 다음과 같이 한다.

21. 수도법 제17조 및 같은 법 제49조에 따른 일반수도사업 및 공업용수도사업의 인가, 같은 법 제52조 및 같은 법 제54조에 따른 전용상수도 및 전용공업용수도 설치의 인가

⑩낙동강수계물관리및주민지원등에관한법률 일부를 다음과 같이 개정한다.

제2조제1호 중 “수도법 제3조제2호”를 “「수도법」 제3조제2호”로 하고, 같은 조 제2호 중 “수도법 제3조제19호”를 “「수도법」 제3조제21호”로 하며, 같은 조 제5호 중 “수도법 제5조”를 “「수도법」 제7조”로 한다.

제7조제1항 본문 중 “수도법 제3조제7호 및 제8호”를 “「수도법」 제3조제7호 및 제8호”로, “수도법 제5조”를 “「수도법」 제7조”로 하고, 같은 조 제4항 중 “수도법 제5조”를 “「수도법」 제7조”로 한다.

제23조제4항 중 “수도법 제6조의2 및 제6조의3”을 “「수도법」 제9조 및 제10조”로 한다.

제28조제1항제6호 중 “수도법 제12조 및 제33조의2”를 “「수도법」 제17조 및 제49조”로 한다.

제32조제2항 중 “수도법 제3조제11호”를 “「수도법」 제3조제11호”로 하고, 같은 조 제9항 중 “수도법 제51조제2항 및 제3항”을 “「수도법」 제68조제2항 및 제3항”으로 하며, 같은 조 제10항 중 “수도법 제6조의3제2항 및 제7조”를 “「수도법」 제10조 및 제11조”로 한다.

⑪농림어업인 삶의 질 향상 및 농산어촌지역 개발촉진에 관한 특별법 일부를 다음과 같이 개정한다.

제29조제1항제3호를 다음과 같이 한다.

3. 「수도법」 제3조제9호에 따른 마을상수도 및 같은 조 제14호에 따른 소규모급수시설 등 용수시설의 확보

⑫농산물가공산업 육성법 일부를 다음과 같이 개정한다.

제5조제4항제7호 중 “수도법 제36조”를 “「수도법」 제52조”로 한다.

⑬농어촌주택개량촉진법 일부를 다음과 같이 개정한다.

제6조제1항제6호를 다음과 같이 한다.

6. 「수도법」 제17조에 따른 일반수도사업의 인가 및 같은 법 제52조에 따른 전용수도사업의 인가

⑭대덕연구개발특구등의육성에관한특별법 일부를 다음과 같이 개정한다.

제29조제1항제10호를 다음과 같이 한다.

10. 「수도법」 제17조 및 같은 법 제49조에 따른 일반수도사업 및 공업용수도사업의 인가와 같은 법 제52조 및 같은 법 제54조에 따른 전용상수도 및 전용공업용수도 설치의 인가

⑮도시 및 주거환경정비법 일부를 다음과 같이 개정한다.

제32조제1항제8호를 다음과 같이 한다.

8. 「수도법」 제17조에 따른 일반수도사업의 인가 및 같은 법 제52조 또는 제54조에 따른 전용상수도 또는 전용공업용수도 설치의 인가

⑯도시철도법 일부를 다음과 같이 개정한다.

제23조제1항제2호 중 “수도법 제36조 및 제38조”를 “「수도법」 제52조 및 제54조”로 한다.

⑰무역거래기반조성에관한법률 일부를 다음과 같이 개정한다.

제15조제1항제2호 중 “수도법 제36조”를 “「수도법」 제52조”로 하고, 같은 조 제2항제1호 중 “수도법 제37조”를 “「수도법」 제53

조”로 한다.

⑱문화산업진흥 기본법 일부를 다음과 같이 개정한다.

제28조제1항제9호 중 “수도법 제36조 및 제38조”를 “「수도법」 제52조 및 제54조”로 한다.

⑲부담금관리기본법 일부를 다음과 같이 개정한다.

별표 제45호 중 “수도법 제53조”를 “「수도법」 제71조”로 하고, 같은 표 제46호 중 “수도법 제54조”를 “「수도법」 제72조”로 한다.

⑳사법경찰관리의 직무를 행할 자와 그 직무범위에 관한 법률 일부를 다음과 같이 개정한다.

제6조제19호버목을 다음과 같이 한다.

버. 「수도법」(제83조제1호에 한한다)

㉑산업입지 및 개발에 관한 법률 일부를 다음과 같이 개정한다.

제21조제1항제2호 중 “수도법 제12조 및 제34조”를 “「수도법」 제17조 및 제50조”로, “동법 제36조 및 제38조”를 “같은 법 제52조 및 제54조”로 한다.

㉒산업집적활성화 및 공장설립에 관한 법률 일부를 다음과 같이 개정한다.

제14조제1항제3호 중 “「수도법」 제36조제1항”을 “「수도법」 제52조제1항”으로 한다.

㉓소방기본법 일부를 다음과 같이 개정한다.

제10조제1항 단서 중 “수도법 제30조”를 “「수도법」 제45조”로 한다.

㉔소하천정비법 일부를 다음과 같이 개정한다.

제10조의2제1항제8호 중 “「수도법」 제36조”를 “「수도법」 제52조”로, “동법 제38조”를 “같은 법 제54조”로 한다.

㉕수도권신공항건설촉진법 일부를 다음과 같이 개정한다.

제8조제1항제13호 중 “수도법 제12조제1항”을 “「수도법」 제17조제1항”으로, “동법 제36조 및 제38조”를 “같은 법 제52조 및 제54조”로 한다.

㉖수목원조성 및 진흥에 관한 법률 일부를 다음과 같이 개정한다.

제8조제5호 중 “수도법 제36조”를 “「수도법」 제52조”로 한다.

㉗수산물품질관리법 일부를 다음과 같이 개정한다.

제17조제2항제6호 중 “수도법 제36조”를 “「수도법」 제52조”로 한다.

㉘수질환경보전법 일부를 다음과 같이 개정한다.

제2조제15호 중 "「수도법」 제5조"를 "「수도법」 제7조"로, "「수도법」 제3조제15호"를 "「수도법」 제3조제17호"로 한다.

㉙신항만건설촉진법 일부를 다음과 같이 개정한다.

제9조제2항제3호 중 "수도법 제12조제1항"을 "「수도법」 제17조제1항"으로, "동법 제33조의2"를 "같은 법 제49조"로, "동법 제36조"를 "같은 법 제52조"로, "동법 제38조"를 "같은 법 제54조" 한다.

㉚신행정수도 후속대책을 위한 연기·공주지역 행정중심복합도시건설을 위한 특별법 일부를 다음과 같이 개정한다.

제22조제1항제24호 중 "「수도법」 제5조"를 "「수도법」 제7조"로, "동법 제12조제1항"을 "같은 법 제17조제1항"으로, "동법 제33조의2"를 "같은 법 제49조"로, "동법 제36조"를 "같은 법 제52조"로, "동법 제38조"를 "같은 법 제54조"로 한다.

㉛야생동·식물보호법 일부를 다음과 같이 개정한다.

제25조제3항 후단 중 "수도법 제5조제3항"을 "「수도법」 제7조제3항"으로 한다.

㉜어촌·어항법 일부를 다음과 같이 개정한다.

제8조제4호 중 "「수도법」 제12조"를 "「수도법」 제17조"로, "동법 제36조"를 "같은 법 제52조"로 한다.

㉝영산강·섬진강수계물관리및주민지원등에관한법률 일부를 다음과 같이 개정한다.

제2조제1호 중 "수도법 제3조제2호"를 "「수도법」 제3조제2호"로 하고, 같은 조 제2호 중 "수도법 제3조제19호"를 "「수도법」 제3조제21호"로 하며, 같은 조 제5호가목 중 "수도법 제5조"를 "「수도법」 제7조"로 한다.

제7조제1항 본문 중 "수도법 제3조제7호 및 제8호"를 "「수도법」 제3조제7호 및 제8호"로, "수도법 제5조"를 "「수도법」 제7조"로 하고, 같은 조 제4항 중 "수도법 제5조"를 "「수도법」 제7조"로 한다.

제21조제4항 중 "수도법 제6조의2 및 제6조의3"을 "「수도법」 제9조 및 제10조"로 한다.

제26조제1항제6호 중 "수도법 제12조 및 제33조의2"를 "「수도법」 제17조 및 제49조"로 한다.

제30조제2항 중 “수도법 제3조제11호”를 “「수도법」 제3조제11호”로 하고, 같은 조 제9항 중 “수도법 제51조제2항 및 제3항”을 “「수도법」 제68조제2항 및 제3항”으로 하며, 같은 조 제10항 중 “수도법 제6조의3제2항 및 제7조”를 “「수도법」 제10조제2항 및 제11조”로 한다.

㉞외국인투자촉진법 일부를 다음과 같이 개정한다.

별표 1 제3호다목 중 “수도법 제36조제1항”을 “「수도법」 제52조제1항”으로 하고, 같은 표 제5호타목 중 “수도법 제15조제1항”을 “「수도법」 제19조제1항”으로, “동법 제36조”를 “같은 법 제52조”로 하며, 같은 표 제6호나목 중 “수도법 제12조”를 “「수도법」 제17조”로 하고, 같은 표 제10호파목 중 “수도법 제12조”를 “「수도법」 제17조”로, “동법 제33조의2”를 “같은 법 제49조”로, “동법 제36조”를 “같은 법 제52조”로 한다.

별표 2 제9호 중 “수도법 제5조제4항”을 “「수도법」 제7조제4항”으로 한다.

㉟유통단지개발촉진법 일부를 다음과 같이 개정한다.

제13조제1항제5호 중 “수도법 제12조”를 “「수도법」 제17조”로, “동법 제33조의2”를 “같은 법 제49조”로, “동법 제36조”를 “같은 법 제52조”로, “동법 제38조”를 “같은 법 제54조”로 한다.

제31조제1항제3호 중 “수도법 제37조 또는 동법 제38조”를 “「수도법」 제53조 또는 같은 법 제54조”로, “동법 제36조 또는 동법 제38조”를 “같은 법 제52조 또는 같은 법 제54조”로 한다.

㊱유통산업발전법 일부를 다음과 같이 개정한다.

제30조제1항제9호 중 “「수도법」 제12조제1항”을 “「수도법」 제17조제1항”으로, “동법 제33조의2”를 “같은 법 제49조”로, “동법 제36조제1항”을 “같은 법 제52조제1항”으로, “동법 제38조”를 “같은 법 제54조”로 한다.

㊲자연공원법 일부를 다음과 같이 개정한다.

제21조제1호 중 “수도법 제36조 및 제38조”를 “「수도법」 제52조 및 제54조”로 한다.

㊳자연재해대책법 일부를 다음과 같이 개정한다.

제49조제4항제17호 중 “수도법 제12조”를 “「수도법」 제17조”로, “동법 제33조의2”를 “같은 법 제49조”로, “동법 제36조”를 “같은

법 제52조”로, “동법 제38조”를 “같은 법 제54조”로 한다.

㊴재래시장 및 상점가 육성을 위한 특별법 일부를 다음과 같이 개정한다.

제40조제1항제8호 중 “「수도법」 제12조”를 “「수도법」 제17조”로, “같은 법 제36조 또는 제38조”를 “같은 법 제52조 또는 제54조”로 한다.

㊵전원개발촉진법 일부를 다음과 같이 개정한다.

제6조제1항제7호 중 “수도법 제36조 및 제38조”를 “「수도법」 제52조 및 제54조”로 한다.

㊶접경지역지원법 일부를 다음과 같이 개정한다.

제9조제1항제5호 중 “수도법 제12조”를 “「수도법」 제17조”로, “동법 제33조의2”를 “같은 법 제49조”로, “동법 제36조”를 “같은 법 제52조”로 한다.

㊷제주특별자치도 설치 및 국제자유도시 조성을 위한 특별법 일부를 다음과 같이 개정한다.

제142조제4호가목 중 “동법 제12조제1항”을 “같은 법 제17조제1항”으로, “제33조제1항”을 “제48조”로, “제33조의2”를 “제49조”로 하고, 같은 호 나목 중 “동법 제12조제1항 및 제33조의2”를 “같은 법 제17조제1항 및 제49조”로, “동법 제27조제1항, 제46조 및 제47조”를 “같은 법 제42조, 제63조 및 제64조”로 하며, 같은 호 다목 중 “동법 제59조”를 “같은 법 제79조”로 한다.

제146조제4호 중 “「수도법」 제49조”를 “「수도법」 제66조”로 한다.

제230조제1항제11호 중 “「수도법」 제12조 및 제33조의2”를 “「수도법」 제17조 및 제49조”로, “동법 제36조 및 제38조”를 “같은 법 제52조 및 제54조”로 한다.

제305조제1항 중 “「수도법」 제12조”를 “「수도법」 제17조”로 하고, 같은 조 제2항 중 “「수도법」 제12조제1항 단서”를 “「수도법」 제17조제1항 후단”으로 한다.

㊸주택법 일부를 다음과 같이 개정한다.

제17조제1항제14호 중 “「수도법」 제12조 王는 제33조의2”를 “「수도법」 제17조 또는 제49조”로, “동법 제36조”를 “같은 법 제52조”로 한다.

㊹주한미군 공여구역주변지역 등 지원 특별법 일부를 다음과 같이

개정한다.

제29조제1항제10호 중 "「수도법」 제12조"를 "「수도법」 제17조"로, "같은 법 제33조의2"를 "같은 법 제49조"로, "같은 법 제36조"를 "같은 법 제52조"로 한다.

㊺주한미군기지이전에따른평택시등의지원등에관한특별법 일부를 다음과 같이 개정한다.

제5조제1항제11호 중 "「수도법」 제12조제1항"을 "「수도법」 제17조제1항"으로, "동법 제36조 및 제38조"를 "같은 법 제52조 및 제54조"로 한다.

㊻지방소도읍육성지원법 일부를 다음과 같이 개정한다.

제9조제1항제6호 중 "「수도법」 제12조"를 "「수도법」 제17조"로, "동법 제33조의2"를 "같은 법 제49조"로, "동법 제36조"를 "같은 법 제52조"로 한다.

㊼지역균형개발 및 지방중소기업 육성에 관한 법률 일부를 다음과 같이 개정한다.

제18조제1항제7호 중 "「수도법」 제12조·제33조의2 및 제34조"를 "「수도법」 제17조·제49조 및 제50조"로 한다.

㊽지하수법 일부를 다음과 같이 개정한다.

제30조의3제1항제3호 중 "「수도법」 제3조제17호"를 "「수도법」 제3조제19호"로 한다.

㊾집단에너지사업법 일부를 다음과 같이 개정한다.

제49조제1항제4호 중 "수도법 제33조의2"를 "「수도법」 제49조"로, "동법 제36조제1항"을 "같은 법 제52조제1항"으로 한다.

㊿철도건설법 일부를 다음과 같이 개정한다.

제11조제1항제13호 중 "수도법 제12조제1항"을 "「수도법」 제17조제1항"으로, "동법 제36조 및 동법 제38조"를 "같은 법 제52조 및 제54조"로 한다.

〈51〉청소년활동진흥법 일부를 다음과 같이 개정한다.

제33조제1항제7호 및 제52조제1항제2호 중 "수도법 제36조"를 각각 "「수도법」 제52조"로 한다.

〈52〉친환경상품 구매촉진에 관한 법률 일부를 다음과 같이 개정한다.

제16조 중 "수도법 제56조"를 "「수도법」 제75조"로 한다.

〈53〉택지개발촉진법 일부를 다음과 같이 개정한다.

제11조제1항제4호 중 "수도법 제12조 및 제33조의2"를 "「수도법」 제17조 및 제49조"로, "동법 제36조 및 제38조"를 "같은 법 제52조 및 제54조"로 한다.

〈54〉토지이용규제 기본법 일부를 다음과 같이 개정한다.

별표 제124호 중 "「수도법」 제5조"를 "「수도법」 제7조"로 한다.

〈55〉법률 제8166호 폐교재산의 활용촉진을 위한 특별법 일부개정법 일부를 다음과 같이 개정한다.

제10조 중 "「수도법」 제5조제1항"을 "「수도법」 제7조제1항"으로, "「수도법」 제5조제5항"을 "「수도법」 제7조제5항"으로 한다.

〈56〉폐기물처리시설설치촉진및주변지역지원등에관한법률 일부를 다음과 같이 개정한다.

제12조제1항제4호 중 "수도법 제12조 및 동법 제34조"를 "「수도법」 제17조 및 제50조"로, "동법 제36조 및 동법 제38조"를 "같은 법 제52조 및 제54조"로 한다.

〈57〉하천법 일부를 다음과 같이 개정한다.

제32조제1항제16호 중 "수도법 제36조"를 "「수도법」 제52조"로, "동법 제38조"를 "같은 법 제54조"로 한다.

〈58〉한강수계 상수원수질개선 및 주민지원 등에 관한 법률 일부를 다음과 같이 개정한다.

제2조제1호 중 "수도법 제3조제2호"를 "「수도법」 제3조제2호"로 하고, 같은 조 제2호 중 "수도법 제3조제11호"를 "「수도법」 제3조제11호"로, "수도법 제3조제19호"를 "「수도법」 제3조제21호"로 하며, 같은 조 제7호 중 "수도법 제5조"를 "「수도법」 제7조"로 한다.

제6조제1항 중 "수도법 제5조제3항 내지 제5항의"를 "「수도법」 제7조제3항부터 제5항까지의"로 한다.

제15조제1항제6호 중 "수도법 제12조 및 제33조의2"를 "「수도법」 제17조 및 제49조"로, "동법 제36조 및 제38조"를 "같은 법 제52조 및 제54조"로 한다.

제19조제8항 중 "수도법 제51조제2항 및 제3항"을 "「수도법」 제68조제2항 및 제3항"으로 하고, 같은 조 제9항 중 "수도법 제6조의2, 제6조의3 및 제7조"를 "「수도법」 제9조, 제10조 및 제11조"로 한다.

〈59〉한국가스공사법 일부를 다음과 같이 개정한다.

제16조의3제10호 중 “수도법 제36조 및 제38조”를 “「수도법」 제52조 및 제54조”로 한다.

〈60〉한국수자원공사법 일부를 다음과 같이 개정한다.

제18조제1항제2호 중 “수도법 제12조”를 “「수도법」 제17조”로, “동법 제33조의2”를 “같은 법 제49조”로 한다.

제21조 중 “수도법 제12조, 동법 제33조의2 및 동법 제34조”를 “「수도법」 제17조, 제49조 및 제50조”로 한다.

〈61〉한국토지공사법 일부를 다음과 같이 개정한다.

제19조제1항제2호 중 “수도법 제12조 및 동법 제33조의2”를 “「수도법」 제17조 및 제49조”로 한다.

〈62〉항공법 일부를 다음과 같이 개정한다.

제96조제1항제13호를 다음과 같이 한다.

13. 「수도법」 제52조 및 제54조에 따른 전용수도설치의 인가

〈63〉항만공사법 일부를 다음과 같이 개정한다.

제23조제1항제2호를 다음과 같이 한다.

2. 「수도법」 제17조 및 제49조에 따른 수도사업의 인가, 같은 법 제52조 및 제54조에 따른 전용수도설치의 인가

〈64〉화물유통촉진법 일부를 다음과 같이 개정한다.

제37조제1항제6호를 다음과 같이 한다.

6. 「수도법」 제17조 및 제49조에 따른 수도사업의 인가, 같은 법 제52조 및 제54조에 따른 전용수도설치의 인가

〈65〉환경관리공단법 일부를 다음과 같이 개정한다.

제16조의3제8호 중 “수도법 제36조 및 제38조”를 “「수도법」 제52조 및 제54조”로 한다.

〈66〉환경범죄의단속에관한특별조치법 일부를 다음과 같이 개정한다.

제2조제7호마목 중 “수도법 제5조”를 “「수도법」 제7조”로 한다.

제4조제2항 중 “수도법 제5조제4항”을 “「수도법」 제7조제4항”으로 한다.

제20조 (다른 법령과의 관계) 이 법 시행 당시 다른 법령에서 종전의 「수도법」 또는 그 규정을 인용한 경우에 이 법 가운데 그에 해당하는 규정이 있으면 종전의 규정을 갈음하여 이 법 또는 이 법의 해당 규정을 인용한 것으로 본다.

부칙 〈제8466호, 2007. 5. 17.〉 (수질 및 수생태계 보전에 관한 법률)

제1조 (시행일) 이 법은 공포 후 6개월이 경과한 날부터 시행한다.

제2조 및 제3조 생략

제4조 (다른 법률의 개정) ①부터 ㉑까지 생략

㉒수도법 일부를 다음과 같이 개정한다.

제7조제3항제1호 중 "「수질환경보전법」"을 "「수질 및 수생태계 보전에 관한 법률」"로 한다.

㉓부터 〈55〉까지 생략

제5조 생략

부칙 〈제8805호, 2007. 12. 27.〉

이 법은 공포 후 6개월이 경과한 날부터 시행한다.

부칙 〈제8819호, 2007. 12. 27.〉 (공유수면관리법)

제1조 (시행일) 이 법은 공포 후 6개월이 경과한 날부터 시행한다. 〈단서 생략〉

제2조 부터 제7조까지 생략

제8조 (다른 법률의 개정) ① 부터 ⑮ 까지 생략

⑯ 수도법 일부를 다음과 같이 개정한다.

제46조제1항제2호 중 "인가"를 "승인"으로 한다.

⑰ 부터 ㊸ 까지 생략

제9조 생략

부칙 〈제8820호, 2007. 12. 27.〉 (공유수면매립법)

제1조 (시행일) 이 법은 공포 후 6개월이 경과한 날부터 시행한다. 〈단서 생략〉

제2조 부터 제7조까지 생략

제8조 (다른 법률의 개정) ① 부터 ⑮ 까지 생략

⑯ 수도법 일부를 다음과 같이 개정한다.

제46조제1항제3호 중 "실시계획의 인가"를 "실시계획의 승인"으로 한다.

⑰ 부터 ㊴ 까지 생략

제9조 생략

부칙 〈제8852호, 2008. 2. 29.〉 (정부조직법)
제1조 (시행일) 이 법은 공포한 날부터 시행한다. 다만, ···〈생략〉···, 부칙 제6조에 따라 개정되는 법률 중 이 법의 시행 전에 공포되었으나 시행일이 도래하지 아니한 법률을 개정한 부분은 각각 해당 법률의 시행일부터 시행한다.
제2조 부터 제5조까지 생략
제6조 (다른 법률의 개정) ① 부터 〈507〉 까지 생략
〈508〉 수도법 일부를 다음과 같이 개정한다.
제3조제7호 전단, 제4조제1항 각 호 외의 부분·제1호·제2항 전단·제3항 전단·제4항·제5항·제8항 전단 및 후단·제9항, 제5조제5항, 제6조제1항 전단, 제17조제1항 전단·제2항 전단 및 후단·제3항·제4항, 제38조제1항 본문, 제43조제1항·제2항·제3항 본문 및 단서·제4항 전단, 제49조 전단, 제78조, 제79조 각 호 외의 부분, 제87조제4항 중 "건설교통부장관"을 각각 "국토해양부장관"으로 한다.
제11조제3항 및 제43조제3항 본문 중 "행정자치부장관"을 각각 "행정안전부장관"으로 한다.
〈509〉 부터 〈760〉 까지 생략
제7조 생략

부칙 〈제8976호, 2008. 3. 21.〉 (도로법)
제1조 (시행일) 이 법은 공포한 날부터 시행한다. 〈단서 생략〉
제2조 부터 제8조까지 생략
제9조 (다른 법률의 개정) ① 부터 ㊺ 까지 생략
㊻ 수도법 일부를 다음과 같이 개정한다.
제46조제1항제5호 중 "제40조"를 "제38조"로 한다.
㊼ 부터 〈99〉 까지 생략
제10조 생략

부칙 〈제9401호, 2009. 1. 30.〉 (국유재산법)
제1조(시행일) 이 법은 공포 후 6개월이 경과한 날부터 시행한다.

〈단서 생략〉
제2조 부터 제9조까지 생략
제10조(다른 법률의 개정) ① 부터 ㊼ 까지 생략
㊽ 수도법 일부를 다음과 같이 개정한다.
제77조 중 “잡종재산”을 “일반재산”으로, “「국유재산법」 제33조”를 “「국유재산법」 제43조”로 한다.
㊾ 부터 〈86〉 까지 생략
제11조 생략

부칙 〈제9774호, 2009. 6. 9.〉 (측량·수로조사 및 지적에 관한 법률)
제1조(시행일) 이 법은 공포 후 6개월이 경과한 날부터 시행한다.
제2조 부터 제17조까지 생략
제18조(다른 법률의 개정) ① 부터 ㉕ 까지 생략
㉖ 수도법 일부를 다음과 같이 개정한다.
제46조제1항제10호를 다음과 같이 한다.
10. 「측량·수로조사 및 지적에 관한 법률」 제15조제3항에 따른 지도등의 간행 심사
㉗ 부터 ㊹ 까지 생략
제19조 생략

부칙 〈제10272호, 2010. 4. 15.〉 (공유수면 관리 및 매립에 관한 법률)
제1조(시행일) 이 법은 공포 후 6개월이 경과한 날부터 시행한다.
제2조 부터 제12조까지 생략
제13조(다른 법률의 개정) ① 부터 ㉗ 까지 생략
㉘ 수도법 일부를 다음과 같이 개정한다.
제46조제1항제2호를 다음과 같이 하고, 같은 항 제3호를 삭제한다.
2. 「공유수면 관리 및 매립에 관한 법률」 제8조에 따른 공유수면의 점용·사용허가, 같은 법 제17조에 따른 점용·사용 실시계획의 승인 또는 신고, 같은 법 제28조에 따른 공유수면의 매립면허, 같은 법 제35조에 따른 국가 등이 시행하는 매립의 협의 또는 승인 및 같은 법 제38조에 따른 공유수면매립실시계획의 승인

㉙ 부터 〈75〉 까지 생략
제14조 생략

부칙 〈제10317호, 2010. 5. 25.〉

제1조(시행일) 이 법은 공포한 날부터 시행한다. 다만, 제2조제6항, 제23조제1항 및 같은 조 제5항부터 제7항까지, 제30조제2항부터 제4항까지, 제38조제3항, 제39조제3항의 개정규정은 공포 후 3개월이 경과한 날부터 시행하고, 제7조의2, 제87조제1항제1호의 개정규정은 공포 후 6개월이 경과한 날부터 시행하며, 제14조, 제14조의2, 제16조, 제18조제2항, 제53조, 제66조제1항, 제79조제1호, 제83조제1호의2부터 제1호의4까지, 제87조제2항제1호·제2호, 제87조제3항제3호의2부터 제3호의4까지의 개정규정은 공포 후 1년이 경과한 날부터 시행한다.
제2조(빗물이용시설의 설치에 관한 적용례) 제16조제1항의 개정규정은 같은 개정규정 시행 후 최초로 건축허가를 받는 것부터 적용한다.
제3조(수도용 자재와 제품의 인증에 관한 경과조치) 제14조의 개정규정 시행 전에 제조 또는 수입된 수도용 자재 및 제품은 같은 개정규정에도 불구하고 같은 개정규정의 시행일부터 6개월이 되는 날까지는 공급·판매하거나 사용할 수 있다.
제4조(수도관리위탁심의위원회에 관한 경과조치) 이 법 시행 전에 설치된 위탁심의위원회는 이 법에 따라 설치된 수도관리위탁심의위원회로 본다.
제5조(벌칙에 관한 경과조치) 이 법 시행 전의 행위에 대하여 벌칙을 적용할 때에는 종전의 규정에 따른다.

부칙 〈제10331호, 2010. 5. 31.〉 (산지관리법)

제1조(시행일) 이 법은 공포 후 6개월이 경과한 날부터 시행한다. 〈단서 생략〉
제2조 부터 제11조까지 생략
제12조(다른 법률의 개정) ① 부터 ㊸ 까지 생략
㊹ 수도법 일부를 다음과 같이 개정한다.
제46조제1항제7호 본문 중 "산지전용신고"를 "산지전용신고, 같은 법 제15조의2에 따른 산지일시사용허가·신고"로 한다.

㊺ 부터 〈89〉 까지 생략
제13조 생략

부칙 〈제10359호, 2010. 6. 8.〉 (물의 재이용 촉진 및 지원에 관한 법률)
제1조(시행일) 이 법은 공포 후 1년이 경과한 날부터 시행한다.
제2조 부터 제6조까지 생략
제7조(다른 법률의 개정) ① 수도법 일부를 다음과 같이 개정한다.
제3조제16호, 제4조제7항제9호, 제5조제2항제11호, 제16조 및 제87조제1항제2호 · 제3항제3호를 각각 삭제한다.
제6조제2항제3호 중 "중수도 및 절수 설비"를 "절수 설비"로 한다.
② 및 ③ 생략
제8조 생략

부칙 〈제10599호, 2011. 4. 14.〉 (국토의 계획 및 이용에 관한 법률)
제1조(시행일) 이 법은 공포 후 1년이 경과한 날부터 시행한다. 〈단서 생략〉
제2조 부터 제7조까지 생략
제8조(다른 법률의 개정) ①부터 ㊵까지 생략
㊶ 수도법 일부를 다음과 같이 개정한다.
제4조제4항 중 "도시기본계획"을 "도시 · 군기본계획"으로 한다.
제61조제2항 후단 중 "도시계획시설사업의 시행자"는 "도시 · 군계획시설사업의 시행자"로 한다.
㊷부터 〈83〉까지 생략
제9조 생략

부칙 〈제10976호, 2011. 7. 28.〉
제1조(시행일) 이 법은 공포 후 6개월이 경과한 날부터 시행한다.
제2조(마을상수도 및 소규모급수시설에 관한 경과조치) ① 이 법 시행 전에 구청장 또는 광역시의 군수의 인가 또는 변경인가를 받은 마을상수도는 이 법에 따라 특별시장 또는 광역시장의 인가 또는 변경인가를 받은 것으로 본다.

② 이 법 시행 전에 구청장 또는 광역시의 군수가 지정한 소규모 급수시설은 이 법에 따라 특별시장 또는 광역시장의 지정을 받은 것으로 본다.

부칙 〈제11020호, 2011. 8. 4.〉 (산업입지 및 개발에 관한 법률)

제1조(시행일) 이 법은 공포한 날부터 시행한다. 〈단서 생략〉

제2조 부터 제9조까지 생략

제10조(다른 법률의 개정) ①부터 ⑭까지 생략

⑮ 수도법 일부를 다음과 같이 개정한다.

제48조 중 "「산업입지 및 개발에 관한 법률」 제2조제5호"를 "「산업입지 및 개발에 관한 법률」 제2조제8호"로 한다.

⑯부터 ㉕까지 생략

제11조 생략

부칙 〈제11085호, 2011. 11. 14.〉

제1조(시행일) 이 법은 공포 후 6개월이 경과한 날부터 시행한다. 다만, 특별자치시와 특별자치시장에 관한 개정규정은 2012년 7월 1일부터 시행한다.

제2조(절수설비 등의 설치에 관한 경과조치) 이 법 시행 당시 「체육시설의 설치·이용에 관한 법률」 제10조제1항에 따른 체육시설업(골프장업을 제외한다)을 영위하는 자와 「공중화장실 등에 관한 법률」 제2조제1호에 따른 공중화장실을 설치한 자는 이 법 시행 후 1년 이내에 제15조제2항의 개정규정에 따라 절수설비 및 절수기기를 설치하여야 한다.

부칙 〈제11690호, 2013. 3. 23.〉 (정부조직법)

제1조(시행일) ① 이 법은 공포한 날부터 시행한다.

② 생략

제2조 부터 제5조까지 생략

제6조(다른 법률의 개정) ①부터 〈500〉까지 생략

〈501〉 수도법 일부를 다음과 같이 개정한다.

제3조제1호 단서 중 "농림수산식품부장관"을 "농림축산식품부장관

또는 해양수산부장관"으로 한다.

제3조제7호 전단, 제4조제1항 각 호 외의 부분, 같은 항 제1호, 같은 조 제2항 전단, 같은 조 제3항 전단, 같은 조 제4항 · 제5항, 같은 조 제8항 전단 · 후단, 같은 조 제9항, 제5조제5항, 제6조제1항 전단, 제17조제1항 각 호 외의 부분 전단, 같은 항 제1호 · 제2호, 같은 조 제2항 전단 · 후단, 같은 조 제4항, 제43조제1항 · 제2항, 같은 조 제3항 본문 · 단서, 같은 조 제4항 전단, 제49조제1항 각 호 외의 부분 전단, 같은 항 제1호, 같은 조 제2항, 제78조제1항 · 제2항, 제79조 각 호 외의 부분 및 제87조제4항 중 "국토해양부장관"을 각각 "국토교통부장관"으로 한다.

제11조제3항 및 제43조제3항 본문 중 "행정안전부장관"을 각각 "안전행정부장관"으로 한다.

〈502〉부터 〈710〉까지 생략

제7조 생략

부칙 〈제11862호, 2013. 6. 4.〉 (화학물질관리법)

제1조(시행일) 이 법은 2015년 1월 1일부터 시행한다.

제2조 부터 제10조까지 생략

제11조(다른 법률의 개정) ①부터 ㉑까지 생략

㉒ 수도법 일부를 다음과 같이 개정한다.

제7조제3항제1호 중 "「유해화학물질 관리법」 제2조제8호에 따른 유해화학물질"을 "「화학물질관리법」 제2조제7호에 따른 유해화학물질"로 한다.

㉓부터 ㉙까지 생략

제12조 생략

부칙 〈제12141호, 2013. 12. 30.〉

제1조(시행일) 이 법은 공포 후 6개월이 경과한 날부터 시행한다.

제2조(상수원보호구역 수질관리계획 수립에 관한 적용례) 특별자치시장 · 특별자치도지사 · 시장 · 군수 · 구청장은 이 법 시행 후 1년 이내에 제8조의2의 개정규정에 따른 최초의 수질관리계획을 수립하여야 한다.

제3조(인증의 제한기간에 관한 적용례) 제14조의2제2항제2호의 개

정규정은 이 법 시행 후 인증이 취소된 경우부터 적용한다.
제4조(수도시설 기술진단에 관한 적용례) 제74조제3항의 개정규정은 이 법 시행 후 기술진단을 실시하는 경우부터 적용한다.

부칙 〈제12248호, 2014. 1. 14.〉 (도로법)
제1조(시행일) 이 법은 공포 후 6개월이 경과한 날부터 시행한다.
제2조 부터 제23조까지 생략
제24조(다른 법률의 개정) ①부터 〈62〉까지 생략
〈63〉 수도법 일부를 다음과 같이 개정한다.
제46조제1항제5호 중 "「도로법」 제34조"를 "「도로법」 제36조"로 하고, "같은 법 제38조"를 "같은 법 제61조"로 한다.
〈64〉부터 〈126〉까지 생략
제25조 생략

부칙 〈제12518호, 2014. 3. 24.〉
이 법은 공포한 날부터 시행한다. 다만, 제7조의3의 개정규정은 공포 후 1년이 경과한 날부터 시행한다.

부칙 〈제12738호, 2014. 6. 3.〉 (공간정보의 구축 및 관리 등에 관한 법률)
제1조(시행일) 이 법은 공포 후 1년이 경과한 날부터 시행한다. 〈단서 생략〉
제2조(다른 법률의 개정) ①부터 ㊳까지 생략
㊴ 수도법 일부를 다음과 같이 개정한다.
제46조제1항제10호 중 "「측량·수로조사 및 지적에 관한 법률」 제15조제3항"을 "「공간정보의 구축 및 관리 등에 관한 법률」 제15조제3항"으로 한다.
㊵부터 〈65〉까지 생략
제3조 생략

부칙 〈제12844호, 2014. 11. 19.〉 (정부조직법)
제1조(시행일) 이 법은 공포한 날부터 시행한다. 다만, 부칙 제6조에 따라 개정되는 법률 중 이 법 시행 전에 공포되었으나 시행일이

도래하지 아니한 법률을 개정한 부분은 각각 해당 법률의 시행일부터 시행한다.
제2조 부터 제5조까지 생략
제6조(다른 법률의 개정) ①부터 〈200〉까지 생략
〈201〉 수도법 일부를 다음과 같이 개정한다.
제11조제3항 및 제43조제3항 본문 중 "안전행정부장관"을 각각 "행정자치부장관"으로 한다.
〈202〉부터 〈258〉까지 생략
제7조 생략

부칙 〈제13166호, 2015. 2. 3.〉
제1조(시행일) 이 법은 공포한 날부터 시행한다.
제2조(금치산자의 결격사유에 관한 경과조치) 제24조제2항제1호의 개정규정에 따른 피성년후견인에는 법률 제10429호 민법 일부개정법률 부칙 제2조에 따라 금치산 선고의 효력이 유지되는 사람을 포함하는 것으로 본다.

부칙 〈제13529호, 2015. 12. 1.〉
이 법은 공포 후 6개월이 경과한 날부터 시행한다.

부칙 〈제13878호, 2016. 1. 27.〉
제1조(시행일) 이 법은 공포 후 6개월이 경과한 날부터 시행한다. 다만, 제24조의2의 개정규정은 공포한 날부터 시행한다.
제2조(시험부정행위자에 대한 조치에 관한 적용례) 제24조의2의 개정규정은 같은 개정규정 시행 후 최초로 정수시설운영관리사 시험을 실시하는 경우부터 적용한다.
제3조(법률 제13805호 주택법 전부개정법률 시행에 따른 경과조치) 제33조제2항 및 같은 조 제3항제2호의 개정규정 중 "제2조제3호"는 2016년 8월 11일까지는 "제2조제2호"로 본다.

부칙 〈제14532호, 2017. 1. 17.〉 (물환경보전법)
제1조(시행일) 이 법은 공포 후 1년이 경과한 날부터 시행한다. 다만, 부칙 제6조에 따라 개정되는 법률 중 이 법 시행 전에 공포되

었으나 시행일이 도래하지 아니한 법률을 개정한 부분은 각각 해당 법률의 시행일부터 시행한다.
제2조 부터 제5조까지 생략
제6조(다른 법률의 개정) ①부터 ㊺까지 생략
㊻ 수도법 일부를 다음과 같이 개정한다.
제7조제3항제1호 중 "「수질 및 수생태계 보전에 관한 법률」 제2조제7호 및 제8호"를 "「물환경보전법」 제2조제7호 및 제8호"로 한다.
㊼부터 〈89〉까지 생략
제7조 생략

부칙 〈제14839호, 2017. 7. 26.〉 (정부조직법)
제1조(시행일) ① 이 법은 공포한 날부터 시행한다. 다만, 부칙 제5조에 따라 개정되는 법률 중 이 법 시행 전에 공포되었으나 시행일이 도래하지 아니한 법률을 개정한 부분은 각각 해당 법률의 시행일부터 시행한다.
제2조 부터 제4조까지 생략
제5조(다른 법률의 개정) ①부터 〈191〉까지 생략
〈192〉 수도법 일부를 다음과 같이 개정한다.
제11조제3항 및 제43조제3항 본문 중 "행정자치부장관"을 각각 "행정안전부장관"으로 한다.
〈193〉부터 〈382〉까지 생략
제6조 생략

부칙 〈제15193호, 2017. 12. 12.〉
제1조(시행일) 이 법은 공포 후 6개월이 경과한 날부터 시행한다. 다만, 제60조의2 및 제60조의3 개정규정은 공포 후 1년이 경과한 날부터 시행한다.
제2조(토지의 지하부분 사용의 보상에 관한 적용례) 제60조의2의 개정규정은 같은 개정규정 시행 후 최초로 수도시설 설치를 위하여 다른 자의 토지의 지하부분을 사용하는 경우부터 적용한다.
제3조(구분지상권의 존속기간에 관한 적용례) 제60조의3제4항의 개정규정은 같은 개정규정 시행 후 최초로 수도시설을 설치하기 위하여 다른 자의 토지의 지하부분 사용에 관한 구분지상권을 설정하거

나 이전하는 경우부터 적용한다.

부칙 〈제15624호, 2018. 6. 8.〉 (정부조직법)

제1조(시행일) 이 법은 공포한 날부터 시행한다. 다만, 부칙 제4조에 따라 개정되는 법률 중 이 법 시행 전에 공포되었으나 시행일이 도래하지 아니한 법률을 개정한 부분은 각각 해당 법률의 시행일부터 시행한다.

제2조 및 제3조 생략

제4조(다른 법률의 개정) ①부터 ⑤까지 생략

⑥ 수도법 일부를 다음과 같이 개정한다.

제3조제7호 전단, 제4조제1항 각 호 외의 부분, 같은 항 제1호 및 같은 조 제2항 전단 중 "국토교통부장관"을 각각 "환경부장관"으로 한다.

제4조제3항 전단 중 "일반수도는 환경부장관의 승인을, 공업용수도는 국토교통부장관의 승인을 각각"을 "환경부장관의 승인을"로 하고, 같은 조 제4항 중 "국토교통부장관"을 "환경부장관"으로 하며, 같은 조 제5항을 다음과 같이 한다

⑤ 환경부장관 또는 특별시장·광역시장·특별자치시장·특별자치도지사·시장·군수(광역시의 군수는 제외한다)가 제1항부터 제3항까지의 규정에 따라 수도정비기본계획을 수립하거나 변경하면 지체 없이 고시하고, 특별시장·광역시장·특별자치시장·특별자치도지사·시장·군수(광역시의 군수는 제외한다)는 그 내용을 환경부장관에게 통보하여야 한다.

제4조제8항을 삭제하고, 같은 조 제9항 중 "국토교통부장관"을 "환경부장관"으로 한다.

제5조제5항 중 "국토교통부장관 또는 특별시장·광역시장·특별자치시장·특별자치도지사·시장·군수(광역시의 군수는 제외한다)"를 "특별시장·광역시장·특별자치시장·특별자치도지사·시장·군수(광역시의 군수는 제외한다)"로 한다.

제6조제1항 전단 중 "받아야 하며, 환경부장관은 종합계획을 승인하기 전에 국토교통부장관과 협의하여야 한다"를 "받아야 한다"로 한다.

제17조제1항 각 호 외의 부분 전단 중 "환경부장관, 국토교통부

장관"을 "환경부장관"으로 하고, 같은 항 제1호를 다음과 같이 하며, 같은 항 제2호를 삭제한다.

1. 지방자치단체가 설치하는 광역상수도 및 지방상수도(제3호 및 제4호에 해당하는 광역상수도와 지방상수도는 제외한다)와 지방자치단체가 설치하는 광역상수도 외의 광역상수도: 환경부장관

제17조제2항을 다음과 같이 하고, 같은 조 제4항을 삭제한다.

② 시ㆍ도지사가 제1항제3호 또는 제4호에 따른 인가를 하려면 환경부장관과 미리 협의하여야 한다.

제43조제1항 및 제2항 중 "환경부장관이나 국토교통부장관"을 각각 "환경부장관"으로 하고, 같은 조 제3항 본문 중 "환경부장관이나 국토교통부장관"을 "환경부장관"으로 하며, 같은 조 제3항 단서 및 같은 조 제4항 전단 중 "국토교통부장관"을 각각 "환경부장관"으로 한다.

제49조제1항 각 호 외의 부분 전단 및 같은 항 제1호 중 "국토교통부장관"을 각각 "환경부장관"으로 하고, 같은 조 제2항을 다음과 같이 한다.

② 시ㆍ도지사가 제1항제2호에 따른 인가를 하려면 환경부장관과 미리 협의하여야 한다.

제78조제1항 중 "환경부장관 또는 국토교통부장관"을 "환경부장관"으로, "시ㆍ도지사, 지방환경관서의 장 또는 지방국토관리청장"을 "시ㆍ도지사 또는 지방환경관서의 장"으로 하고, 같은 조 제2항 중 "환경부장관 또는 국토교통부장관"을 "환경부장관"으로 한다.

제79조 각 호 외의 부분 및 제87조제5항 중 "환경부장관, 국토교통부장관"을 각각 "환경부장관"으로 한다.

⑦부터 ⑩까지 생략

제5조 생략

부칙 〈제16082호, 2018. 12. 24.〉

이 법은 공포 후 6개월이 경과한 날부터 시행한다.

부칙 〈제16607호, 2019. 11. 26.〉

제1조(시행일) 이 법은 공포 후 1년이 경과한 날부터 시행한다. 다만, 제7조제5항ㆍ제6항, 제21조제8항, 제24조제2항제3호부터 제5

호까지, 제34조제2항부터 제4항까지, 제78조제2항 및 제87조제4항 제6호의 개정규정은 공포한 날부터 시행하고, 제3조제30호의 개정규정은 공포 후 6개월이 경과한 날부터 시행한다.
제2조(수도정비기본계획의 수립에 관한 적용례) 제4조제7항제15호의 개정규정은 이 법 시행 이후 수도정비기본계획을 수립하는 경우부터 적용한다.
제3조(기술진단에 관한 적용례) 제74조제4항의 개정규정은 이 법 시행 이후 기술진단을 실시하는 경우부터 적용한다.
제4조(기술진단 결과의 평가에 관한 적용례) 제74조의2의 개정규정은 이 법 시행 이후 실시한 기술진단을 대상으로 평가하는 경우부터 적용한다.
제5조(검사기관 지정에 관한 경과조치) 이 법 시행 전에 종전의 규정에 따라 검사기관으로 지정된 자는 제14조의3의 개정규정에 따라 검사기관으로 지정된 것으로 본다. 다만, 이 법 시행 이후 1년이 경과한 날까지 제14조의3의 개정규정에 따른 기준을 갖추어 검사기관으로 다시 지정받아야 한다.
제6조(다른 법률의 개정) ① 폐교재산의 활용촉진을 위한 특별법 일부를 다음과 같이 개정한다.
제10조 중 "「수도법」 제7조제5항"을 "「수도법」 제7조제6항"으로 한다.
② 한강수계 상수원수질개선 및 주민지원 등에 관한 법률 일부를 다음과 같이 개정한다.
제6조 중 "「수도법」 제7조제3항브터 제5항까지"를 "「수도법」 제7조제3항부터 제6항까지"로 한다.

부칙 〈제17178호, 2020. 3. 31.〉
제1조(시행일) 이 법은 공포 후 1년이 경과한 날부터 시행한다. 다만, 제4조제7항, 제5조제2항, 제29조의2 및 제74조의4의 개정규정은 공포 후 6개월이 경과한 날부터 시행한다.
제2조(제74조의4의 개정규정에 관한 경과조치) 제74조의4의 개정규정은 2020년 11월 26일까지는 제74조의3으로 본다.
제3조(다른 법률의 개정) 물관리기술 발전 및 물산업 진흥에 관한 법률 일부를 다음과 같이 개정한다.

제2조제2호라목 중 “제3조제32호”를 “제3조제33호”로 한다.

부칙 〈제17326호, 2020. 5. 26.〉 (법률용어 정비를 위한 환경노동위원회 소관 65개 법률 일부개정을 위한 법률)

이 법은 공포한 날부터 시행한다. 다만, 다음 각 호의 사항은 그 구분에 따른 날부터 시행한다.

1. 및 2. 생략

3. 제17조 중 법률 제16607호 수도법 일부개정법률 제14조의8 제1항의 개정 부분: 2020년 11월 27일

4.부터 6.까지 생략

부칙 〈제18284호, 2021. 6. 15.〉 (댐건설·관리 및 주변지역지원 등에 관한 법률)

제1조(시행일) 이 법은 공포 후 1년이 경과한 날부터 시행한다. 〈단서 생략〉

제2조 및 제3조 생략

제4조(다른 법률의 개정) ①부터 ⑨까지 생략

⑩ 수도법 일부를 다음과 같이 개정한다.

제76조 전단 및 후단 중 “「댐건설 및 주변지역지원 등에 관한 법률」”을 각각 “「댐건설·관리 및 주변지역지원 등에 관한 법률」”로 한다.

⑪부터 ㉑까지 생략

제5조 생략

부칙 〈제18310호, 2021. 7. 20.〉 (공간정보의 구축 및 관리 등에 관한 법률)

제1조(시행일) 이 법은 공포 후 1년이 경과한 날부터 시행한다.

제2조(다른 법률의 개정) ①부터 ⑱까지 생략

⑲ 수도법 일부를 다음과 같이 개정한다.

제46조제1항제10호 중 “제15조제3항”을 “제15조제4항”으로 한다.

⑳부터 ㉛까지 생략

부칙 〈제18419호, 2021. 8. 17.〉

제1조(시행일) 이 법은 공포 후 6개월이 경과한 날부터 시행한다.

제2조(절수설비의 절수등급 표시에 관한 적용례) 제15조제4항의 개정규정은 이 법 시행 이후 절수설비를 제조하거나 수입하는 경우부터 적용한다.

부칙 〈제18750호, 2022. 1. 11.〉

제1조(시행일) 이 법은 공포한 날부터 시행한다. 다만, 제4조, 제5조, 제48조 및 제77조의2의 개정규정은 공포 후 6개월이 경과한 날부터 시행한다.

제2조(가산금에 관한 적용례) 제68조제1항의 개정규정은 이 법 시행 이후 수돗물의 요금, 급수설비에 관한 공사의 비용 또는 제71조에 따른 원인자부담금을 부과하는 경우부터 적용한다.

제3조(국유재산의 무상사용에 관한 적용례) 제77조의2의 개정규정은 같은 개정규정 시행 이후 무상사용을 허가하거나 갱신하는 경우부터 적용한다.

제4조(전국수도종합계획 및 광역상수도·공업용수도 수도정비기본계획에 관한 경과조치) 이 법 시행 당시 종전의 규정에 따라 환경부장관이 수립하여 시행 중인 전국수도종합계획 및 광역상수도·공업용수도 수도정비기본계획은 제4조의 개정규정에 따른 국가수도기본계획으로 본다.

제5조(일반수도·공업용수도 수도정비기본계획에 관한 경과조치) 이 법 시행 당시 종전의 규정에 따라 지방자치단체의 장이 수립하여 시행 중인 수도정비기본계획은 제5조의 개정규정에 따른 수도정비계획으로 본다.

제6조(다른 법률의 개정) ① 2018 평창 동계올림픽대회 및 동계패럴림픽대회 지원 등에 관한 특별법 일부를 다음과 같이 개정한다.

제44조제8호 중 "제4조에 따른 수도정비기본계획"을 "제5조에 따른 수도정비계획"으로 한다.

② 경제자유구역의 지정 및 운영에 관한 특별법 일부를 다음과 같이 개정한다.

제7조의2제10호 중 "제4조에 따른 수도정비기본계획"을 "제5조에 따른 수도정비계획"으로 한다.

③ 공공주택 특별법 일부를 다음과 같이 개정한다.

제20조 전단 중 “제4조에 따른 수도정비기본계획”을 “제5조에 따른 수도정비계획”으로 하고, 같은 조 후단 중 “수도정비기본계획”을 각각 “수도정비계획”으로 한다.

④ 공공폐자원관리시설의 설치·운영 및 주민지원 등에 관한 특별법 일부를 다음과 같이 개정한다.

제24조 중 “제4조에 따라 수도정비기본계획”을 “제5조에 따라 수도정비계획”으로 한다.

⑤ 규제자유특구 및 지역특화발전특구에 관한 규제특례법 일부를 다음과 같이 개정한다.

제105조 본문 중 “제4조에 따라 수도정비기본계획”을 “제5조에 따라 수도정비계획”으로 하고, 같은 조 단서 중 “수도정비기본계획”을 “수도정비계획”으로 한다.

⑥ 도청이전을 위한 도시건설 및 지원에 관한 특별법 일부를 다음과 같이 개정한다.

제16조제1항제24호 중 “제4조에 따른 수도정비기본계획”을 ‘제5조에 따른 수도정비계획”으로 한다.

⑦ 물의 재이용 촉진 및 지원에 관한 법률 일부를 다음과 같이 개정한다.

제5조제4항 중 “제5조에 따른 전국수도종합계획”을 “제4조에 따른 국가수도기본계획”으로 한다.

제6조제3항 중 “제4조에 따른 수도정비기본계획”을 “제5조에 따른 수도정비계획”으로 한다.

⑧ 민간임대주택에 관한 특별법 일부를 다음과 같이 개정한다.

제30조제3항 전단 중 “제4조에 따른 수도정비기본계획”을 “제5조에 따른 수도정비계획”으로 하고, 같은 항 후단 중 “수도정비기본계획”을 각각 “수도정비계획”으로 한다.

⑨ 산업단지 인·허가 절차 간소화를 위한 특례법 일부를 다음과 같이 개정한다.

제26조 중 “제4조에 따라 수도정비기본계획”을 “제5조에 따라 수도정비계획”으로 한다.

⑩ 새만금사업 추진 및 지원에 관한 특별법 일부를 다음과 같이 개정한다.

제10조제1항제8호 중 “제4조에 따른 수도정비기본계획”을 “제5조에 따른 수도정비계획”으로 한다.

⑪ 신행정수도 후속대책을 위한 연기·공주지역 행정중심복합도시 건설을 위한 특별법 일부를 다음과 같이 개정한다.

제63조의2제1항제1호 중 “제4조에 따른 수도정비기본계획”을 “제5조에 따른 수도정비계획”으로 한다.

⑫ 역사문화권 정비 등에 관한 특별법 일부를 다음과 같이 개정한다.

제17조제6항제12호 중 “제4조에 따른 수도정비기본계획”을 “제5조에 따른 수도정비계획”으로 한다.

⑬ 태권도 진흥 및 태권도공원 조성 등에 관한 법률 일부를 다음과 같이 개정한다.

제15조제1항제4호 중 “제4조에 따른 수도정비기본계획”을 “제5조에 따른 수도정비계획”으로 한다.

⑭ 해양산업클러스터의 지정 및 육성 등에 관한 특별법 일부를 다음과 같이 개정한다.

제13조제6호 중 “제4조에 따른 수도정비기본계획”을 “제5조에 따른 수도정비계획”으로 한다.

부칙 〈제19045호, 2022. 11. 15.〉 (건축법)

제1조(시행일) 이 법은 공포 후 6개월이 경과한 날부터 시행한다.

제2조(다른 법률의 개정) ① 및 ② 생략

③ 수도법 일부를 다음과 같이 개정한다.

제33조제3항제8호 중 “교정 및 군사 시설”을 “교정(矯正)시설”로 하고, 같은 항 제9호를 제10호로 하며, 같은 항에 제9호를 다음과 같이 신설한다.

9. 국가나 지방자치단체가 설치하는 「건축법」 제2조제2항제24호에 따른 국방·군사시설 중 대통령령으로 정하는 시설

부칙 〈제19117호, 2022. 12. 27.〉 (산림자원의 조성 및 관리에 관한 법률)

제1조(시행일) 이 법은 공포 후 6개월이 경과한 날부터 시행한다.

제2조 생략

제3조(다른 법률의 개정) ①부터 〈55〉까지 생략

〈56〉 수도법 일부를 다음과 같이 개정한다.

제46조제1항제7호 본문 중 “「산림자원의 조성 및 관리에 관한 법률」 제36조제1항 · 제4항”을 “「산림자원의 조성 및 관리에 관한 법률」 제36조제1항 · 제5항”으로 한다.

〈57〉부터 〈98〉까지 생략

부칙 〈제19662호, 2023. 8. 16.〉

제1조(시행일) 이 법은 공포 후 1년이 경과한 날부터 시행한다. 다만, 제87조제3항제3호의4의 개정규정은 공포 후 2년이 경과한 날부터 시행한다.

제2조(정수시설운영관리사 자격시험에 관한 특례) 제24조의 개정규정에도 불구하고 종전의 규정에 의한 정수시설운영관리사 3급 자격시험은 공포 후 3년간 실시한다.

부칙 〈제20036호, 2024. 1. 16.〉

제1조(시행일) 이 법은 공포 후 6개월이 경과한 날부터 시행한다.

제2조(저수조의 설치 신고에 관한 경과조치) 이 법 시행 당시 저수조를 운영하고 있는 자는 이 법 시행 이후 1년 이내에 제33조제2항 본문의 개정규정에 따라 신고하여야 한다.

부칙 〈제20118호, 2024. 1. 23.〉

이 법은 공포 후 1년이 지난 날부터 시행한다.

부칙 〈제20172호, 2024. 1. 30.〉 (행정법제 혁신을 위한 금강수계 물관리 및 주민지원 등에 관한 법률 등 23개 법률의 일부개정에 관한 법률)

제1조(시행일) 이 법은 공포한 날부터 시행한다.

제2조(이의신청에 관한 적용례) 이의신청에 관한 개정규정은 이 법 시행 이후 하는 처분부터 적용한다.

제3조 부터 제5조까지 생략

제6조(「수도법」의 개정에 관한 적용례) 다른 법률에 따른 인 · 허가 등의 의제를 위한 행정청 간 협의기간 및 협의 간주에 관한 부분은

이 법 시행 이후 인·허가등의 의제에 관한 협의를 요청하는 경우부터 적용한다.
제7조 부터 제12조까지 생략

부칙 〈제20231호, 2024. 2. 6.〉 (화학물질관리법)
제1조(시행일) 이 법은 공포 후 1년 6개월이 경과한 날부터 시행한다. 〈단서 생략〉
제2조 부터 제4조까지 생략
제5조(다른 법률의 개정) ①부터 ⑪까지 생략
⑫ 수도법 일부를 다음과 같이 개정한다.
제7조제3항제1호 각 목 외의 부분 본문, 같은 호 가목·나목 중 "「화학물질관리법」 제2조제7호에 따른 유해화학물질"을 각각 "「화학물질관리법」 제2조제3호에 따른 허가물질, 같은 조 제4호에 따른 제한물질, 같은 조 제5호에 따른 금지물질 및 같은 조 제7호에 따른 유해화학물질"로 한다.
제7조제3항제1호나목 중 "유해화학물질이나 대체 유해화학물질"을 "허가물질, 제한물질, 금지물질 및 유해화학물질이나 그 대체물질"로 한다.
⑬부터 ㉛까지 생략
제6조 생략

부칙 〈제20385호, 2024. 3. 19.〉 (환경분쟁 조정 및 환경피해 구제 등에 관한 법률)
제1조(시행일) 이 법은 2025년 1월 1일부터 시행한다.
제2조 부터 제11조까지 생략
제12조(다른 법률의 개정) ①부터 ④까지 생략
⑤ 수도법 일부를 다음과 같이 개정한다.
제41조제3항 중 "「환경분쟁조정법」에 따른 관할 환경분쟁조정위원회"를 "「환경분쟁 조정 및 환경피해 구제 등에 관한 법률」에 따른 관할 환경분쟁조정피해구제위원회"로 한다.
⑥ 및 ⑦ 생략
제13조 생략

부칙 〈제20517호, 2024. 10. 22.〉

제1조(시행일) 이 법은 공포 후 6개월이 경과한 날부터 시행한다. 다만, 제24조제4항제1호 및 제25조의2제2항제1호의 개정규정은 공포한 날부터 시행한다.

제2조(정수시설운영관리사 및 상수도관망시설운영관리사의 결격사유에 관한 적용례) ① 제24조제4항제1호의 개정규정은 이 법 시행 이후 공고하는 정수시설운영관리사 자격시험 및 양성과정부터 적용한다. ② 제25조의2제2항제1호의 개정규정은 이 법 시행 이후 공고하는 상수도관망시설운영관리사 과정부터 적용한다.

제3조(다른 법률의 개정) ① 금강수계 물관리 및 주민지원 등에 관한 법률 일부를 다음과 같이 개정한다.

제2조제2호 중 "제3조제21호"를 "제3조제22호"로 한다.

② 낙동강수계 물관리 및 주민지원 등에 관한 법률 일부를 다음과 같이 개정한다.

제2조제2호 중 "제3조제21호"를 "제3조제22호"로 한다.

③ 녹색건축물 조성 지원법 일부를 다음과 같이 개정한다.

제10조제3항제5호 중 "제3조제21호"를 "제3조제22호"로 한다.

④ 물관리기술 발전 및 물산업 진흥에 관한 법률 일부를 다음과 같이 개정한다.

제2조제2호라목 중 "제3조제33호"를 "제3조제35호"로 한다.

⑤ 영산강·섬진강수계 물관리 및 주민지원 등에 관한 법률 일부를 다음과 같이 개정한다.

제2조제2호 중 "제3조제21호"를 "제3조제22호"로 한다.

⑥ 한강수계 상수원수질개선 및 주민지원 등에 관한 법률 일부를 다음과 같이 개정한다.

제2조제2호 중 "제3조제21호"를 "제3조제22호"로 한다.

⑦ 한국수자원공사법 일부를 다음과 같이 개정한다.

제4조제4항 중 "제3조제26호"를 "제3조제28호"로 한다.

부칙 〈제21065호, 2025. 10. 1.〉 (정부조직법)

제1조(시행일) 이 법은 공포한 날부터 시행한다. 다만, 부칙 제7조에 따라 개정되는 법률 중 이 법 시행 전에 공포되었으나 시행일이 도래하지 아니한 법률을 개정한 부분은 각각 해당 법률의 시행일부

터 · · · 〈생략〉 · · · 시행한다.

1. 및 2. 생략

제2조 부터 제6조까지 생략

제7조(다른 법률의 개정) ①부터 〈353〉까지 생략

〈354〉 수도법 일부를 다음과 같이 개정한다.

제3조제1호 단서, 같은 조 제7호 전단, 제4조제1항, 같은 조 제3항부터 제7항까지, 제5조제3항 전단, 같은 조 제5항, 제5조의2제1항 각 호 외의 부분 전단, 같은 항 제2호 본문, 같은 조 제2항 후단, 제6조제1항 전단, 같은 조 제3항 각 호 외의 부분 전단, 같은 조 제4항, 제7조제1항 · 제2항, 제7조의3제1항 각 호 외의 부분, 같은 조 제2항 전단, 제8조제3항, 제8조의2제2항 · 제3항, 제13조제2항, 제14조제1항 · 제4항 · 제6항 · 제7항, 제14조의2제1항 각 호 외의 부분 본문, 제14조의3제1항, 같은 조 제2항 각 호 외의 부분, 같은 조 제3항 · 제4항, 제14조의4제1항 각 호 외의 부분 본문, 같은 조 제2항, 제14조의5제1항 각 호 외의 부분, 같은 조 제2항 · 제3항, 제14조의6제1항 각 호 외의 부분, 같은 조 제2항, 같은 조 제3항 전단, 제14조의7제1항, 제14조의8제1항, 같은 조 제2항 본문, 제15조의2제1항 각 호 외의 부분, 같은 조 제2항, 제15조의3 각 호 외의 부분 본문, 제17조제1항 각 호 외의 부분 전단, 같은 항 제1호, 같은 조 제2항 · 제5항, 제21조의3제1항부터 제5항까지, 제21조의4제1항 각 호 외의 부분, 제21조의5제1항 각 호 외의 부분 본문, 제23조제2항 각 호 외의 부분, 제23조의2제1항부터 제3항까지, 제24조제1항 · 제5항 · 제9항, 제24조의2, 제25조제1항 각 호 외의 부분 본문, 제25조의2제1항 · 제3항 · 제6항, 제25조의3제1항 각 호 외의 부분 본문, 제26조제3항 전단 · 후단, 제26조의2제2항 · 제3항, 제28조제2항 각 호 외의 부분, 같은 조 제6항 · 제8항, 제28조의2제1항, 제29조제4항, 같은 조 제5항 전단, 제29조의2제1항, 같은 조 제2항 전단, 제30조제3항, 제33조의2제1항, 같은 조 제2항 각 호 외의 부분, 같은 조 제4항 · 제5항, 제33조의3제1항 각 호 외의 부분 본문, 같은 조 제2항, 제36조제1항 각 호 외의 부분, 같은 조 제3항, 제40조, 제41조제1항 단서, 제43조제1항 · 제2항, 같은 조 제3항 본문 · 단서, 같은 조 제4항 전단, 제47조제3항, 제49조제1항 각 호 외의 부분 전단, 같은 항 제1호, 같은 조 제2항, 제55조

제5항, 제58조, 제62조, 제64조제4항, 제73조제1항부터 제3항까지, 제74조의2제1항, 같은 조 제2항 전단, 같은 조 제3항, 제74조의3제1항부터 제3항까지, 제74조의4제1항부터 제3항까지, 제78조제1항, 같은 조 제2항 각 호 외의 부분, 제79조 각 호 외의 부분 및 제87조제5항 중 "환경부장관"을 각각 "기후에너지환경부장관"으로 한다.

제3조제33호·제34호, 제7조의2제2항, 같은 조 제3항 전단, 같은 조 제4항, 제7조의3제3항, 제8조제3항, 제14조제2항 각 호 외의 부분 단서, 같은 조 제7항, 같은 조 제8항 각 호 외의 부분, 제14조의2제1항 각 호 외의 부분 본문, 제14조의3제2항 각 호 외의 부분, 같은 조 제6항, 제14조의4제3항, 제15조제5항, 제15조의2제1항제3호, 제15조의3 각 호 외의 부분 본문, 제18조제3항 본문, 제21조제4항, 제21조의3제6항, 제21조의4제1항제4호, 같은 조 제2항·제4항, 제21조의5제3항, 제23조제2항 각 호 외의 부분, 제25조제2항, 제25조의2제6항, 제25조의3제2항, 제26조제2항, 제26조의2제2항·제3항, 제27조제2항, 제28조제1항 본문·단서, 같은 조 제3항·제4항, 같은 조 제5항 후단, 같은 조 제6항·제7항, 제28조의2제2항, 제29조제1항·제3항, 제30조제3항, 제31조제2항, 제32조제1항, 제33조제4항 각 호 외의 부분, 같은 조 제6항 본문, 제33조의2제2항 각 호 외의 부분, 같은 항 제1호·제3호, 같은 조 제4항·제5항·제7항, 제34조제1항 전단·후단, 제35조제2항, 제38조제3항 본문, 제47조제3항, 제55조제1항·제2항·제5항·제6항, 제74조제1항부터 제3항까지 및 제74조의2제4항 중 "환경부령"을 각각 "기후에너지환경부령"으로 한다.

〈355〉부터 〈626〉까지 생략

제8조 생략

수도법 시행령

[시행 2025. 10. 1.] [대통령령 제35804호, 2025. 10. 1., 타법개정]

**개정 예정 법률 밑줄 별도 표시.

수도법 시행령

[시행 2025. 10. 1.] [대통령령 제35804호, 2025. 10. 1., 타법개정]

제1조(목적) 이 영은 「수도법」에서 위임된 사항과 그 시행에 필요한 사항을 규정함을 목적으로 한다.

제1조의2(농어촌용수에 대한 원수 사용 협의절차) 「수도법」(이하 "법"이라 한다) 제3조제1호 단서에 따라 기후에너지환경부장관은 「농어촌정비법」 제2조제3호에 따른 농어촌용수를 원수(原水)로 사용할 필요가 있다고 인정되는 경우에는 관할 구역 일반수도사업자의 의견을 들은 후 즉시 농림축산식품부장관과 협의하여야 한다. 〈개정 2013. 3. 23., 2025. 10. 1.〉

[본조신설 2012. 5. 14.]

제2조(광역상수도의 범위) ①법 제3조제7호에 따라 국가가 설치할 수 있는 광역상수도의 범위는 다음 각 호와 같다. 〈개정 2012. 5. 14.〉

1. 수자원의 합리적인 이용과 배분을 위하여 다목적댐이나 용수 공급을 위한 댐 등을 취수원으로 하여 물을 공급하려는 경우
2. 직할하천의 수계를 변경하여 물을 공급하려는 경우
3. 「산업입지 및 개발에 관한 법률」 제2조에 따른 산업단지가 지정되어 있는 지방자치단체에 물을 공급하려는 경우
4. 둘 이상의 광역시나 도의 관할구역에 걸쳐 물을 공급하려는 경우

②법 제3조제7호에 따라 지방자치단체가 설치할 수 있는 광역상수도의 범위는 지방자치단체 간의 협의에 따라 수도시설을 공동으로 설치하여 물을 공급하려는 경우로 한다.

제3조(마을상수도의 설치) 법 제3조제9호에서 "대통령령으로 정하는 수도시설"이란 수도사업자인 지방자치단체 또는 상수도조합이 관할

구역 주민의 음용(飮用) 등에 제공하기 위하여 원수를 법 제26조제2항에 따른 수질기준에 맞게 처리할 수 있는 정수시설을 갖추어 운영하는 수도시설로서 기후에너지환경부장관이 정하는 기준에 맞는 수도시설을 말한다. 〈개정 2012. 5. 14., 2025. 4. 22., 2025. 10. 1.〉

제4조(전용상수도 및 전용공업용수도에 해당하지 아니하는 시설의 범위) 법 제3조제12호 단서 및 같은 조 제13호 단서에서 “일일 급수량과 시설의 규모가 대통령령으로 정하는 기준에 못 미치는 것”이란 각각 다음 각 호의 어느 하나에 해당하는 것을 말한다.

1. 일일 급수량이 20세제곱미터 미만인 것
2. 시설의 규모가 다음 각 목의 어느 하나에 해당하는 것

   가. 취수원부터 저수조까지의 수도관의 지름이 25밀리미터 미만인 것

   나. 취수원부터 저수조까지의 관로(管路)의 길이가 1천500미터 미만인 것

   다. 저수조의 유효용량이 100세제곱미터 미만인 것

[전문개정 2014. 6. 30.]

제5조(수도정비계획의 수립권자) 법 제5조제1항 단서에서 “대통령령으로 정하는 자”란 통합된 수도사업을 경영하는 특별시장 · 광역시장 · 특별자치시장 · 도지사 · 특별자치드지사(수도사업자가 아닌 특별자치도지사를 말한다), 시장 · 군수(광역시의 군수는 제외한다) 또는 상수도조합을 말한다.

[본조신설 2025. 4. 22.]

제6조(수도정비계획의 변경승인 사항) 법 제5조제3항 후단에서 “대통령령으로 정하는 중요한 사항”이란 다음 각 호의 사항을 말한다. 〈개정 2021. 3. 30., 2022. 7. 11.〉

1. 수도의 정비에 관한 기본방침
2. 수돗물의 중장기 수급에 관한 사항
3. 광역상수원 개발에 관한 사항
4. 수도공급구역에 관한 사항
5. 상수원의 확보 및 상수원보호구역의 지정 · 관리
6. 수도시설의 공급능력
7. 수도사업의 실시순위
8. 낡은 수도관의 세척 · 갱생 · 교체 등

9. 삭제 〈2011. 6. 8.〉

10. 광역상수도와 지방상수도를 연계하여 운영할 필요가 있는 지역의 통합급수구역에 관한 사항

[제목개정 2022. 7. 11.]

제7조(수도정비계획의 사전검토) 기후에너지환경부장관은 법 제5조제3항에 따라 같은 조 제1항에 따른 수도정비계획(이하 "수도정비계획"이라 한다)의 승인이나 변경승인을 하려는 경우에는 미리 「한국환경공단법」에 따른 한국환경공단(이하 "한국환경공단"이라 한다)이나 「한국수자원공사법」에 따른 한국수자원공사(이하 "한국수자원공사"라 한다)에 시설 규모의 적정성 등 기술적인 부분에 대한 검토를 의뢰하여 그 의견을 들을 수 있다. 〈개정 2009. 12. 24., 2010. 11. 26., 2022. 7. 11., 2025. 10. 1.〉

[제목개정 2022. 7. 11.]

제8조(수도정비계획 수립의 특례) ① 법 제5조제6항에서 "대통령령으로 정하는 도지사 또는 특별시장·광역시장·특별자치시장·특별자치도지사·시장·군수·상수도조합"이란 다음 각 호의 구분에 따른 특별시장·광역시장·특별자치시장·도지사·특별자치도지사(이하 이 조에서 "시·도지사"라 한다) 또는 시장·군수·상수도조합을 말한다. 다만, 수도사업 통합이 이루어진 경우에는 제5조에 따른 자를 말한다. 〈개정 2025. 4. 22.〉

1. 수도가 둘 이상의 특별시·광역시·특별자치시·시·군(광역시의 군은 제외한다)의 관할 구역에 걸치는 경우에는 해당 구역의 수도사업을 경영하는 시·도지사 또는 시장·군수·상수도조합이 협의하여 결정하는 시·도지사 또는 시장·군수·상수도조합

2. 수도가 서로 다른 도 또는 특별자치도의 관할 구역에 속하는 둘 이상의 시·군의 관할 구역에 걸치는 경우에는 제1호에도 불구하고 관계 도지사 또는 특별자치도지사가 협의하여 결정하는 도지사·특별자치도지사 또는 시장·군수·상수도조합

② 제1항 각 호에 따른 협의가 성립되지 않은 경우에는 다음 각 호의 구분에 따른 자가 수도정비계획을 수립한다. 〈개정 2022. 7. 11., 2025. 4. 22., 2025. 10. 1.〉

1. 협의의 당사자에 시·도지사가 포함된 경우에는 기후에너지환경부장관이 행정안전부장관과 협의하여 지정하는 시·도지사 또는

시장 · 군수 · 상수도조합

2. 협의의 당사자가 시장 · 군수 또는 상수도조합인 경우에는 도지사 또는 특별자치도지사가 지정하는 시장 · 군수 · 상수도조합

③ 제1항 또는 제2항에 따라 정하여진 자가 수도정비계획을 수립하거나 변경한 경우에는 지체 없이 그 내용을 고시하고, 기후에너지환경부장관에게 통보해야 한다. 〈개정 2022. 7. 11., 2025. 10. 1.〉

[제목개정 2022. 7. 11.]

제8조의2(수도사업 통합계획의 수립) ① 법 제5조의2제2항에 따른 통합계획은 관계 특별시장 · 광역시장 · 특별자치시장 · 도지사 · 특별자치도지사(수도사업자가 아닌 특별자치도지사를 말한다. 이하 이 조에서 같다)가 협의하여 결정하는 특별시장 · 광역시장 · 특별자치시장 · 도지사 · 특별자치도지사가 수립한다.

② 제1항에 따른 협의가 성립되지 않은 경우에는 기후에너지환경부장관이 행정안전부장관과 협의하여 지정하는 특별시장 · 광역시장 · 특별자치시장 · 도지사 · 특별자치드지사가 통합계획을 수립한다. 〈개정 2025. 10. 1.〉

③ 법 제5조의2제3항제6호에서 "대통령령으로 정하는 사항"이란 다음 각 호의 사항을 말한다.

1. 법 제5조의2제3항제4호에 따른 경영합리화 방안 및 같은 항 제5호에 따른 수도서비스 개선방안의 연도별 추진계획

2. 재원확보계획

3. 그 밖에 해당 특별시장 · 광역시장 · 특별자치시장 · 도지사 · 특별자치도지사가 수도사업 통합을 위하여 필요하다고 인정하는 사항

[본조신설 2025. 4. 22.]

제9조(물수요관리종합계획의 사전검토) 기후에너지환경부장관이 법 제6조제1항에 따라 특별시 · 광역시 · 특별자치시 · 도 · 특별자치도(이하 "시 · 도"라 한다)의 물수요관리종합계획을 승인하거나 변경승인을 하려는 경우에는 제7조를 준용한다. 〈개정 2012. 1. 26., 2012. 5. 14., 2025. 10. 1.〉

제10조(물수요관리시행계획에 포함될 그 밖의 사항) 법 제6조제2항제4호에서 "대통령령으로 정하는 사항"이란 다음 각 호의 사항을 말한다.

1. 법 제12조제2항에 따른 수도요금체계의 확립계획(시장·군수가 수립하는 확립계획만을 말한다)

2. 불량 계량기의 교체 및 보수·정비계획(시장·군수가 수립하는 계획만을 말한다)

제11조(상수원보호구역의 지정 등) ①기후에너지환경부장관은 법 제7조제1항에 따라 상수원보호구역을 지정하거나 변경하려는 경우에는 취수원의 특성 및 지형 여건과 수질오염 상황 등을 고려하여야 한다. 〈개정 2025. 10. 1.〉

②법 제7조제2항에 따라 기후에너지환경부장관은 상수원보호구역을 지정하거나 변경한 경우에는 다음 각 호의 사항을 공고하고, 그 내용을 관할 특별자치시장·특별자치도지사·시장·군수·구청장(자치구의 구청장을 말한다. 이하 같다)에게 송부하여야 한다. 〈개정 2012. 1. 26., 2012. 5. 14., 2025. 10. 1.〉

1. 상수원보호구역의 명칭

2. 상수원보호구역의 위치 및 면적

3. 상수원보호구역 안의 수도설치자의 명칭 및 주소

4. 그 밖에 상수원의 수질 보전을 위하여 필요한 사항

③관할 특별자치시장·특별자치도지사·시장·군수·구청장은 제2항에 따라 상수원보호구역을 지정·공고하는 경우에는 이를 일반에게 열람하도록 한 후, 그 공고일부터 6개월 이내에 해당 구역 토지의 지적(地籍)을 고시하고, 열람하도록 하여야 한다. 〈개정 2012. 1. 26., 2012. 5. 14.〉

④제1항부터 제3항까지의 규정에 따른 상수원보호구역의 지정·공고 및 지적고시에 관하여 필요한 사항은 기후에너지환경부령으로 정한다. 〈개정 2025. 10. 1.〉

제11조의2(주민의 의견청취) ① 기후에너지환경부장관은 제11조에 따라 상수원보호구역을 지정하거나 변경하려는 경우에는 주민의 의견을 들어야 하고, 그 의견이 타당하다고 인정하면 상수원보호구역 지정 또는 변경에 반영하여야 한다. 〈개정 2025. 10. 1.〉

② 기후에너지환경부장관은 제1항에 따라 주민의 의견을 들으려는 경우에는 제11조제2항 각 호의 내용을 해당 특별자치시장·특별자치도지사·시장·군수·구청장에게 통보하여야 한다. 〈개정 2012. 1. 26., 2012. 5. 14., 2025. 10. 1.〉

③ 제2항에 따라 통보를 받은 특별자치시장·특별자치도지사·시장·군수·구청장은 그 내용을 해당 특별자치시·특별자치도·시·군·구(자치구인 구를 말한다. 이하 같다)의 인터넷 홈페이지 및 해당 지역을 주된 보급지역으로 하는 일간신문에 공고하고 14일 동안 일반인이 공람할 수 있도록 하여야 한다. 〈개정 2012. 1. 26., 2012. 5. 14.〉

④ 제3항에 따라 공고·공람된 상수원보호구역 지정 또는 변경 내용에 대하여 의견이 있는 자는 공람 기간에 해당 특별자치시장·특별자치도지사·시장·군수·구청장에게 서면이나 정보통신망 또는 전자우편 등 전자적 방식으로 의견을 제출할 수 있다. 〈개정 2012. 1. 26., 2012. 5. 14., 2022. 7. 11.〉

⑤ 특별자치시장·특별자치도지사·시장·군수·구청장은 제4항에 따라 제출된 의견이 있는 경우에는 그 의견을 종합하여 기후에너지환경부장관에게 제출하여야 한다. 〈개정 2012. 1. 26., 2012. 5. 14., 2025. 10. 1.〉

⑥ 기후에너지환경부장관은 공람 기간이 끝난 날부터 30일 이내에 제4항에 따라 제출된 의견을 검토하여 그 결과를 해당 의견을 제출한 자에게 알려 주어야 한다. 〈개정 2025. 10. 1.〉

[본조신설 2010. 11. 26.]

제12조(상수원보호구역에서의 금지행위) ①법 제7조제3항제2호에서 "대통령령으로 정하는 금지행위"란 다음 각 호의 행위를 말한다. 〈개정 2008. 4. 3., 2010. 11. 26., 2013. 5. 31., 2025. 10. 1.〉

1. 가축을 놓아기르는 행위

2. 수영·목욕·세탁·선박운항(수질정화활동, 수질 및 수생태계 조사 등 기후에너지환경부령으로 정하는 바에 따라 선박을 운항하는 경우는 제외한다) 또는 수면을 이용한 레저행위

3. 행락·야영 또는 야외 취사행위

4. 어패류를 잡거나 양식하는 행위. 다만, 기후에너지환경부령으로 정하는 자가 하는 기후에너지환경부령으로 정하는 어로행위는 제외한다.

5. 자동차를 세차하는 행위

6. 「하천법」 제2조제2호에 따른 하천구역에 해당하는 지역에서 농작물을 경작하는 행위. 다만, 「친환경농어업 육성 및 유기식품 등

의 관리·지원에 관한 법률」 제2조제2호에 따른 친환경농수산물(수산물은 제외한다. 이하 같다)을 같은 법 제19조제2항 또는 제34조제2항에 따른 인증기준에 따라 경작하는 행위는 제외한다.

②상수원보호구역 지정 당시 다른 법령에 따라 상수원보호구역에서 어패류를 잡거나 양식하는 행위에 대한 면허·허가를 받았거나 신고를 한 자의 경우 그 면허·허가 또는 신고의 유효기간까지는 제1항제4호에도 불구하고 그 면허·허가 또는 신고의 내용에 따라 어패류를 잡거나 양식하는 행위를 할 수 있다.

③제1항제6호 단서를 적용할 때 「친환경농어업 육성 및 유기식품 등의 관리·지원에 관한 법률」 제2조제2호에 따른 친환경농수산물을 경작하는 중에 병해충이 발생하여 같은 법 제19조제2항 또는 제34조제2항에 따른 인증기준에 규정된 것 이상으로 농약을 사용하는 것이 불가피하다고 특별자치시장·특별자치도지사·시장·군수·구청장이 고시한 경우 그에 따라 농약을 사용하는 때에는 제1항제6호 단서에 적합한 것으로 본다. 〈개정 2012. 1. 26., 2012. 5. 14., 2013. 5. 31.〉

제13조(상수원보호구역에서의 행위허가기준) ①특별자치시장·특별자치도지사·시장·군수·구청장은 상수원보호구역에서 법 제7조제4항 각 호의 어느 하나에 해당하는 행위를 허가할 때에는 다음 각 호의 어느 하나에 해당하는 것으로서 상수원보호구역의 지정목적에 지장이 없다고 인정되는 경우에만 허가할 수 있다. 〈개정 2012. 1. 26., 2012. 5. 14., 2014. 11. 28., 2017. 4. 11., 2020. 11. 24., 2022. 6. 14., 2025. 10. 1.〉

1. 다음에 해당하는 건축물이나 그 밖의 공작물의 건축 및 설치

가. 공익상 필요한 건축물이나 그 밖의 공작물의 건축 및 설치

나. 상수원보호구역에 거주하는 주민의 생활환경 개선 및 소득향상에 필요한 기후에너지환경부령으로 정하는 건축물이나 그 밖의 공작물의 건축 및 설치

다. 상수원보호구역에 거주하는 주민이 공동으로 이용하거나 필요로 하는 기후에너지환경부령으로 정하는 건축물이나 그 밖의 공작물의 건축 및 설치

라. 오염물질의 발생 정도가 종전의 경우보다 높지 아니한 범위에서의 기후에너지환경부령으로 정하는 용도(「건축법」 제2조제2항에

따라 구분된 용도를 말한다. 이하 같다) 및 규모의 건축물이나 그 밖의 공작물의 개축·재축

마. 상수원보호구역에서 기후에너지환경부령으로 정하는 마을공동시설·공익시설·공동시설 및 공공시설의 설치로 철거된 건축물이나 그 밖의 공작물의 이전

바. 빈발하는 수해 등 재해로 그 이전이 불가피한 경우의 건축물의 이전 및 고속도로·철도변의 소음권(騷音圈)에 있는 주택 등 주거환경이 심히 불량한 지역에 있는 주택의 인근 토지나 마을로의 이전. 이 경우 이전한 후의 종전 토지는 농지나 녹지로 환원하여야 한다.

사. 상수원보호구역 지정 전부터 타인 소유의 토지에 건축되어 있는 주택으로서 토지소유자의 동의를 받지 못하여 증축·개축할 수 없는 경우에 그 기존 주택의 철거 및 상수원보호구역 내 인근 지역으로의 이전

아. 취락에 있는 주택으로서 영농의 편의를 위하여 그 주택 소유자가 소유하는 농장이나 과수원으로의 주택의 이전. 이 경우 이전된 후의 종전 토지는 농지나 녹지로 환원하여야 한다.

자. 「댐건설·관리 및 주변지역지원 등에 관한 법률」에 따른 수몰이주민이 상수원보호구역 지정 전에 타인 소유의 토지에 「건축법」 제11조에 따른 건축허가를 받고 상수원보호구역 지정 이후 같은 법 제22조에 따른 건축물의 사용승인을 받은 주택으로서 토지소유자의 동의를 받지 못하여 증축·개축할 수 없는 경우에 그 기존 주택의 철거 및 상수원보호구역 내 인근 지역으로의 이전

2. 오염물질의 발생 정도가 종전의 경우보다 높지 아니한 범위에서의 건축물이나 그 밖의 공작물의 용도변경

3. 상수원보호구역의 유지·보호에 지장이 없다고 인정되는 경우로서 상하수도시설·환경오염방지시설 또는 보호구역관리시설의 제거

4. 상수원의 보호를 위한 수원림(水源林)의 조성·관리를 위하여 필요한 나무의 재배·벌채와 공공사업의 시행 등으로 불가피한 대나무 및 입목(立木)의 벌채

5. 경지정리만을 목적으로 하거나 상수원보호구역의 지정목적에 지장이 없다고 인정되는 토지의 형질변경행위

②제1항에 따른 건축물이나 그 밖의 공작물의 종류·규모 등 허가에 관한 세부기준 및 절차, 그 밖에 필요한 사항은 기후에너지환경부령으로 정한다. 〈개정 2025. 10. 1.〉

③특별자치시장·특별자치도지사·시장·군수·구청장은 제1항에 따라 상수원보호구역에서 법 제7조제4항 각 호의 어느 하나에 해당하는 행위를 허가한 경우에는 지체 없이 그 내용을 관계 수도사업자나 전용수도의 설치자에게 통보하여야 한다. 〈개정 2012. 1. 26., 2012. 5. 14.〉

제14조(상수원보호구역에서의 신고행위) 법 제7조제4항 단서에 따라 특별자치시장·특별자치도지사·시장·군수·구청장에게 신고하고 할 수 있는 경미한 행위는 다음 각 호와 같다. 〈개정 2010. 11. 26., 2012. 1. 26., 2012. 5. 14., 2024. 8. 13.〉

1. 상하수도시설·환경오염방지시설 및 상수원보호구역관리시설을 제외한 건축물이나 그 밖의 공작물의 제거

2. 주택지에서의 나무의 재배·벌채

2의2. 지목이 전·답인 토지에서의 농작물 경작을 위한 입목 및 대나무의 벌채

3. 농업개량시설의 보수나 농지개량 등을 위한 복토(覆土) 등 토지의 형질변경

4. 수해 등 천재지변으로 손괴된 건축물과 공작물의 원상복구

5. 공장(「산업집적활성화 및 공장설립에 관한 법률」 제2조제1호에 따른 공장을 말한다. 이하 같다)·숙박시설·일반음식점의 주택·창고시설로의 용도변경

제14조의2(공장설립이 제한되는 지역의 범위) 법 제7조의2제1항에서 "대통령령으로 정하는 지역"이란 다음 각 호의 지역을 말한다. 〈개정 2021. 3. 30., 2025. 10. 1.〉

1. 상수원보호구역이 지정·공고된 경우

가. 취수시설의 용량이 1일 20만세제곱미터 미만인 경우: 상수원보호구역의 경계구역으로부터 상류로 유하거리(流下距離) 10킬로미터 이내인 지역

나. 취수시설의 용량이 1일 20만세제곱미터 이상인 경우: 상수원보호구역의 경계구역으로부터 상류로 유하거리 20킬로미터 이내인 지역. 다만, 기후에너지환경부령으로 정하는 수원을 취수하여 광

역상수원으로 공급하는 경우에는 가목에 따른 지역으로 한다.

2. 상수원보호구역이 지정·공고되지 않은 경우: 취수시설(기후에너지환경부령으로 정하는 수원을 취수하여 광역상수원으로 공급하는 경우로서 기후에너지환경부장관이 고시로 정하는 취수시설은 제외한다)로부터 상류로 유하거리 15킬로미터 이내인 지역 및 하류로 유하거리 1킬로미터 이내인 지역

3. 「지하수법」 제2조제1호에 따른 지하수를 원수로 취수(取水)하는 경우에는 취수시설로부터 1킬로미터 이내인 지역

[본조신설 2010. 11. 26.]

제14조의3(공장설립 승인지역의 범위) 법 제7조의2제3항 전단에서 "대통령령으로 정하는 지역"이란 다음 각 호의 어느 하나에 해당하는 지역을 말한다. 〈개정 2018. 1. 16.〉

1. 제14조의2제1호 및 제2호에 해당하는 지역 중 취수시설로부터 상류로 유하거리 7킬로미터를 초과하는 지역

2. 제14조의2제1호 및 제2호에 해당하는 지역 중 취수시설로부터 상류로 유하거리 4킬로미터 초과 7킬로미터 이내인 지역으로서 「하천법」 제2조제1호에 따른 하천 또는 「물환경보전법」 제2조제14호에 따른 호소의 경계로부터 500미터 이내의 지역을 제외한 지역

[전문개정 2014. 11. 28.]

제15조(상수원보호구역의 관리) ①상수원보호구역을 관리하는 특별자치시장·특별자치도지사·시장·군수·구청장은 상수원의 보호를 위하여 필요한 시설·장비와 인원 등을 확보하고 금지행위의 단속이나 그 밖에 수질오염의 방지를 위하여 필요한 조치를 하여야 한다. 〈개정 2012. 1. 26., 2012. 5. 14.〉

②제1항에 따른 시설·장비 및 인원 등의 확보기준이나 그 밖에 상수원보호구역의 관리에 필요한 사항은 기후에너지환경부령으로 정한다. 〈개정 2025. 10. 1.〉

제16조(상수원보호구역 관리의 특례) ①법 제8조제2항에서 "대통령령으로 정하는 시·도지사 또는 시장·군수·구청장"이란 다음 각 호의 구분에 따른 특별시장·광역시장·특별자치시장·도지사·특별자치도지사(이하 "시·도지사"라 한다) 또는 시장·군수·구청장을 말한다. 〈개정 2010. 11. 26., 2025. 4. 22.〉

1. 상수원보호구역이 같은 특별시·광역시·도의 관할구역에 속하

는 둘 이상의 시ㆍ군ㆍ구에 걸쳐 있는 경우에는 관계 시장ㆍ군수ㆍ구청장이 협의하여 결정하는 시장ㆍ군수ㆍ구청장

2. 상수원보호구역이 둘 이상의 시ㆍ도에 걸쳐 있는 경우에는 관계 시ㆍ도지사가 협의하여 결정하는 시ㆍ도지사 또는 시장ㆍ군수ㆍ구청장

3. 상수원보호구역과 그 상수원으로부터 수돗물을 공급받은 지역이 같은 시ㆍ도의 관할구역에 속하는 둘 이상의 시ㆍ군ㆍ구에 걸쳐 있는 경우에는 관계되는 시장ㆍ군수ㆍ구청장이 협의하여 결정하는 시장ㆍ군수ㆍ구청장

4. 상수원보호구역과 그 상수원으로부터 수돗물을 공급받는 지역이 둘 이상의 시ㆍ도에 걸쳐 있는 경우에는 관계되는 시ㆍ도지사가 협의하여 결정하는 시ㆍ도지사 또는 시장ㆍ군수ㆍ구청장

②제1항제1호와 제3호에 따른 협의가 성립되지 아니하는 경우에는 관할시ㆍ도지사가 지정하는 시장ㆍ군수ㆍ구청장이, 제1항제2호와 제4호에 따른 협의가 성립되지 아니하는 경우에는 기후에너지환경부장관이 행정안전부장관과 협의하여 지정하는 시ㆍ도지사 또는 시장ㆍ군수ㆍ구청장이 상수원보호구역을 관리한다. 〈개정 2008. 2. 29., 2013. 3. 23., 2014. 11. 19., 2017. 7. 26., 2025. 10. 1.〉

제16조의2(상수원 수질관리계획의 기술적 검토) 기후에너지환경부장관은 법 제8조의2제2항에 따라 상수원보호구역에 대한 수질관리계획의 타당성을 검토하려는 경우에는 한국수자원공사에 오염부하량 저감방안 등 기술적인 부분에 대한 검토를 의뢰하여 그 의견을 들을 수 있다. 〈개정 2025. 10. 1.〉

[본조신설 2023. 11. 21.]

제17조(주민지원사업계획의 수립절차 등) ①상수원보호구역을 관리하는 시ㆍ도지사 또는 시장ㆍ군수ㆍ구청장(이하 “관리청”이라 한다)이 법 제9조제1항에 따라 주민지원사업을 시행하려는 경우에는 다음 각 호의 사항을 포함하는 주민지원사업계획(이하 “사업계획”이라 한다)을 수립하여 전년도 4월 15일까지 기후에너지환경부장관에게 제출하여야 한다. 이 경우 관리청과 수도사업자가 다를 때에는 수도사업자의 의견을 들어 사업계획을 수립하여야 한다. 〈개정 2025. 10. 1.〉

1. 사업목적

2. 사업개요
3. 지원사업 대상지역의 인구 및 사회경제적 특성
4. 재원확보계획
5. 사업별 추진계획 및 필요성
6. 그 밖에 지원사업의 추진에 필요한 사항

②기후에너지환경부장관은 관리청이 수립·제출한 사업계획의 내용과 국고보조금 등에 관하여 기획재정부 등 관계기관의 장과 협의하여야 하며, 국고보조금에 관한 예산이 확정된 경우에는 그 금액과 명세를 관리청에 통보하여야 한다. 〈개정 2008. 12. 31., 2025. 10. 1.〉

③시장·군수·구청장은 제1항 후단에 따라 승인을 얻은 사업계획의 중요 사항을 변경하려면 미리 시·도지사의 승인을 받아야 한다. 〈개정 2012. 1. 26.〉

제18조(주민지원사업의 종류) 법 제9조제2항제1호부터 제4호까지의 규정에 따른 주민지원사업의 종류는 별표 1과 같다.

제19조(수도사업자의 출연금) ①법 제10조제1항제1호에 따른 수도사업자는 다음 각 호의 수도사업자로 한다.

1. 원수를 바로 또는 정수(淨水)하여 최종수요자에게 공급하는 수도사업자
2. 원수를 정수하여 다른 수도사업자에게 공급하는 수도사업자

②법 제10조제2항에 따라 수도사업자가 부담하는 출연금은 주민지원사업연도 전전년도의 원수 취수량에 전전년도에 한국수자원공사에서 정수처리한 후 공급한 정수의 전국 평균가격을 곱하여 산정한 수도사업의 판매수입금의 100분의 5의 범위에서 기후에너지환경부장관이 매년 정하여 고시하는 바에 따라 산정한 금액으로 한다. 〈개정 2025. 10. 1.〉

③기후에너지환경부장관이 제2항에 따라 고시하는 경우에는 미리 관리청의 의견을 들어야 한다. 〈개정 2025. 10. 1.〉

④수도사업자는 제2항에 따라 결정된 출연금을 매년 사업연도 시작 전까지 관리청에 출연하여야 한다.

제20조(환경개선특별회계의 보조) 국가는 법 제10조제3항에 따라 환경개선특별회계에서 주민지원사업비 총액의 100분의 30의 범위에서 주민지원사업에 필요한 비용의 일부를 보조할 수 있다.

제21조 삭제 〈2012. 1. 26.〉

제22조(수질오염방지시설의 종류) 법 제11조제1항에서 “대통령령으로 정하는 수질오염 방지시설”이란 국가·지방자치단체 또는 한국수자원공사가 설치·관리하는 다음 각 호의 시설을 말한다. 〈개정 2007. 9. 27., 2025. 10. 1.〉

1. 「가축분뇨의 관리 및 이용에 관한 법률」 제2조제9호에 따른 공공처리시설
2. 「하수도법」 제2조제9호에 따른 공공하수처리시설
3. 그 밖에 수질오염을 방지하는 시설로서 기후에너지환경부령으로 정하는 시설

제23조(비용부담기준) ①법 제11조제1항에 따른 상수원보호구역의 관리와 수질오염방지시설의 운영 등에 드는 비용은 다음 각 호와 같다. 〈개정 2025. 10. 1.〉

1. 상수원보호구역의 관리에 필요한 인건비와 시설 및 장비의 운영비
2. 상수원보호구역의 관리를 위한 표지·초소·위험물방지시설 등의 설치 및 유지·관리비
3. 수질오염방지시설의 유지·관리비
4. 그 밖에 상수원보호구역의 관리에 필요한 것으로서 기후에너지환경부령으로 정하는 비용

② 제1항에 따른 비용 부담액은 취수한 원수의 수량에 따라 산정한다. 〈개정 2010. 11. 26.〉

제23조의2(재난에 따른 수도요금 감면) ① 수도사업자는 법 제12조의2에 따라 재난으로 인하여 피해가 발생한 지역의 범위 및 복구에 필요한 기간 등을 고려하여 필요한 범위에서 수도요금을 감면할 수 있다.

② 제1항에 따른 수도요금의 감면 대상 및 감면 비율 등 감면에 필요한 구체적인 사항은 법 제38조(법 제50조에 따라 준용하는 경우를 포함한다)에 따른 공급규정으로 정한다. 다만, 수도사업자가 지방자치단체이면 해당 지방자치단체의 조례로 정한다.

[본조신설 2025. 1. 21.]

제24조(위생안전기준) 법 제14조제1항에 따른 위생안전기준은 별표 1의2와 같다.

[본조신설 2010. 11. 26.]

제24조의2(수도용 자재와 제품의 사용) ① 법 제14조제3항에서 "대통령령으로 정하는 기준에 맞는 수도용 자재와 제품"이란 다음 각 호의 어느 하나에 해당하는 것을 말한다. 〈개정 2011. 10. 28., 2011. 11. 23., 2024. 8. 13., 2025. 10. 1.〉

1. 「산업표준화법」 제15조에 따라 인증을 받은 제품

2. 「산업표준화법」 제27조제2항에 따른 단체표준인증을 받은 제품으로서 같은 법 제25조에 따른 우수한 단체표준제품

3. 「산업표준화법」 제27조제2항에 따른 단체표준인증을 받은 제품으로서 법 제56조에 따른 한국상하수도협회(이하 "협회"라 한다)가 인증한 제품

4. 「환경기술 및 환경산업 지원법」 제17조에 따른 환경표지의 인증을 받은 제품

5. 「산업기술혁신 촉진법」 제15조의2 및 제16조에 따른 신기술 인증 또는 신제품 인증을 받은 제품

6. 삭제 〈2011. 11. 23.〉

7. 그 밖에 기후에너지환경부장관이 수도용 자재나 제품으로 사용하기에 적합하다고 인정하여 고시하는 자재나 제품

② 제1항제1호부터 제7호까지의 규정에도 불구하고 기후에너지환경부장관이 수도용 자재나 제품으로 사용하기에 적합하지 아니하다고 인정하여 고시하는 자재나 제품은 수도용 자재나 제품으로 사용할 수 없다. 〈개정 2025. 10. 1.〉

[본조신설 2010. 11. 26.]

제24조의3(검사기관의 지정 등) ① 법 제14조의3제2항제2호에서 "기술인력, 시설 및 장비 등 대통령령으로 정하는 기준"이란 별표 1의3에 따른 검사기관의 지정기준을 말한다.

② 법 제14조의3제3항에서 "소재지, 상호 등 대통령령으로 정하는 중요한 사항"이란 다음 각 호의 사항을 말한다.

1. 사무실 또는 실험실 소재지

2. 상호

3. 대표자

4. 기술인력

③ 법 제14조의3제5항에서 "검사의 방법, 검사 결과의 기록ㆍ보

존, 검사기간 등 대통령령으로 정하는 사항"이란 별표 1의4에 따른 검사기관의 준수사항을 말한다.

[본조신설 2020. 11. 24.]

[종전 제24조의3은 제24조의4로 이동 〈2020. 11. 24.〉]

제24조의4(수거등의 권고 절차) ① 기후에너지환경부장관이 법 제14조의5제1항에 따라 수도용 자재나 제품(이하 "제품등"이라 한다)을 제조·수입·공급·판매한 사업자에게 수거·파기·교환·환급·개선조치 또는 그 밖에 필요한 조치(이하 "수거등"이라 한다)를 권고하는 경우에는 다음 각 호의 사항이 포함된 문서(전자문서를 포함한다)로 해야 한다. 〈개정 2018. 6. 12., 2020. 11. 24., 2025. 10. 1.〉

1. 상호 및 대표자의 성명
2. 제품등의 명칭·상표·모델명
3. 수거등 권고의 사유와 내용
4. 수거등 권고에 대한 수락 여부의 통지기한
5. 수거등 권고의 이행 절차
6. 수락 거부 시의 조치 계획
7. 그 밖에 기후에너지환경부장관이 수거등을 위하여 필요하다고 인정하는 사항

② 법 제14조의5제1항에 따라 수거등을 권고받은 사업자는 기후에너지환경부령으로 정하는 바에 따라 수락 여부 및 수거등의 이행기한 등이 포함된 제품등의 수거등 계획서(이하 "계획서"라 한다)를 작성하여 기후에너지환경부장관에게 제출해야 한다. 이 경우 수거등의 이행기한은 권고를 받은 날부터 2개월 이내로 한다. 〈개정 2020. 11. 24., 2025. 10. 1.〉

[본조신설 2016. 7. 12.]

[제24조의3에서 이동, 종전 제24조의4는 제24조의5로 이동 〈2020. 11. 24.〉]

제24조의5(권고에 대한 결과보고) ① 법 제14조의5제2항에서 "조치의 결과 등 대통령령으로 정하는 사항"이란 다음 각 호의 사항을 말한다. 〈개정 2020. 11. 24.〉

1. 수거등의 내용과 실적 등을 포함한 조치의 결과
2. 수거등을 이행하지 못한 제품등에 대한 조치계획

3. 재발 방지를 위한 대책

② 법 제14조의5제2항에 따라 보고를 하려는 자는 기후에너지환경부령으로 정하는 바에 따라 제품등의 수거등 결과보고서(이하 "결과보고서"라 한다)를 작성하여 기후에너지환경부장관에게 제출해야 한다. 〈개정 2020. 11. 24., 2025. 10. 1.〉

③ 제2항에 따라 보고를 받은 기후에너지환경부장관은 수거등의 조치의 결과나 그 결과보고서가 미흡하다고 판단하는 경우에는 해당 사업자에게 추가적인 수거등의 조치나 결과보고서의 보완을 요구할 수 있다. 〈개정 2025. 10. 1.〉

[본조신설 2016. 7. 12.]

[제24조의4에서 이동, 종전 제24조의5는 제24조의6으로 이동 〈2020. 11. 24.〉]

제24조의6(권고 불이행에 따른 공표의 방법) 기후에너지환경부장관은 법 제14조의5제3항에 따라 다음 각 호의 사항을 「신문 등의 진흥에 관한 법률」 제2조제1호에 따른 신문, 「방송법」 제2조제1호에 따른 방송 또는 기후에너지환경부령으로 정하는 정보망을 통하여 공표할 수 있다. 〈개정 2020. 11. 24., 2025. 10. 1.〉

1. 제품등의 명칭·상표·모델명
2. 상호 및 대표자의 성명
3. 수거등 권고의 사유와 내용

[본조신설 2016. 7. 12.]

[제24조의5에서 이동, 종전 제24조의6은 제24조의7로 이동 〈2020. 11. 24.〉]

제24조의7(수거등의 명령 절차) ① 기후에너지환경부장관이 법 제14조의6제1항에 따라 수거등을 명령하는 경우에는 다음 각 호의 사항이 포함된 문서(전자문서를 포함한다)로 해야 한다. 〈개정 2020. 11. 24., 2025. 10. 1.〉

1. 상호 및 대표자의 성명
2. 제품등의 명칭·상표·모델명
3. 수거등 명령의 사유와 내용
4. 수거등의 방법과 이행기한
5. 그 밖에 기후에너지환경부장관이 수거등의 명령에 필요하다고 인정하는 사항

② 법 제14조의6제1항에 따른 수거등 명령 사실의 공표에 관하여는 제24조의6을 준용한다. 이 경우 “권고”는 “명령”으로 본다. 〈개정 2020. 11. 24.〉

[본조신설 2016. 7. 12.]

[제24조의6에서 이동, 종전 제24조의7은 제24조의8로 이동 〈2020. 11. 24.〉]

제24조의8(명령에 대한 결과보고) ① 법 제14조의6제2항에서 “조치의 결과 등 대통령령으로 정하는 사항”이란 제24조의5제1항 각 호의 사항을 말한다. 〈개정 2020. 11. 24.〉

② 법 제14조의6제2항에 따라 보고를 하려는 자는 기후에너지환경부령으로 정하는 바에 따라 결과보고서를 작성하여 기후에너지환경부장관에게 제출해야 한다. 〈개정 2020. 11. 24., 2025. 10. 1.〉

③ 제2항에 따라 보고를 받은 기후에너지환경부장관은 수거등의 조치의 결과나 그 결과보고서가 미흡하다고 판단하는 경우에는 해당 사업자에게 추가적인 수거등의 조치나 결과보고서의 보완을 요구할 수 있다. 〈개정 2025. 10. 1.〉

[본조신설 2016. 7. 12.]

[제24조의7에서 이동, 종전 제24조의8은 제24조의9로 이동 〈2020. 11. 24.〉]

제24조의9(제품등의 직접 수거등 조치) 법 제14조의6제3항에 따른 직접 수거등에 필요한 조치 및 비용 징수에 관하여는 「행정대집행법」을 따른다. 〈개정 2020. 11. 24.〉

[본조신설 2016. 7. 12.]

[제24조의8에서 이동, 종전 제24조의9는 제24조의10으로 이동 〈2020. 11. 24.〉]

제24조의10(자료 제출) 법 제14조의7제1항에 따라 기후에너지환경부장관은 수거등의 권고 또는 명령을 위하여 다음 각 호에 따른 자료의 제출을 요구할 수 있다. 〈개정 2020. 11. 24., 2025. 10. 1.〉

1. 법 제14조제1항에 따라 인증을 받은 내용

2. 제품등의 제조ㆍ수입ㆍ공급ㆍ판매 수량 및 판매처 현황

3. 제품등의 제조 설비, 원자재 및 부자재 현황(제품등을 제조한 사업자에게 요구하는 경우만 해당한다)

[본조신설 2018. 6. 12.]

[제24조의9에서 이동, 종전 제24조의10은 제24조의11로 이동 〈2020. 11. 24.〉]

제24조의11(권고 등의 해제 신청 등) ① 법 제14조의8제1항에 따라 수거등의 권고나 명령의 전부 또는 일부의 해제를 신청하려는 자는 기후에너지환경부령으로 정하는 해제신청서를 기후에너지환경부장관에게 제출해야 한다. 〈개정 2020. 11. 24., 2025. 10. 1.〉

② 기후에너지환경부장관은 법 제14조의8제2항 본문에 따라 수거등의 권고나 명령의 전부 또는 일부의 해제 여부를 결정한 경우에는 신청인에게 즉시 알려야 한다. 〈개정 2020. 11. 24., 2025. 10. 1.〉

③ 법 제14조의5제3항 또는 제14조의6제1항에 따라 공표를 한 경우로서 제2항에 따라 수거등의 권고나 명령의 해제를 결정한 경우에는 공표한 방법과 같은 방법으로 해제 사실을 공표해야 한다. 〈개정 2020. 11. 24.〉

④ 기후에너지환경부장관은 법 제14조의8제2항 단서에 따라 결정기간을 연장하려는 경우에는 연장 사유와 연장 기간을 신청인에게 서면으로 통지해야 한다. 〈개정 2020. 11. 24., 2025. 10. 1.〉

[본조신설 2018. 6. 12.]

[제24조의10에서 이동 〈2020. 11. 24.〉]

제25조 삭제 〈2020. 11. 24.〉

제25조의2(물절약전문업의 등록기준) 법 제15조의2제1항에 따른 물절약전문업의 등록기준은 별표 1의5와 같다. 〈개정 2020. 11. 24.〉

[본조신설 2014. 6. 30.]

제26조(물 사용량의 표시방법) 법 제16조에 따라 물 사용기기를 제조하거나 수입하려는 자는 「산업표준화법」 제12조에 따른 한국산업표준에서 정하는 성능측정방법에 따라 물 사용량을 측정하여 그 측정결과를 표시하여야 한다.

[본조신설 2012. 1. 26.]

제27조(인가신청) ①법 제17조제1항에 따른 일반수도사업 경영의 인가를 받으려는 자는 기후에너지환경부령으로 정하는 바에 따라 일반수도사업 인가 신청서에 사업계획서와 관계 서류와 도면을 첨부하여 기후에너지환경부장관, 시ㆍ도지사 또는 시장ㆍ군수(군수는 광역시의 군수를 제외하며, 이하 "인가관청"이라 한다)에게 제출하여야

한다. 〈개정 2008. 2. 29., 2010. 11. 26., 2012. 1. 26., 2013. 3. 23., 2018. 6. 8., 2025. 10. 1.〉

②제1항에 따른 사업계획서에는 다음 각 호의 사항이 포함되어야 한다.

1. 수도사업(수도시설을 포함한다)의 개요
2. 급수구역, 급수인구 및 1인당 1일 급수량
3. 연도별사업계획(마을상수도의 경우는 제외한다) 및 수도보급률
4. 1일 최대급수량, 1일 평균급수량 및 시설용량
5. 상수원 또는 취수지점의 위치 및 정수방법
6. 취수원의 수량계산서 및 수질시험 결과
7. 수도시설의 위치도 및 계획평면도
8. 공사 착공ㆍ준공 및 급수시작 예정연월일
9. 투자재원의 조달방법 및 연도별 투자계획
10. 수용ㆍ사용할 토지 또는 건물(이하 "토지등"이라 한다)의 조서와 지번ㆍ면적 및 소유권 외의 권리의 명세서
11. 토지등의 소유자와 이해관계인의 성명 및 주소

③법 제17조제1항 각 호 외의 부분 후단에서 "대통령령으로 정하는 가벼운 사항"이란 다음 각 호의 사항을 말한다. 〈개정 2010. 11. 26., 2012. 1. 26.〉

1. 투자재원의 조달방법과 연도별 투자계획의 변경에 관한 사항
2. 제29조에 따른 시설기준에 맞는 범위에서 시설용량이 증감되지 아니하는 수도시설의 구조 변경에 관한 사항
3. 시설용량의 10분의 1 이내의 증감에 관한 사항

④기후에너지환경부장관은 법 제17조제1항에 따른 인가를 하기 위하여 필요한 경우 사업계획서의 기술적인 부분에 대하여 한국환경공단이나 한국수자원공사에 검토를 의뢰하여 그 의견을 들을 수 있다. 〈개정 2009. 12. 24., 2010. 11. 26., 2025. 10. 1.〉

제28조(인가의 고시) 법 제17조제3항에 따른 고시에는 다음 각 호의 사항이 포함되어야 한다.

1. 사업의 명칭
2. 사업시행자의 명칭 및 주소
3. 사업의 목적 및 개요
4. 사업시행지의 위치 및 면적

5. 급수구역 · 급수인구 및 급수량
6. 사업시행기간 및 급수시작예정일
7. 수용 · 사용할 토지등의 조서와 그 지번 · 지목 · 면적 및 소유권 외의 권리의 명세
8. 토지등의 소유자와 이해관계인의 성명 및 주소
9. 그 밖에 필요한 사항

제29조(시설기준) ①일반수도사업자는 법 제18조에 따라 원수의 질 · 양 및 지리적 조건과 그 수도의 종류 및 시설의 규모에 따라 다음 각 호의 기준에 맞는 취수시설 · 저수시설 · 도수시설(導水施設) · 정수시설 · 송수시설 및 배수시설을 갖추어야 한다.

1. 좋은 원수를 필요한 만큼 취수할 수 있는 취수원 및 취수시설을 갖출 것
2. 갈수기(渴水期)에도 원수를 필요한 만큼 공급할 수 있는 저수능력이 있는 저수시설을 갖출 것
3. 원수를 필요한 만큼 송수할 수 있는 펌프 · 도수관 등의 도수시설을 갖출 것
4. 원수를 법 제26조제2항에 따른 수질기준에 맞게 필요한 만큼 정수할 수 있는 정수시설을 갖출 것
5. 정수를 필요한 만큼 송수할 수 있는 펌프 · 송수관이나 그 밖의 송수시설을 갖출 것
6. 정수를 일정 한도 이상의 압력으로 필요한 만큼 계속 공급할 수 있는 배수지 펌프 · 배수관이나 그 밖의 배수시설을 갖출 것

②수도시설의 위치와 배열은 물의 경제적인 생산을 고려하여 정하여야 한다.

③수도시설은 수압 · 토압 · 지진, 그 밖의 압력을 안전하게 견딜 수 있으며, 물이 오염되거나 샐 염려가 없어야 한다.

④제1항에 따른 수도시설의 세부적인 시설기준은 기후에너지환경부령으로 정한다. 〈개정 2025. 10. 1.〉

제30조 삭제 〈2010. 11. 26.〉

제31조(수질검사) ① 법 제19조제1항에 따른 수질검사는 인가관청이 한다. 다만, 기후에너지환경부장관이 인가하는 수도시설에 대한 수질검사는 시 · 도지사가 한다. 〈개정 2012. 1. 26., 2013. 3. 23., 2018. 6. 8., 2025. 10. 1.〉

②제1항에 따른 수질검사를 받으려는 자는 기후에너지환경부령으로 정하는 바에 따라 검사신청서를 제출하여야 한다. 〈개정 2025. 10. 1.〉

제32조(급수설비의 관리자) 법 제21조제1항 단서에 따라 급수설비는 그 설비의 위치와 종류에 따라 다음 각 호에 해당하는 자가 관리한다.

1. 수돗물을 공급받는 자의 대지경계선 밖에 설치된 급수설비 : 수도사업자

2. 수돗물을 공급받는 자의 대지경계선 안에 설치된 급수설비 : 다음 각 목의 자

가. 대지경계선에서 계량기까지의 급수설비 : 지방자치단체의 조례로 정하는 자

나. 가목의 급수장치 외의 급수설비 : 수돗물을 공급받는 자

제33조(수도시설관리자) ①법 제21조제6항에서 "대통령령으로 정하는 업무"란 수돗물의 공급, 수도시설의 관리, 수도 관련 통계자료의 관리, 수질관리 및 긴급조치와 수도시설 운영요원의 교육에 관한 총괄업무를 말한다. 〈개정 2014. 6. 30.〉

②법 제21조제6항에 따라 일반수도사업자의 수도시설관리자로 임명될 수 있는 자는 다음 각 호의 어느 하나에 해당하는 자로 한다. 〈개정 2014. 6. 30., 2017. 8. 16., 2025. 10. 1.〉

1. 다음 각 목의 어느 하나에 해당하는 사람으로서 졸업 후 또는 해당 학력을 갖춘 후 2년(마을상수도 및 시설용량이 1일 2천톤 이하인 전용상수도는 1년) 이상 수도에 관한 기술상의 실무에 종사한 사람

가. 「고등교육법」에 따른 대학이나 이에 준하는 각종학교에서 수도공학이나 위생공학에 관한 과목을 이수하고 토목·전기·전자·기계·건축·환경 또는 위생 관련 학과를 졸업한 사람

나. 법령에 따라 가목에 해당하는 사람과 같은 수준의 학력이 있다고 인정되는 사람으로서 해당 학력 취득 과정에서 수도공학이나 위생공학에 관한 과목을 이수한 사람

2. 다음 각 목의 어느 하나에 해당하는 사람으로서 졸업 후 또는 해당 학력을 갖춘 후 5년(마을상수도 및 시설용량이 1일 2천톤 이하인 전용상수도는 3년) 이상 수도에 관한 기술상의 실무에 종사한

사람

가. 「고등교육법」에 따른 전문대학이나 이에 준하는 각종학교에서 수도공학이나 위생공학에 관한 과목을 이수하고 토목·전기·전자·기계·건축·환경 또는 위생 관련 학과를 졸업한 사람

나. 법령에 따라 가목에 해당하는 사람과 같은 수준의 학력이 있다고 인정되는 사람으로서 해당 학력 취득 과정에서 수도공학이나 위생공학에 관한 과목을 이수한 사람

3. 다음 각 목의 어느 하나에 해당하는 사람으로서 졸업 후 또는 해당 학력을 갖춘 후 4년(마을상수도 및 시설용량이 1일 2천톤 이하인 전용상수도는 2년) 이상 수도에 관한 기술상의 실무에 종사한 사람

가. 「고등교육법」에 따른 대학이나 이에 준하는 각종학교에서 공학·이학·농학·의학 또는 약학에 관한 과목을 이수하고 해당 학교를 졸업한 사람

나. 법령에 따라 가목에 해당하는 사람과 같은 수준의 학력이 있다고 인정되는 사람으로서 해당 학력 취득 과정에서 공학·이학·농학·의학 또는 약학에 관한 과목을 이수한 사람

3의2. 다음 각 목의 어느 하나에 해당하는 사람으로서 졸업 후 또는 해당 학력을 갖춘 후 8년(마을상수도 및 시설용량이 1일 2천 톤 이하인 전용상수도는 4년) 이상 수도에 관한 기술상의 실무에 종사한 사람

가. 「고등교육법」에 따른 전문대학이나 이에 준하는 각종학교에서 공학·이학·농학·의학 또는 약학에 관한 과목을 이수하고 해당 학교를 졸업한 사람

나. 법령에 따라 가목에 해당하는 사람과 같은 수준의 학력이 있다고 인정되는 사람으로서 해당 학력 취득 과정에서 공학·이학·농학·의학 또는 약학에 관한 과목을 이수한 사람

4. 10년(마을상수도 및 시설용량이 1일 2천 톤 이하인 전용상수도는 7년) 이상 수도에 관한 기술상의 실무에 종사한 자

5. 제1호부터 제3호까지, 제3호의2 및 제4호의 어느 하나에 해당하는 자와 같은 수준 이상의 능력이 있는 자로서 기후에너지환경부령으로 정하는 자

③시설용량이 1일 1천 톤 이하인 일반수도나 전용상수도로서 그

수도가 소독설비 외의 정수시설을 필요로 하지 아니하고 급수할 수 있는 경우에는 제2항을 적용하지 아니한다.

제34조(정수시설운영관리사의 배치) 법 제21조제7항에 따른 일반수도사업자의 정수시설운영관리사 배치기준은 별표 2와 같다. 〈개정 2014. 6. 30.〉

제34조의2(상수도관망시설운영관리사의 배치기준) 법 제21조제3항에 따른 일반수도사업자의 상수도관망시설운영관리사 배치기준은 별표 2의2와 같다.

[본조신설 2021. 3. 30.]

[종전 제34조의2는 제34조의3으로 이동 〈2021. 3. 30.〉]

제34조의3(상수도관망의 유지·관리 업무) ① 지방자치단체인 일반수도사업자는 법 제21조의2에 따라 상수도관망을 효율적이고 체계적으로 유지·관리하기 위하여 다음 각 호의 업무를 수행하고, 그 실적을 관리해야 한다.

1. 상수도관망정비계획의 수립 및 시행
2. 상수도관망의 목표 유수율(有收率, 총급수량 중 유수수량의 비율을 말한다) 유지·관리계획의 수립 및 시행
3. 상수도관망의 누수탐사·복구 등 누수 관리
4. 상수도관망의 점검·정비

② 제1항 각 호의 업무 수행에 필요한 세부 사항은 기후에너지환경부장관이 정하여 고시한다. 〈개정 2025. 10. 1.〉

③ 기후에너지환경부장관은 지방자치단체인 일반수도사업자에게 제1항 각 호의 업무에 관한 수행실적의 제출을 요청할 수 있다. 〈개정 2025. 10. 1.〉

[본조신설 2020. 11. 24.]

[제34조의2에서 이동 〈2021. 3. 30.〉]

제34조의4(상수도관망관리대행업의 등록 등) ① 법 제21조의4제1항 각 호 외의 부분 본문에 따른 상수도관망관리대행업의 인력·장비 등의 등록요건은 별표 2의3과 같다.

② 법 제21조의4제1항에 따라 상수도관망관리대행업을 등록한 자(이하 "상수도관망관리대행업자"라 한다)는 같은 조 제3항에 따라 별표 2의4에서 정한 준수사항을 지켜야 한다.

[본조신설 2021. 3. 30.]

제35조(위탁의 구분 및 기간 등) ①법 제23조제1항에 따른 수도시설의 운영·관리에 관한 업무(이하 "수도관리업무"라 한다)의 위탁은 다음 각 호의 구분에 따른다. 〈개정 2020. 11. 24.〉

1. 단순위탁 : 취수시설, 정수시설, 송수·배수시설 또는 급수설비 중 1개 시설의 수도관리업무 또는 슬러지(정수과정에서 발생하는 침전물 등을 말한다. 이하 같다)의 수거·처리, 계량기의 검침·교체, 수도요금 고지서의 발급·송달 등 간순하고 반복적인 업무의 위탁

2. 복합위탁 : 수도시설의 개량(대체하는 경우를 포함한다. 이하 같다)업무의 위탁 또는 취수시설, 정수시설, 송·배수시설 중 2개 이상 시설의 수도관리업무 위탁. 이 경우 슬러지의 수거·처리 등 단순하고 반복적인 업무를 포함할 수 있다.

②제1항에 따른 단순위탁의 위탁기간은 5년 이내로 하며, 복합위탁의 위탁기간은 5년 이상 20년 이내로 한다.

③법 제23조제2항에 따라 일반수도사업자(지방자치단체 및 상수도조합인 일반수도사업자를 말한다. 이하 이 조부터 제40조까지에서 같다)가 수도관리업무를 위탁하려는 때에는 그 위탁계약에 위탁 대상 수도시설의 운영·관리의 특성 등을 충분히 고려하여 다음 각 호의 구분에 따른 각 목의 사항을 구체적으로 밝혀야 한다. 〈개정 2025. 4. 22.〉

1. 단순위탁
   가. 위탁의 목적
   나. 위탁의 대상 및 범위
   다. 위탁계약기간
   라. 위탁대가의 산정 및 지급에 관한 사항
   마. 달성목표 및 그 목표 미달 시의 조치에 관한 사항
   바. 위탁계약의 해지 및 손실보상에 관한 사항
   사. 그 밖에 일반수도사업자가 위탁계약 체결에 필요하다고 인정하는 사항
2. 복합위탁
   가. 제1호가목부터 사목까지의 규정에 해당하는 사항
   나. 연차별 투자계획(투자비 명세와 자금조달 방안을 포함한다)과 자금 회수에 관한 사항
   다. 수도시설의 개량에 관한 사항

라. 수도요금의 징수·관리 및 단수 등의 대행에 관한 사항

마. 최종 목표연도와 연차별 급수보급률, 유수율 및 수질목표에 관한 사항

바. 위탁성과의 평가 및 그 결과에 따른 조치에 관한 사항

사. 위탁계약의 체결 및 해지 시 위탁자와 수탁자 간의 인수·인계에 관한 사항(고용승계를 포함한다)

아. 수질사고의 발생 등에 대한 위기관리에 관한 사항

④제1항제1호의 단순위탁의 경우에는 제37조부터 제39조까지의 규정을 적용하지 아니한다.

⑤제1항과 제2항에 따른 위탁의 타당성·필요성의 검토기준, 의탁계약의 체결·해지 및 위기관리 등에 관한 세부기준 등의 사항은 기후에너지환경부장관이 정하여 고시한다. 〈개정 2025. 10. 1.〉

제36조(수도시설 수탁기관) ①법 제23조제1항에서 "대통령령으로 정하는 전문기관"이란 다음 각 호의 기관을 말한다. 〈개정 2009. 12. 24., 2010. 11. 26., 2012. 5. 14., 2021. 3. 30., 2025. 4. 22., 2025. 10. 1.〉

1. 「한국수자원공사법」에 따른 한국수자원공사

2. 「한국환경공단법」에 따른 한국환경공단

3. 「지방공기업법」에 따른 지방직영기업·지방공사 및 지방공단

4. 「건설산업기본법」 제2조에 따른 토목건축공사업자인 법인

5. 「엔지니어링산업 진흥법」 제2조에 따른 건설부문 상하수도 분야와 환경부문 수질관리 분야의 엔지니어링사업자인 법인

6. 「기술사법」 제6조에 따른 건설부문 상하수도 및 환경 분야와 환경부문 수질관리 분야의 기술사사무소

7. 수도관리업무를 수행할 능력이 있다고 인정되어 기후에너지환경부령으로 정하는 기관

8. 일반수도사업자가 수도관리업무를 수행할 능력이 있다고 인정하여 지방자치단체의 조례나 상수도조합의 규약으로 정하는 자 또는 지방자치단체가 아닌 수도사업자의 경우는 다른 법령으로 정하는 자(단순위탁 중 슬러지의 수거·처리 등 단순하고 반복적인 업무를 위탁하는 경우만 해당한다)

9. 상수도관망관리대행업자(송수·배수시설 또는 급수설비의 수도관리업무를 단순위탁하는 경우로 한정한다)

제37조(위탁계획서의 작성 및 의견 수렴 등) ①일반수도사업자는 법 제23조제1항에 따라 수도관리업무를 위탁하려면 다음 각 호의 사항을 포함하는 위탁계획서를 작성하여 법 제23조제5항에 따른 수도관리위탁심의위원회(이하 "위탁심의위원회"라 한다)의 의견을 들은 후 20일 이상 주민에게 공람하고 설명회를 개최하여야 한다. 〈개정 2010. 11. 26., 2025. 4. 22.〉

1. 위탁의 목적 및 범위
2. 위탁기간
3. 위탁대가의 산정과 지급에 관한 사항
4. 그 밖에 일반수도사업자가 수도관리업무의 위탁에 필요하다고 인정하는 사항

②일반수도사업자는 제1항에 따라 위탁계획서를 주민에게 공람하려면 미리 위탁계획서의 개요와 공람기간·공람장소·의견의 제출시기 및 방법 등을 일간신문, 공보, 인터넷 홈페이지 또는 방송 등을 통하여 공고하고, 공람장소에 관계 서류를 갖추어 두어야 한다. 〈개정 2008. 12. 3., 2010. 1. 27., 2020. 11. 24.〉

③일반수도사업자는 제1항에 따라 설명회를 개최하려면 미리 위탁계획서의 개요와 설명회의 일시 및 장소 등을 하나 이상의 중앙일간신문과 지방일간신문에 각각 1회 이상 공고하여야 하고, 제2항에 따른 공람기간이 시작된 날부터 10일 이내에 설명회를 개최하여야 한다.

④일반수도사업자는 위탁심의위원회의 의견을 들어 공청회를 개최하고 의견을 수렴할 수 있다. 이 경우 위탁계획서의 개요, 공청회의 일시 및 장소 등을 공청회 개최 14일 전까지 공보·인터넷홈페이지 또는 「신문 등의 진흥에 관한 법률」 제2조제1호가목에 따른 일반일간신문 등에 공고하여야 한다. 〈개정 2008. 12. 3., 2010. 1. 27.〉

⑤일반수도사업자는 법 제23조제1항에 따라 위탁계약을 체결하려는 경우에 특별한 사유가 없으면 제1항부터 제4항까지의 규정에 따른 위탁심의위원회의 심의결과와 의견 수렴 결과를 반영하여야 한다.

⑥ 일반수도사업자는 위탁계약을 체결한 경우에는 체결일부터 15일 이내에 다음 각 호의 사항을 공보·인터넷홈페이지 또는 일간신문 등에 공고하여야 한다.

1. 위탁의 목적
2. 위탁의 내용 및 범위
3. 위탁기간
4. 수탁자의 성명 및 주소
5. 위탁비용의 조달방안
6. 그 밖에 위탁에 따르는 사항

제38조(위탁심의위원회의 기능ㆍ운영) ①위탁심의위원회는 다음 각 호의 사항을 심의한다. 〈개정 2010. 11. 26.〉

1. 위탁의 목적ㆍ대상 및 범위의 타당성
2. 위탁기간 및 위탁대가의 적정성
3. 투자계획 및 예산조달 방안의 적정성
4. 위탁성과의 평가
5. 그 밖에 일반수도사업자가 수도관리업무의 위탁에 관하여 심의가 필요하다고 인정하여 회의에 부치는 사항

② 삭제 〈2010. 11. 26.〉

③ 삭제 〈2010. 11. 26.〉

④위탁심의위원회의 위원은 다음 각 호의 자 중에서 일반수도사업자가 위촉한다. 이 경우 일반수도사업자는 다음 각 호의 자가 각각 1명 이상이 되도록 위원을 위촉하여야 한다. 〈개정 2010. 11. 26.〉

1. 「국가기술자격법」 제9조에 따른 상하수도 분야 기술사
2. 상하수도 관련 박사학위 소지자
3. 「공인회계사법」 제7조에 따라 등록한 공인회계사
4. 변호사 또는 대학의 법학교수 등 법률전문가

⑤위탁심의위원회의 위원에게는 예산의 범위 안에서 수당, 여비, 그 밖에 필요한 경비를 지급할 수 있다. 다만, 공무원이 그 소관업무와 직접 관련하여 위원회에 출석하는 경우에는 그러하지 아니하다.

⑥ 이 영에 규정한 사항 외에 위탁심의위원회의 운영에 필요한 사항은 지방자치단체의 조례 또는 상수도조합의 규약으로 정한다. 〈개정 2025. 4. 22.〉

[제목개정 2010. 11. 26.]

제39조(위탁성과의 평가) ①일반수도사업자는 법 제23조제1항어 따라 수도관리업무를 위탁하였으면 위탁계약을 체결한 날부터 5년마다 수탁자의 시설의 운영ㆍ관리 및 경영성과 등을 평가하여 수도관

리업무를 개선·발전시켜야 한다.

②일반수도사업자는 제1항에 따라 평가한 결과 시정할 필요성이 있는 사항에 대하여 수탁자에게 그 시정을 요구할 수 있고, 그 결과가 우수한 수탁자에게 예산의 범위에서 성과급을 지급하거나 그 밖의 지원을 할 수 있다.

③제1항과 제2항에 따른 위탁성과 평가의 방법 및 절차, 평가결과에 따른 조치사항 등에 관하여 필요한 사항은 기후에너지환경부장관이 정하여 고시한다. 〈개정 2025. 10. 1.〉

제40조(위탁계약의 해지) 일반수도사업자는 위탁계약을 체결하려는 때에는 다음 각 호의 어느 하나에 해당하는 사유가 발생하면 위탁계약을 해지할 수 있다는 내용을 그 위탁계약에 자세히 밝혀야 한다.

1. 수탁자가 위탁받은 수도관리업무의 운영이 부진하여 위탁목표를 달성할 수 없게 된 경우

2. 「주민투표법」에 따른 주민투표의 결과 위탁계약을 해지하기로 한 경우

제41조(정수시설운영관리사 자격요건) ① 법 제24조제1항에서 "기후에너지환경부장관이 실시하는 정수시설운영관리사 자격시험에 합격하거나 양성과정의 이수 등 대통령령으로 정하는 자격요건"이란 별표 3에 따른 정수시설운영관리사 자격요건을 말한다. 〈개정 2025. 10. 1.〉

② 법 제24조제1항에 따라 정수시설운영관리사 자격증의 발급을 신청하려는 사람은 기후에너지환경부령으로 정하는 바에 따라 자격증 발급신청서를 기후에너지환경부장관에게 제출해야 한다. 〈개정 2025. 10. 1.〉

[전문개정 2024. 8. 13.]

제42조(시험방법 및 합격기준 등) ① 법 제24조제1항에 따른 정수시설운영관리사 자격시험은 제1차 시험과 제2차 시험으로 구분하여 실시한다. 다만, 기후에너지환경부장관이 필요하다고 인정할 때에는 제1차 시험과 제2차 시험을 동시에 실시할 수 있다. 〈개정 2008. 1. 3., 2025. 10. 1.〉

② 제1항에 따른 제1차 시험과 제2차 시험은 각각 다음 각 호의 모든 과목에 대하여 등급별로 난이도를 달리하여 실시하되, 제1차 시험은 선택형으로 하고 제2차 시험은 논문형 또는 주관식 단답형

으로 실시한다. 〈개정 2008. 1. 3.〉
1. 수처리공정
2. 수질분석 및 관리
3. 설비운영(기계 · 장치 또는 계측기 등)
4. 정수시설 수리학

③ 제1차 시험과 제2차 시험의 합격자는 각각 매 과목 100점을 만점으로 하여 매 과목 40점 이상, 전 과목 평균 60점 이상을 득점한 자로 한다. 〈개정 2008. 1. 3.〉

④제2차 시험은 제1차 시험에 합격한 자에 대하여 실시한다. 다만, 제1항 단서에 따라 제1차 시험과 제2차 시험을 동시에 실시하는 경우에 제1차 시험에 불합격한 자의 제2차 시험은 무효로 한다.

⑤제1차 시험에 합격한 자에 대하여는 합격한 날부터 2년간 제1차 시험을 면제한다. 다만, 2년 이내에 시험이 실시되지 아니하는 경우에는 다음에 이어지는 1회에만 면제한다.

⑥자격시험의 출제 · 채점 · 응시절차 · 수수료, 그 밖에 필요한 사항은 기후에너지환경부령으로 정한다. 〈개정 2025. 10. 1.〉

제43조(시험과목의 일부 면제) 법 제24조제8항에 따라 「국가기술자격법」에 따른 관련 분야 자격취득자에 대하여는 다음 각 호의 구분에 따라 시험과목의 일부를 면제한다. 〈개정 2008. 1. 3., 2022. 7. 11., 2024. 8. 13.〉
1. 상하수도기술사 : 제42조제2항에 따른 정수시설운영관리사 1급 및 2급의 제1차 시험과목 중 제1호부터 제4호까지
2. 수질관리기술사 : 제42조제2항에 따른 정수시설운영관리사 1급 및 2급의 제1차 시험과목 중 제1호 · 제2호 및 제4호
3. 수질환경기사 : 제42조제2항에 따른 정수시설운영관리사 2급의 제1차 시험과목 중 제1호 및 제2호
4. 삭제 〈2024. 8. 13.〉

제43조의2(정수시설운영관리사 양성과정) ① 법 제24조제1항 및 제3항에 따른 정수시설운영관리사 3급의 양성과정은 정수장의 공정 · 수질 · 설비의 관리 등에 관한 교육을 포함해야 한다.

② 제1항에 따른 교육의 구체적인 내용과 방법 및 교육시간에 관한 세부사항은 기후에너지환경부장관이 정한다. 〈개정 2025. 10. 1.〉

[본조신설 2024. 8. 13.]

제43조의3(정수시설운영관리사 양성과정 수탁기관) 법 제24조제9항에서 "대통령령으로 정하는 기관 또는 단체"란 협회를 말한다.

[본조신설 2024. 8. 13.]

제44조(상수도관망시설운영관리사) ① 법 제25조의2제1항에 따른 상수도관망시설운영관리사의 자격요건은 별표 3의2와 같다.

② 법 제25조의2제1항에 따라 상수도관망시설운영관리사 자격증의 발급을 신청하려는 사람은 기후에너지환경부령으로 정하는 자격증 발급신청서를 기후에너지환경부장관에게 제출해야 한다. 〈개정 2025. 10. 1.〉

③ 상수도관망시설운영관리사의 등급은 1급과 2급으로 구분한다.

④ 상수도관망시설운영관리사의 직무범위는 다음 각 호와 같다.

1. 상수도관망 운영·관리 계획의 수립 및 실행
2. 상수도관망의 누수탐사·복구 등 누수 관리
3. 상수도관망시설의 점검·정비

[본조신설 2021. 3. 30.]

제45조 삭제 〈2010. 11. 26.〉

제46조(수질기준의 강화 등 조례의 통보) 시·도지사는 법 제26조제4항에 따른 사항을 조례로 정한 경우에는 지체 없이 기후에너지환경부장관에게 통보해야 한다. 조례로 정한 사항을 변경하였을 때에도 또한 같다. 〈개정 2014. 6. 30., 2023. 11. 16., 2025. 10. 1.〉

[제목개정 2023. 11. 16.]

제46조의2(현장수습조정관의 파견 등) ① 기후에너지환경부장관이 법 제26조의2제3항에 따라 현장수습조정관을 파견할 수 있는 경우는 다음 각 호와 같다. 〈개정 2025. 10. 1.〉

1. 수돗물이 법 제26조제2항에 따른 수질기준에 위반되는 등의 사유로 수돗물을 안전하고 적정하게 공급할 수 없는 상황이 상당기간 지속되거나 추가적인 피해가 예상되는 경우

2. 수돗물 공급과정에서 발생한 수질오염이 중대하여 시급히 복구할 필요가 있다고 판단되는 경우

3. 일반수도사업자가 수돗물을 공급하는 과정에서 발생하는 문제를 스스로 해결하기 어려워 기후에너지환경부장관에게 현장수습조정관의 파견을 요청하는 경우

② 기후에너지환경부장관은 제1항 각 호의 어느 하나의 경우에

해당하여 현장수습조정관의 파견이 필요하다고 판단되는 경우에는 해당 일반수도사업자와 협의하여 지체 없이 현장수습조정관을 파견해야 한다. 〈개정 2025. 10. 1.〉

③ 법 제26조의2제4항에 따른 현장수습조정관의 역할은 다음 각 호와 같다.

1. 신속한 사고 대응, 상황 관리, 피해의 최소화 및 복구 등에 필요한 조치의 수립 및 이행의 지원

2. 사고의 대응·복구를 위한 관계 기관과의 협조

3. 사고의 원인, 피해규모 등에 관한 정보의 수집 및 국민에 대한 관련 정보의 제공

4. 그 밖에 수돗물의 안전하고 적정한 공급에 필요한 조치

[본조신설 2020. 11. 24.]

제47조(수질기준 위반내용 등의 공지기준) 법 제27조제1항에서 "대통령령으로 정하는 사유에 해당하는 경우"란 다음 각 호의 어느 하나에 해당되는 경우를 말한다.

1. 어류관찰수조 및 생물경보시스템 등 각종 경보시스템을 통해 관찰한 결과 독극물 유입이 명확하다고 판단되는 경우

2. 정수지 유출부에서 분원성(糞原性)대장균군이 검출되는 경우

3. 수돗물로 인하여 수인성(水因性)질병이 발생된 것으로 판명되는 경우

4. 탁도가 1 NTU(Nephelometric Turbidity Unit)를 초과하여 24시간 이상 지속되는 경우

5. 탁도가 5 NTU를 초과하는 경우

6. 잔류염소농도가 정수지 유출부에서 0.1mg/L(결합잔류염소의 경우에는 0.4mg/L) 미만으로 1시간 이상 지속되는 경우

7. 잔류염소농도가 정수지 유출부에서 4㎎/L 이상인 경우

8. 소독에 따라 요구되는 불활성화비 값이 1 미만인 경우로서 48시간 이상 지속되는 경우

9. 수소이온농도(pH)가 5.5 미만이거나 9.0을 초과하는 경우로서 1시간 이상 지속되는 경우

10. 질산성질소의 농도가 10㎎/L를 초과하는 경우

11. 그 밖에 일반수도사업자가 즉시 주민공지가 필요하다고 판단하는 경우

[전문개정 2012. 5. 14.]

제48조 삭제 〈2012. 5. 14.〉

제49조(수질검사시설의 설치) ①법 제29조제2항에 따라 일반수도사업자가 갖추어야 할 검사시설의 기준은 다음 각 호와 같다. 〈개정 2012. 7. 20., 2025. 10. 1.〉

1. 원수검사시설 : 「환경정책기본법 시행령」 별표 중 수질 및 수생태계 환경기준을 검사할 수 있는 장비와 시험시설

2. 정수검사시설 : 법 제26조제2항에 따라 기후에너지환경부령으로 정하는 먹는물의 수질기준을 검사할 수 있는 장비와 시험시설

②제1항에도 불구하고 일반수도사업자가 관할 시·도지사의 승인을 받아 보건환경연구원 등 국공립연구기관이나 그 밖에 기후에너지환경부령으로 정하는 기관에 위탁하거나 의뢰하여 수질을 검사하는 경우에는 제1항에 따른 수질검사시설(기후에너지환경부령으로 정하는 검사항목의 측정시설은 제외한다)을 설치하지 아니할 수 있다. 이 경우 시·도지사는 관할지역의 수질검사 수요와 보건환경연구원 등의 검사능력을 고려하여 승인 여부를 결정하여야 한다. 〈개정 2025. 10. 1.〉

제49조의2(수돗물 먹는 실태조사의 실시) ① 법 제29조의2제1항에 따른 수돗물 먹는 실태조사(이하 이 조에서 "실태조사"라 한다)의 범위는 다음 각 호와 같다.

1. 「먹는물관리법」 제3조제1호에 따른 자연 상태의 물을 먹기에 적합하도록 처리한 수돗물(이하 이 조에서 "수돗물"이라 한다)을 먹는 방식

2. 수돗물에 대한 정보·인식 수준 및 만족도

3. 그 밖에 수돗물에 대한 정보·인식 수준 및 만족도를 높이기 위한 정책의 수립·시행 등에 필요한 사항

② 기후에너지환경부장관은 실태조사를 실시하려는 경우에는 조사의 목적·기간·대상 및 방법 등이 포함된 실태조사계획을 수립해야 한다. 〈개정 2025. 10. 1.〉

③ 실태조사는 표본조사 방식으로 실시하되, 서면·면접·온라인 조사 등의 방법을 사용할 수 있다.

④ 기후에너지환경부장관은 실태조사 결과를 기후에너지환경부의 인터넷 홈페이지에 공표할 수 있다. 〈개정 2025. 10. 1.〉

[본조신설 2020. 9. 29.]
[종전 제49조의2는 제49조의3으로 이동 〈2020. 9. 29.〉]

제49조의3(수돗물평가위원회의 조직과 운영 등) ① 법 제30조제1항에 따른 수돗물평가위원회(이하 "수돗물평가위원회"라 한다)는 위원장을 포함하여 15명 이내의 위원으로 구성한다.

② 위원은 수도 관련 업무를 담당하는 소속 공무원, 수도 관련 분야에 관한 학식과 경험이 풍부한 사람 및 일반 수요자 중에서 임명하거나 위촉한다. 이 경우 일반 수요자 중에서 위촉되는 위원 수는 전체 위원 수의 10분의 3 이상이 되도록 해야 한다. 〈개정 2020. 11. 24.〉

③ 수돗물평가위원회는 수돗물의 검사 등을 위하여 연 2회 이상 정기적으로 개최하고, 그 검사결과를 공표하여야 한다.

④ 제1항부터 제3항까지에서 규정한 사항 외에 수돗물평가위원회의 구성 및 운영 등에 필요한 사항은 지방자치단체의 조례 또는 상수도조합의 규약으로 정한다. 〈개정 2025. 4. 22.〉

[본조신설 2010. 11. 26.]
[제49조의2에서 이동 〈2020. 9. 29.〉]

제50조(저수조 설치현황 신고 대상 건축물 또는 시설의 종류 등) ① 법 제33조제2항 전단에서 "대통령령으로 정하는 규모 이상의 건축물이나 시설"이란 다음 각 호의 어느 하나에 해당하는 건축물이나 시설을 말한다. 다만, 저수조를 거치지 아니하고 수돗물을 공급하는 건축물이나 시설은 제외한다.

1. 연면적이 5천제곱미터 이상(건축물 또는 시설 안의 주차장 면적은 제외한다)인 건축물이나 시설
2. 연면적 2천제곱미터 이상인 둘 이상의 용도에 사용되는 건축물
3. 「건축법」 제2조제2항제14호에 따른 업무시설 중 연면적 3천제곱미터 이상인 업무시설
4. 「공연법」 제2조제4호에 따른 공연장 중 객석 수 1천석 이상인 공연장
5. 「유통산업 발전법」 제2조제3호에 따른 대규모점포(「실내공기질 관리법」의 적용을 받는 시설은 제외한다)
6. 「유통산업 발전법」 제2조제7호에 따른 상점가 중 지하도에 있는 연면적 2천제곱미터 이상인 상점가(「실내공기질 관리법」의 적용

을 받는 시설은 제외한다)

7. 「체육시설의 설치·이용에 관한 법률」 제2조제1호에 따른 체육시설 중 관람석 1천석 이상인 실내체육시설

8. 「학원의 설립·운영 및 과외교습에 관한 법률」 제2조제1호에 따른 학원 중 연면적 2천제곱미터 이상인 학원

9. 「건축법 시행령」 별표 1 제2호가목에 따른 아파트 및 그 복리시설

10. 「건축법 시행령」 별표 1 제5호나목에 따른 예식장 중 연면적 2천제곱미터 이상인 예식장

② 제1항 각 호에 따른 연면적을 계산할 때 둘 이상의 건축물로 이루어진 시설의 경우에는 개별 건축물의 연면적을 모두 합산한 면적으로 한다.

③ 법 제33조제2항 본문에 따라 저수조 설치현황 신고를 하려는 자는 저수조를 설치한 날부터 30일 이내에 기후에너지환경부령으로 정하는 저수조 설치현황 신고서에 저수조 시공 도면을 첨부하여 일반수도사업자에게 제출해야 한다. 〈신설 2024. 7. 9., 2025. 10. 1.〉

[전문개정 2017. 4. 11.]

[제목개정 2024. 7. 9.]

제51조(급수관의 세척 등 조치를 하여야 하는 건축물 또는 시설) ① 법 제33조제4항 각 호 외의 부분에서 "대통령령으로 정하는 규모 이상의 건축물 또는 시설"이란 다음 각 호의 구분에 따른 건축물 또는 시설을 말한다. 〈개정 2024. 7. 9.〉

1. 다음 각 목의 어느 하나에 해당하는 건축물 또는 시설로서 연면적 6만제곱미터 이상인 건축물 또는 시설

가. 법 제33조제4항제1호부터 제3호까지 및 제10호에 따른 건축물 또는 시설

나. 법 제33조제4항제7호에 따른 시설 중 「건축법 시행령」 별표 1 제14호나목에 따른 일반업무시설

2. 다음 각 목의 어느 하나에 해당하는 건축물 또는 시설로서 연면적 5천제곱미터 이상인 건축물 또는 시설

가. 법 제33조제4항제4호부터 제6호까지 및 제8호부터 제10호까지에 따른 시설

나. 법 제33조제4항제7호에 따른 시설 중 「건축법 시행령」 별

표 1 제14호가목에 따른 공공업무시설

② 법 제33조제4항제2호에서 “대통령령으로 정하는 건축물”이란 「건축법 시행령」 별표 1 제2호가목에 따른 아파트를 말한다. 〈개정 2024. 7. 9.〉

③ 법 제33조제4항제5호에서 “대통령령으로 정하는 시설”이란 다음 각 호의 어느 하나에 해당하는 시설을 말한다. 〈개정 2024. 7. 9.〉

1. 「건축법 시행령」 별표 1 제10호가목에 따른 학교
2. 「건축법 시행령」 별표 1 제10호바목에 따른 도서관 중 국가나 지방자치단체가 설치한 도서관

④ 법 제33조제4항제6호에서 “대통령령으로 정하는 시설”이란 다음 각 호의 어느 하나에 해당하는 시설을 말한다. 〈개정 2024. 7. 9.〉

1. 「건축법 시행령」 별표 1 제11호에 따른 노유자시설
2. 「건축법 시행령」 별표 1 제12호가목에 따른 생활권 수련시설
3. 「건축법 시행령」 별표 1 제12호나목에 따른 자연권 수련시설
4. 「건축법 시행령」 별표 1 제12호다목에 따른 유스호스텔
5. 「건축법 시행령」 별표 1 제13호에 따른 운동시설

⑤ 법 제33조제4항제8호에서 “대통령령으로 정하는 시설”이란 다음 각 호의 어느 하나에 해당하는 시설을 말한다. 〈개정 2024. 7. 9.〉

1. 「건축법 시행령」 별표 1 제23호가목에 따른 교정시설
2. 「건축법 시행령」 별표 1 제23호나목에 따른 갱생보호시설
3. 「건축법 시행령」 별표 1 제23호다목에 따른 소년원 및 소년분류심사원

[전문개정 2016. 7. 12.]

제52조(수도시설의 관리에 관한 교육 등) ①법 제36조제1항에 따른 수도시설의 관리에 관한 교육의 내용에는 다음 각 호의 사항이 포함되어야 한다.

1. 「수도법」 및 위생관련 법규
2. 수도시설의 운영과 유지관리에 관한 사항
3. 먹는물의 수질기준과 검사에 관한 사항
4. 수질환경 개선에 관한 사항
5. 그 밖에 수도시설의 관리를 위하여 필요한 사항

② 법 제36조제1항 및 제2항에 따른 교육대상자는 교육받은 날을 기준으로 다음 각 호의 구분에 따라 집합교육(이에 상응하는 인터넷

을 이용한 교육을 포함한다)을 받아야 한다. 다만, 최초 교육은 교육대상자가 된 날부터 1년 이내에 받아야 한다. 〈개정 2023. 11. 21.〉

1. 다음 각 목의 어느 하나에 해당하는 자: 5년마다 8시간의 교육

가. 법 제36조제1항제1호에 해당하는 자

나. 법 제36조제1항제2호에 해당하는 자

다. 법 제36조제2항에 따른 저수조청소업에 직접 종사하는 종업원(현장에서 직접 지도하는 감독자를 포함한다. 이하 제4항에서 같다)

2. 다음 각 목의 어느 하나에 해당하는 자: 2년마다 35시간의 교육

가. 법 제36조제1항제3호에 해당하는 자

나. 법 제36조제2항에 따른 수도시설의 운영요원

3. 다음 각 목의 어느 하나에 해당하는 자: 3년마다 35시간의 교육

가. 법 제36조제1항제4호에 해당하는 자

나. 법 제36조제2항에 따른 상수도관망관리대행업에 직접 종사하는 종업원

③ 법 제36조제1항 및 제2항에 따른 교육대상자가 법 제33조제3항을 위반하거나 법 제35조에 따라 영업정지처분을 받은 경우에는 위반행위가 적발된 날부터 2년 이내에 교육을 받아야 한다. 〈신설 2023. 11. 21., 2024. 7. 9.〉

④ 제2항 및 제3항에도 불구하고 교육대상자가 질병·부상 등으로 입원해 있거나, 재난이 발생하는 등 정해진 기간 안에 교육을 받을 수 없는 부득이한 사유가 있는 경우에는 기후에너지환경부장관이 정하는 바에 따라 3개월의 범위에서 교육을 연기할 수 있다. 〈신설 2024. 11. 12., 2025. 10. 1.〉

⑤제2항 및 제3항에 따른 교육에 필요한 경비는 피교육자가 부담한다. 다만, 법 제36조제2항에 따른 운영요원과 종업원의 교육에 필요한 경비는 그 운영요원과 종업원을 고용한 일반수도사업자, 저수조청소업자 또는 상수도관망관리대행업자가 부담한다. 〈개정 2021. 3. 30., 2023. 11. 21., 2024. 11. 12.〉

⑥법 제36조제3항에서 "대통령령으로 정하는 기관 또는 단체"란 다음 각 호의 어느 하나에 해당하는 기관이나 단체를 말한다. 〈개정 2009. 12. 24., 2012. 7. 20., 2023. 5. 23., 2023. 11. 21., 2024. 8. 13., 2024. 11. 12., 2025. 10. 1.〉

1. 협회
2. 「한국수자원공사법」에 따른 한국수자원공사
3. 「환경정책기본법」 제59조에 따른 한국환경보전원
4. 「한국환경공단법」에 따른 한국환경공단
5. 일반수도사업자가 운영하는 교육기관 중 적정한 인력 등을 갖추었다고 기후에너지환경부장관이 인정하는 기관
6. 그 밖에 교육업무를 수행할 능력이 있다고 인정되어 기후에너지환경부령으로 정하는 기관

⑦제6항에 따른 교육실시기관의 장(이하 이 조에서 “교육실시기관장”이라 한다)은 매년 말까지 다음 각 호의 사항이 포함된 다음 연도의 교육계획을 작성하여 기후에너지환경부장관에게 제출하여야 한다. 〈개정 2023. 11. 21., 2024. 11. 12., 2025. 10. 1.〉

1. 교육의 기본 방향
2. 교육수요의 조사결과 및 장기추계
3. 교육과정의 설치계획
4. 교육교재(실습교재를 포함한다) 및 그 사용계획
5. 교육대상 및 교육비
6. 그 밖에 교육에 필요한 사항

⑧교육실시기관장은 교육을 이수한 자에게 수료증을 발급하여야 하며, 교육 실시 결과를 다음 해 1월 15일까지 기후에너지환경부장관에게 보고하여야 한다. 〈개정 2023. 11. 21., 2024. 11. 12., 2025. 10. 1.〉

⑨그 밖에 구체적인 교육대상별 교육의 과정과 실시방법 등에 관하여 필요한 사항은 기후에너지환경부장관이 정한다. 〈개정 2023. 11. 21., 2024. 11. 12., 2025. 10. 1.〉

제53조(공급규정의 승인신청) 법 제38조에 따라 수돗물의 공급규정에 관한 인가관청의 승인을 받으려는 자는 다음 각 호의 사항이 포함된 공급규정을 정하여 승인을 신청하여야 한다. 〈개정 2025. 10. 1.〉

1. 수돗물의 요금 산정에 필요한 기초자료
2. 급수설비에 관한 공사비용의 산출기준과 방법
3. 역류에 따른 수돗물의 오염을 방지하기 위한 계량기 후단의 역류방지밸브 설치 등 급수설비의 설치 및 관리에 관한 사항
4. 그 밖에 수돗물의 공급에 관하여 기후에너지환경부령으로 정하

는 사항

제53조의2(수도요금 감면) ① 법 제38조제4항 각 호 외의 부분에서 "교육시설 · 사회복지시설 등 대통령령으로 정하는 공익시설"이란 다음 각 호의 시설을 말한다. 〈개정 2012. 1. 26., 2012. 5. 14., 2012. 8. 3., 2014. 6. 30., 2018. 6. 12.〉

1. 「초 · 중등교육법」 제2조 각 호에 따른 학교

1의2. 「유아교육법」 제2조제2호에 따른 유치원

2. 「사회복지사업법」 제2조제4호에 따른 사회복지시설

3. 그 밖에 지방자치단체의 조례로 정하는 시설

② 법 제38조제4항에 따른 수돗물의 요금 할인율 등 수돗물의 요금 할인에 관한 구체적인 사항은 지방자치단체의 조례로 정한다. 〈개정 2014. 6. 30.〉

[본조신설 2010. 11. 26.]

제53조의3(수돗물의 공급 거절) 법 제39조제1항에 따라 일반수도사업자는 수돗물의 공급을 원하는 자에게 다음 각 호의 어느 하나에 해당하는 경우 외에는 그 공급을 거절해서는 아니 된다.

1. 수도시설의 파괴 또는 고장 등의 사유로 수돗물의 정상적인 공급이 어려운 경우

2. 정수시설의 교체 또는 오작동이나 유해물질의 유입 등의 사유로 법 제26조에 따른 수질기준을 충족하지 못하게 된 경우 등 수돗물을 공급받는 자의 건강보호를 위하여 필요한 경우

[본조신설 2014. 6. 30.]

제54조(재결 관할의 준용) 법 제41조제3항에 따른 재결신청의 경우에는 「공익사업을 위한 토지 등의 취득 및 보상에 관한 법률」 제51조를 준용한다.

제55조(공업용수도 등에 관한 준용) 공업용수도 및 공업용수도사업에 관하여는 제27조부터 제30조까지의 규정, 제33조, 제35조부터 제40조까지의 규정 및 제53조를 준용한다.

제56조(일반 수요자에 대한 광역상수도 수돗물의 공급) 법 제43조제4항에 따라 광역상수도의 수돗물을 일반 수요자에게 공급할 수 있는 경우는 다음 각 호에 해당하는 요건을 갖춘 경우로 한다. 〈개정 2010. 11. 26.〉

1. 지방상수도나 그 밖의 다른 수단에 의하여 수돗물을 공급하는

것이 현저히 곤란하여 광역상수도에서 직접 공급할 수밖에 없는 경우
2. 공공기관ㆍ군부대ㆍ학교ㆍ발전소 또는 1일 물사용량이 1천 톤 이상인 공장에 공급하는 경우
3. 삭제 〈2010. 11. 26.〉

제57조(국가가 설치하는 전용수도) ①법 제51조에 따라 국가가 전용수도를 설치하려는 경우에 주무부장관은 미리 기후에너지환경부장관과 협의하여야 한다. 〈개정 2008. 2. 29., 2013. 3. 23., 2018. 6. 8., 2025. 10. 1.〉

②국가가 설치하는 전용수도에 관하여는 법 제53조와 제54조를 준용한다.

제58조(전용상수도의 인가신청) ①법 제52조에 따른 전용상수도의 설치인가를 받으려는 자는 기후에너지환경부령으로 정하는 바에 따라 전용상수도 설치인가 신청서에 설치계획서를 첨부하여 특별자치시장ㆍ특별자치도지사ㆍ시장ㆍ군수에게 제출하여야 한다. 〈개정 2012. 1. 26., 2012. 5. 14., 2025. 10. 1.〉

②제1항에 따른 설치계획서에는 다음 각 호의 사항이 포함되어야 한다. 〈개정 2008. 6. 20.〉
1. 수도시설의 개요
2. 급수인구 및 1인당 1일 급수량
3. 1일 최대급수량 및 1일 평균급수량
4. 제27조제2항제5호부터 제8호까지의 사항
5. 전용상수도를 설치함으로 인하여 기존의 수리권자(水利權者)에게 미치는 영향검토서. 다만, 「지하수법」 등 다른 법령에 따라 취수원의 개발 또는 이용에 관한 허가를 받은 경우는 제외한다.

제58조의2(전용상수도의 인가요건) 법 제52조제1항에 따라 전용상수도의 인가를 받으려는 자는 다음 각 호의 요건을 모두 갖추어야 한다.
1. 제29조에 따른 시설기준에 적합할 것. 다만, 같은 조 제1항제2호ㆍ제3호ㆍ제5호 및 제6호의 시설기준은 해당 시설이 필요한 경우에만 적용한다.
2. 인가로 인하여 기존 수리권자가 손실을 받게 됨이 명백한 경우에는 기존 수리권자의 동의를 받을 것. 다만, 「지하수법」 등 다른 법령에 따라 취수원의 개발 또는 이용에 관한 허가를 받은 경우는

제외한다.

[본조신설 2008. 6. 20.]

제59조(전용상수도 변경인가 사항) 법 제52조제2항에서 "대통령령으로 정하는 중요한 사항"이란 다음 각 호의 어느 하나에 해당하는 것을 말한다.

1. 상수원이나 취수지점의 위치 및 정수방법
2. 수도시설의 위치도 및 계획평면도
3. 1일 최대급수량 및 1일 평균급수량(그 증감량이 10분의 1 미만인 경우는 제외한다)

제60조(업무 등) 협회는 다음 각 호의 업무를 수행한다. 〈개정 2014. 6. 30., 2025. 10. 1.〉

1. 수도(하수도를 포함한다. 이하 이 조에서 같다)에 관한 정책과 수도의 운영에 대한 건의 및 자문
2. 삭제 〈2017. 4. 11.〉
3. 수도기술과 수도사업 발전을 위한 조사ㆍ연구 및 보급
4. 수도 관계 시설기준ㆍ설계기준 및 표준설명서에 관한 연구 및 보급
5. 수도에 관한 홍보활동ㆍ교육 및 연수
6. 수도 관계 국제 교류
7. 회원의 복리 증진과 권익 옹호
8. 수도용 자재와 제품의 규격 연구, 단체표준 제정 및 검사ㆍ인증
9. 수도시설에 대한 기술진단 및 기술지원
10. 그 밖에 기후에너지환경부장관이 위탁하거나 정관에서 정하는 사항

제61조(협회의 감독) ①기후에너지환경부장관은 협회의 업무를 감독한다. 〈개정 2025. 10. 1.〉

②기후에너지환경부장관은 제1항에 따른 감독을 하기 위하여 필요하다고 인정하면 협회에 자료 제출을 요구할 수 있다. 〈개정 2025. 10. 1.〉

제61조의2(토지의 지하부분 사용에 대한 보상기준 및 방법 등) ① 법 제60조의2제1항에 따른 타인 토지의 지하부분 사용에 대한 보상은 별표 3의3에 따른다. 〈개정 2021. 3. 30.〉

② 수도사업자는 토지의 지하부분 사용에 따른 보상을 할 때에는

토지 소유자에게 개인마다 일시불로 보상금을 지급하여야 한다.

[본조신설 2018. 12. 11.]

제62조(정수장 안전관리체제의 확립) ①기후에너지환경부장관은 정수장의 안전관리체제를 확립하기 위하여 정수장의 운영 및 시설관리 상태 등을 평가하는 제도를 운영할 수 있다. 〈개정 2025. 10. 1.〉

②제1항에 따른 평가제도의 운영 및 평가에 따른 포상금의 지급 등을 위하여 필요한 사항은 기후에너지환경부장관이 정하여 고시한다. 〈개정 2012. 5. 14., 2025. 10. 1.〉

제63조(강제징수의 위임·위탁) 법 제68조제2항에 따라 수도요금 등의 강제징수를 위임하거나 위탁하려는 지방자치단체는 다음 각 호의 사항을 문서에 적어 위임받거나 위탁받은 지방자치단체에 송부하여야 한다.

1. 납부의무자의 전 주소와 현 주소
2. 납부액과 납부기한
3. 독촉장 또는 최고장 발부 사실의 유무와 그 발부연월일
4. 그 밖의 참고사항

제64조(수입금의 사용범위) 법 제69조에서 "대통령령으로 정하는 사항"이란 다음 각 호와 같다. 〈개정 2014. 6. 30., 2024. 7. 9.〉

1. 법 제21조제5항에 따른 급수설비의 세척·갱생·교체에 필요한 비용의 보조나 융자
2. 법 제33조제3항에 따른 수질검사에 필요한 비용의 지원
3. 제53조의 공급규정에 따른 급수관 설치비용의 일부 지원

제65조(원인자부담금) ①수도사업자는 법 제71조제1항에 따라 수도공사를 하는 데에 비용 발생의 원인을 제공한 자(주택단지·산업시설 등 수돗물을 많이 쓰는 시설을 설치하여 수도시설의 신설이나 증설 등의 원인을 제공한 자를 포함한다)에게 원인자부담금을 부담하게 하려면 법 제71조제2항에 따른 원인자부담금의 산정기준과 납부방법 등에 대하여 이를 부담할 자와 미리 협의하여야 한다. 이 경우 협의가 이루어지지 아니하면 수도사업자는 수돗물 사용량에 따라 수도공사에 드는 비용 등을 고려하여 그 부담금액을 정할 수 있다. 〈개정 2008. 1. 3., 2017. 4. 11.〉

② 수도사업자는 제1항에 따라 원인자부담금을 부담하게 하려면 수도공사 등에 드는 비용을 산출하여 그 금액·납부기한 및 납부장

소를 납입고지서에 적어 부담금을 낼 자에게 알려야 한다. 〈개정 2008. 1. 3.〉

③제1항에 따른 원인자부담금은 다음 각 호의 비용을 합산한 금액으로 한다.

1. 수도시설의 신설·증설 비용
2. 시설물의 원상복구에 드는 공사비
3. 수도시설의 세척 등으로 인하여 사용할 수 없게 된 수돗물의 요금에 상당하는 금액
4. 단수(斷水)로 인한 급수차 사용경비
5. 도로복구비와 도로결빙 방지비용
6. 복구작업에 동원된 차량 및 직원의 경비
7. 그 밖에 홍보에 든 경비 등

④ 수도사업자는 법 제71조제1항에 따라 수도시설을 손괴하는 사업이나 행위를 한 자에게 원인자부담금을 부담하게 하려면 수도시설의 수선과 유지에 관한 비용이나 손괴 예방을 위한 시설의 설치에 필요한 비용을 산출하여 부담금의 금액·납부기한 및 납부장소를 납입고지서에 적어 부담금을 낼 자에게 알려야 한다. 〈신설 2008. 1. 3.〉

⑤ 제4항에 따른 원인자부담금은 다음 각 호의 비용을 합산한 금액으로 한다. 〈신설 2008. 1. 3.〉

1. 수도시설의 손괴 등으로 인하여 새거나 사용할 수 없게 된 수돗물의 요금에 상당하는 금액
2. 제3항제2호 및 제4호부터 제7호까지의 규정에 따른 비용

⑥제3항 및 제5항에 따른 비용의 산출에 필요한 세부기준은 해당 지방자치단체의 조례로 정한다. 〈개정 2008. 1. 3.〉

제65조의2(수도시설에 대한 기술진단 등) 법 제74조제1항에 따른 수도시설에 대한 기술진단의 실시를 위한 장비기준 및 방법 등의 준수사항은 별표 3의4와 같다. 〈개정 2021. 3. 30.〉

[본조신설 2020. 11. 24.]

제66조(국고 보조의 검토) 기후에너지환경부장관은 법 제75조에 따른 국고의 보조를 위하여 필요한 경우에는 한국환경공단 또는 한국수자원공사에 기술적 사항에 관한 검토를 요청할 수 있다. 〈개정 2020. 11. 24., 2025. 10. 1.〉

[전문개정 2018. 6. 12.]

제67조(권한 또는 업무의 위임ㆍ위탁) ①기후에너지환경부장관은 법 제78조제1항에 따라 다음 각 호의 권한을 시ㆍ도지사에게 위임한다. 〈개정 2010. 11. 26., 2012. 1. 26., 2012. 5. 14., 2016. 7. 12., 2018. 6. 12., 2020. 11. 24., 2024. 8. 13., 2025. 10. 1.〉

1. 법 제7조제1항과 제2항에 따른 상수원보호구역의 지정ㆍ변경 및 공고

2. 법 제13조제2항에 따른 기구등의 철거나 그 밖에 필요한 조치 또는 수돗물의 공급 중지

3. 법 제14조의5 및 법 제14조의6에 따른 제품등의 수거등의 권고 및 명령

3의2. 법 제14조의7에 따른 현장조사 및 자료제출 요구

3의3. 법 제14조의8에 따른 제품등의 수거등 권고 또는 명령의 해제 접수 및 해제 결정

4. 법 제44조제1항에 따른 수도시설등의 매수승인

4의2. 법 제87조제1항제3호(법 제15조제1항을 위반하여 절수설비 또는 절수기기를 설치하지 않은 자에게 부과ㆍ징수하는 과태료로 한정한다), 같은 조 제2항제2호부터 제4호까지에 따른 과태료의 부과ㆍ징수

5. 제11조의2에 따른 상수원보호구역의 지정 또는 변경 시 주민의 의견청취

② 기후에너지환경부장관은 법 제78조제1항에 따라 다음 각 호의 권한을 유역환경청장이나 지방환경청장에게 위임한다. 〈개정 2020. 11. 24., 2021. 3. 30., 2022. 7. 11., 2025. 1. 21., 2025. 10. 1.〉

1. 법 제5조제3항에 따라 시장ㆍ군수(광역시의 군수는 제외한다)가 수립하는 수도정비계획의 승인 및 변경승인. 다만, 광역상수도를 공급하거나 공급받는 시ㆍ군의 시장ㆍ군수(광역시의 군수는 제외한다)가 수립하는 수도정비계획은 제외한다.

2. 법 제8조제3항에 따른 상수원보호구역의 관리상태 평가 및 필요한 조치의 요청

3. 법 제8조의2제2항에 따른 상수원보호구역에 대한 수질관리계획의 타당성 등 검토 및 보완 요구와 같은 조 제3항에 따른 추진실적 평가 및 필요한 조치의 요청

4. 법 제17조제1항에 따른 같은 항 제1호의 광역상수도 사업 또

는 지방상수도 사업 인가·변경인가 및 같은 조 제3항에 따른 그 인가·변경인가의 고시

5. 법 제17조제2항에 따른 일반수도사업(마을상수도는 제외한다)의 인가 전 협의 및 법 제49조제2항에 따른 공업용수도사업의 인가 전 협의

5의2. 법 제21조의4제1항 및 제2항에 따른 상수도관망관리대행업의 등록 및 변경등록

5의3. 법 제21조의5제1항에 따른 상수도관망관리대행업의 등록취소 또는 업무정지 명령

6. 법 제26조의2제3항에 따른 현장수습조정관의 파견

7. 법 제28조제8항에 따른 수도시설의 개선 등 필요한 조치의 명령

8. 법 제49조제1항에 따른 같은 항 제1호의 공업용수도사업 인가·변경인가 및 법 제50조에 따라 준용되는 법 제17조제3항에 따른 그 인가·변경인가의 고시

9. 법 제62조에 따른 사업계획의 변경 요구, 사업운영의 개선 지시 및 그 밖에 필요한 조치의 명령

10. 법 제74조의2제1항에 따른 기술진단 결과의 평가, 같은 조 제2항에 따른 자료의 제출 요구 및 같은 조 제3항에 따른 기술진단 결과의 수정 또는 보완 요구

10의2. 법 제87조제2항제5호에 따른 과태료의 부과·징수

11. 법 제87조제3항제3호의3·제4호·제4호의2·제4호의3·제5호·제6호·제8호 및 제9호에 따른 과태료의 부과·징수(일반수도사업자에게 부과·징수하는 과태료로 한정한다)

12. 법 제87조제4항제4호·제5호 및 제7호부터 제9호까지의 규정에 따른 과태료의 부과·징수(일반수도사업자에게 부과·징수하는 과태료로 한정한다)

③ 삭제 〈2020. 11. 24.〉

④ 삭제 〈2020. 11. 24.〉

⑤ 기후에너지환경부장관은 법 제78조제2항에 따라 다음 각 호의 업무를 한국수자원공사에 위탁한다. 〈개정 2020. 11. 24., 2022. 7. 11., 2025. 10. 1.〉

1. 법 제4조제1항에 따른 국가수도기본계획의 수립을 위한 조사·연구

2. 법 제7조의3에 따른 상수원 정보관리체계의 구축·운영
3. 법 제15조의2제1항에 따른 물절약전문업의 등록
4. 법 제15조의2제2항에 따른 물절약전문업자에 대한 지원
5. 법 제23조의2제2항에 따른 수도시설 운영·관리의 실태점검 및 관련 정보의 공유를 위한 전산망의 구축·운영
6. 법 제29조제4항에 따른 수질검사 및 수량분석에 관한 기록을 전산처리할 수 있는 전산망의 설치·운영
7. 법 제43조에 따른 일반수도의 수도시설의 설치를 위한 조사·설계 및 연구
8. 법 제48조에 따른 공업용수도시설의 설치를 위한 조사·설계 및 연구
9. 법 제74조의3제1항에 따른 국가수도정보센터의 구축·운영
10. 법 제74조의4에 따른 유역수도지원센터의 설립·운영

⑥ 기후에너지환경부장관은 법 제78조제2항에 따라 다음 각 호의 업무를 협회에 위탁한다. 〈개정 2020. 11. 24., 2021. 3. 30., 2024. 8. 13., 2025. 1. 21., 2025. 10. 1.〉
1. 법 제24조제1항 및 제5항에 따른 정수시설운영관리사 자격증 발급 신청의 접수, 자격요건의 확인 및 자격증(기후에너지환경부장관 명의로 된 자격증을 말한다)의 발급
1의2. 법 제25조의2제1항 및 제3항에 따른 상수도관망시설운영관리사 자격증 발급 신청의 접수, 자격요건의 확인 및 자격증의 교부
2. 법 제29조의2에 따른 수돗물 먹는 실태조사
3. 법 제33조의2제1항·제2항·제4항·제5항에 따른 정수장 위생안전 인증, 인증 신청의 접수, 재인증 및 인증서의 교부

⑦ 기후에너지환경부장관은 법 제78조제2항에 따라 다음 각 호의 업무를 「물관리기술 발전 및 물산업 진흥에 관한 법률」 제19조에 따른 한국물기술인증원에 위탁한다. 〈개정 2020. 8. 11., 2025. 10. 1.〉
1. 법 제14조제1항에 따른 수도용 자재와 제품의 위생안전기준 인증에 관한 업무
2. 법 제14조제6항 및 제7항에 따른 정기검사 및 수시검사에 관한 업무

⑧ 기후에너지환경부장관은 법 제78조제2항에 따라 법 제24조제

1항에 따른 정수시설운영관리사 자격시험의 시행에 관한 업무를 「한국산업인력공단법」에 따른 한국산업인력공단에 위탁한다. 〈신설 2008. 6. 20., 2010. 11. 26., 2020. 8. 11., 2025. 10. 1.〉

[제목개정 2020. 8. 11.]

제67조의2(고유식별정보의 처리) 기후에너지환경부장관(제67조제6항 및 제8항에 따라 기후에너지환경부장관의 업무를 위탁받은 자를 포함한다) 또는 일반수도사업자는 다음 각 호의 사무를 수행하기 위하여 불가피한 경우 「개인정보 보호법 시행령」 제19조제1호에 따른 주민등록번호 또는 같은 조 제4호에 따른 외국인등록번호가 포함된 자료를 처리할 수 있다. 〈개정 2021. 3. 30., 2024. 8. 13., 2025. 10. 1.〉

1. 법 제14조의3제1항 및 제3항에 따른 검사기관의 지정 및 변경승인에 관한 사무

2. 법 제24조제1항 및 제5항에 따른 정수시설운영관리사 자격시험 및 자격증의 교부에 관한 사무

2의2. 법 제25조의2제3항에 따른 상수도관망시설운영관리사 자격요건의 확인 및 자격증의 교부에 관한 사무

3. 법 제38조제1항에 따른 수돗물의 공급 조건에 관한 규정에 따라 공급하는 수도요금의 부과 및 징수에 관한 사무

4. 법 제38조제4항에 따른 일반수도사업자의 수돗물 요금 할인에 관한 사무

[전문개정 2020. 11. 24.]

제68조(규제의 재검토) 기후에너지환경부장관은 다음 각 호의 사항에 대하여 다음 각 호의 기준일을 기준으로 3년마다(매 3년이 되는 해의 기준일과 같은 날 전까지를 말한다) 그 타당성을 검토하여 개선 등의 조치를 해야 한다. 〈개정 2014. 6. 30., 2017. 12. 12., 2020. 11. 24., 2022. 3. 8., 2025. 10. 1.〉

1. 제24조 및 별표 1의2에 따른 위생안전기준: 2014년 7월 1일

2. 제24조의2에 따른 수도용 자재와 제품의 사용: 2014년 7월 1일

3. 제24조의3제1항 및 별표 1의3에 따른 검사기관의 지정기준: 2022년 1월 1일

3의2. 제24조의3제3항 및 별표 1의4에 따른 검사기관의 준수사항: 2022년 1월 1일

4. 제25조의2 및 별표 1의5에 따른 물절약전문업의 등록기준: 2014년 7월 1일

5. 제52조에 따른 수도시설의 관리에 관한 교육 등: 2014년 7월 1일

[본조신설 2013. 12. 30.]

제69조(과태료의 부과기준) 법 제87조제1항부터 제4항까지의 규정에 따른 과태료의 부과기준은 별표 5와 같다. 〈개정 2016. 7. 12.〉

[전문개정 2012. 5. 14.]

부칙 〈제20243호, 2007. 9. 6.〉

제1조 (시행일) 이 영은 공포한 날부터 시행한다. 다만, 제22조제1호 및 제2호의 개정규정은 2007년 9월 28일부터, 제65조 및 제66조의 개정규정은 2008년 1월 4일부터, 제30조의 개정규정은 2009년 6월 30일부터 시행한다.

제2조 (시행일에 관한 경과조치) 부칙 제1조 단서에 따라 제22조제1호 및 제2호, 제30조, 제65조 및 제66조의 개정규정이 시행되기 전까지는 그에 해당하는 종전의 제13조제1호 및 제2호, 제18조의2, 제35조 및 제36조를 적용한다.

제3조 (수도용자재에 관한 경과조치) 1998년 3월 1일 당시 종전(대통령령 제15659호로 개정되기 전의 것을 말한다)의 규정에 따른 기준에 해당하는 수도용자재는 제30조의 개정규정에 따른 수도용자재 기준에 맞는 것으로 본다.

제4조 (정수시설운영관리사 자격시험의 특례) 2006년 6월 29일 전에 한국상하수도협회의 장이 시행한 정수장 오퍼레이터(Operator) 인증시험에 합격한 자에 대하여는 제42조의 개정규정에 불구하고 2007년 12월 31일까지 실시하는 정수시설운영관리사 자격시험 중 해당등급의 제1차 시험을 면제한다.

제5조 (다른 법령의 개정) 이 영 시행 당시 다른 법령에서 종전의 「수도법 시행령」 또는 그 규정을 인용한 경우에 이 영 가운데 그에 해당하는 규정이 있으면 종전의 규정을 갈음하여 이 영 또는 이 영의 해당 조항을 인용한 것으로 본다.

부칙 〈제20289호, 2007. 9. 27.〉 (하수도법 시행령)

제1조 (시행일) 이 영은 2007년 9월 28일부터 시행한다.
제2조 부터 제4조까지 생략
제5조 (다른 법령의 개정) ① 부터 ⑥ 까지 생략
⑦ 수도법 시행령 일부를 다음과 같이 개정한다.
제22조제2호를 다음과 같이 한다.
2. 「하수도법」 제2조제9호에 따른 공공하수처리시설
⑧ 부터 ⑲ 까지 생략
제6조 생략

부칙 〈제20290호, 2007. 9. 27.〉 (가축분뇨의 관리 및 이용에 관한 법률 시행령)
제1조 (시행일) 이 영은 2007년 9월 28일부터 시행한다.
제2조 및 제3조 생략
제4조 (다른 법령의 개정) ① 부터 ⑥ 까지 생략
⑦ 수도법 시행령 일부를 다음과 같이 개정한다.
제22조제1호를 다음과 같이 한다.
1. 「가축분뇨의 관리 및 이용에 관한 법률」 제2조제9호에 따른 공공처리시설
⑧ 부터 ㉓ 까지 생략
제5조 생략

부칙 〈제20521호, 2008. 1. 3.〉
제1조 (시행일) 이 영은 2008년 1월 4일부터 시행한다.
제2조 (적용례) 제41조부터 제43조까지 및 별표 3의 개정규정은 이 영 시행 후 최초로 공고하는 정수시설운영관리사 자격시험부터 적용한다.
제3조 (정수시설운영관리사 등급 명칭 변경에 따른 경과조치) 이 영 시행 당시 종전의 규정에 따라 정수시설운영관리사 1등급부터 3등급까지의 시험에 합격한 자는 제41조, 제42조 및 별표 3의 개정규정에 따라 정수시설운영관리사 1급부터 3급까지의 시험에 합격한 자로 본다.

부칙 〈제20680호, 2008. 2. 29.〉 (환경부와 그 소속기관 직제)

제1조(시행일) 이 영은 공포한 날부터 시행한다.
제2조 생략
제3조(다른 법령의 개정) ① 부터 ⑤ 까지 생략
⑥ 수도법 시행령 일부를 다음과 같이 개정한다.
제8조제2항 및 제16조제2항 중 "행정자치부장관"을 각각 "행정안전부장관"으로 한다.
제27조제1항 · 제57조제1항 · 제67조제1항 및 제68조제2항 전단 중 "건설교통부장관"을 각각 "국토해양부장관"으로 한다.
⑦ 부터 ⑲ 까지 생략

부칙 〈제20763호, 2008. 4. 3.〉 (하천법 시행령)
제1조 (시행일) 이 영은 2008년 4월 7일부터 시행한다.
제2조 생략
제3조 (다른 법령의 개정) ① 부터 ⑨ 까지 생략
⑩ 수도법 시행령 일부를 다음과 같이 개정한다.
제12조제1항제6호 본문 중 "「하천법」 제2조제1항제2호에 따른 하천구역"을 "「하천법」 제2조제2호에 따른 하천구역"으로 한다.
⑪ 부터 ⑳ 까지 생략
제4조 생략

부칙 〈제20789호, 2008. 5. 21.〉 (산업표준화법 시행령)
제1조 (시행일) 이 영은 2008년 5월 26일부터 시행한다.
제2조 부터 제4조까지 생략
제5조 (다른 법령의 개정) ① 부터 ⑫ 까지 생략
⑬ 수도법 시행령 일부를 다음과 같이 개정한다.
제30조제1항제1호부터 제3호까지를 각각 다음과 같이 한다.
1. 「산업표준화법」 제15조에 따라 인증을 받은 것
2. 「산업표준화법」 제27조제2항에 따른 단체표준인증표시제품으로서 같은 법 제25조에 따른 우수한 단체표준제품
3. 「산업표준화법」 제27조제2항에 따른 단체표준인증표시제품으로서 법 제56조에 따른 한국상하수도협회가 인증한 제품
⑭ 부터 ㉒ 까지 생략
제6조 생략

부칙 〈제20846호, 2008. 6. 20.〉
이 영은 2008년 6월 28일부터 시행한다.

부칙 〈제21148호, 2008. 12. 3.〉 (잡지 등 정기간행물의 진흥에 관한 법률 시행령)
제1조(시행일) 이 영은 2008년 12월 6일부터 시행한다.
제2조(다른 법령의 개정) ① 부터 ⑧ 까지 생략
⑨ 수도법 시행령 일부를 다음과 같이 개정한다.
제37조제2항 중 "같은 법 제2조제2호가목"을 각각 "같은 법 제2조제1호가목"으로 하고, 같은 조 제4항 중 "「신문 등의 자유와 기능보장에 관한 법률」 제2조제2호가목"을 "「신문 등의 자유와 기능보장에 관한 법률」 제2조제1호가목"으르 한다.
⑩ 부터 ⑭ 까지 생략
제3조 생략

부칙 〈제21214호, 2008. 12. 31.〉 (행정안전부와 그 소속기관 직제)
제1조(시행일) 이 영은 공포한 날부터 시행한다. 〈단서 생략〉
제2조 부터 제4조까지 생략
제5조(다른 법령의 개정) ① 부터 〈143〉 까지 생략
〈144〉 수도법 시행령 일부를 다음과 같이 개정한다.
제17조제2항 중 "기획예산처"를 "기획재정부"로 한다.
〈145〉 부터 〈175〉 까지 생략

부칙 〈제21626호, 2009. 7. 7.〉 (규제일몰제 적용을 위한 옥외광고물 등 관리법 시행령 등 일부개정령)
이 영은 공포한 날부터 시행한다.

부칙 〈제21629호, 2009. 7. 16.〉 (건축법 시행령)
제1조(시행일) 이 영은 공포한 날부터 시행한다.
제2조 부터 제4조까지 생략
제5조(다른 법령의 개정) ① 부터 ⑤ 까지 생략
⑥ 수도법 시행령 일부를 다음과 같이 개정한다.

제24조제1항제5호 중 "교도소"를 "교정시설, 소년원 및 소년분류심사원"으로 한다.

제51조제1항제2호를 다음과 같이 하고, 같은 조 제2항제4호 중 "교도소 또는 감화원"을 "교정시설, 보호관찰소, 갱생보호소, 소년원 및 소년분류심사원"으로 한다.

2. 「건축법 시행령」 별표 1 제8호의 운수시설

⑦ 부터 ⑫ 까지 생략

부칙 〈제21829호, 2009. 11. 17.〉

제1조(시행일) 이 영은 공포한 날부터 시행한다.

제2조(유효기간) 제66조의 개정규정은 2014년 12월 31일까지 효력을 가진다.

부칙 〈제21904호, 2009. 12. 24.〉 (한국환경공단법 시행령)

제1조(시행일) 이 영은 2010년 1월 1일부터 시행한다.

제2조 부터 제4조까지 생략

제5조(다른 법령의 개정) ① 부터 ⑩ 까지 생략

⑪ 수도법 시행령 일부를 다음과 같이 개정한다.

제7조 중 "「환경관리공단법」에 따른 환경관리공단"을 "「한국환경공단법」에 따른 한국환경공단"으로 한다.

제27조제4항 중 "「환경관리공단법」에 따른 환경관리공단"을 "「한국환경공단법」에 따른 한국환경공단"으로 한다.

제36조제1항제2호를 다음과 같이 한다.

2. 「한국환경공단법」에 따른 한국환경공단

제52조제4항제4호를 다음과 같이 한다.

4. 「한국환경공단법」에 따른 한국환경공단

⑫ 부터 ㉚ 까지 생략

제6조 생략

부칙 〈제22003호, 2010. 1. 27.〉 (신문 등의 진흥에 관한 법률 시행령)

제1조(시행일) 이 영은 2010년 2월 1일부터 시행한다.

제2조 및 제3조 생략

제4조(다른 법령의 개정) ① 부터 ㉔ 까지 생략

㉕ 수도법 시행령 일부를 다음과 같이 개정한다.

제37조제2항 중 "「신문 등의 자유와 기능보장에 관한 법률」 제12조제1항제6호"를 "「신문 등의 진흥에 관한 법률」 제9조제1항제9호"로, "같은 법 제12조제1항제6호"를 "같은 법 제9조제1항제9호"로 하고, 같은 조 제4항 중 "「신문 등의 자유와 기능보장에 관한 법률」"을 "「신문 등의 진흥에 관한 법률」"로 한다.

㉖ 부터 ㊺ 까지 생략

제5조 생략

부칙 〈제22506호, 2010. 11 26.〉

제1조(시행일) 이 영은 공포한 날부터 시행한다. 다만, 제24조, 제24조의2, 제30조, 제48조제1항제3호, 제67조제4항 및 별표 1의2의 개정규정은 2011년 5월 26일부터 시행한다.

제2조(비용부담기준의 변경에 관한 적용례) 제23조제2항의 개정규정은 이 영 시행 후 최초로 취수하는 원수부터 적용한다.

제3조(「산업단지 인·허가 절차 간소화를 위한 특례법」에 따른 산업단지의 공장설립 제한지역의 범위에 관한 특례) 이 영 시행 당시 「산업단지 인·허가 절차 간소화를 위한 특례법」 제8조제2항에 따라 산업단지계획 승인신청을 한 산업단지에 대해서는 제14조의2와 제14조의3의 개정규정에도 불구하고 같은 법 제19조제4항에 따른 산업단지계획 통합기준을 적용한다.

제4조(운영 중인 취수시설 등의 공장설립 제한지역의 범위에 관한 경과조치) ① 이 영 시행 당시 운영 중인 지방상수도로서 취수시설의 용량이 1일 20만세제곱미터 이상인 경우에는 제14조의2제1호 단서의 개정규정에도 불구하고 제14조의2제1호 본문의 개정규정을 적용한다.

② 이 영 시행 당시 운영 중인 지방상수도의 취수시설을 대체하기 위하여 「수도법」 제4조제5항에 따라 취수시설의 용량이 1일 20만세제곱미터 이상인 광역상수원 취수시설을 개발하기 위한 수도정비기본계획이 고시된 경우에는 그 광역상수원 취수시설에 대해서는 제14조의2제1호 단서의 개정규정에도 불구하고 제14조의2제1호 본문의 개정규정을 적용한다.

③ 시장·군수·구청장은 제2항에 따른 광역상수원의 취수시설에서 취수하는 원수의 연평균 수질이 「환경정책기본법 시행령」 별표 1 제3호가목(2)에 따른 생물화학적 산소요구량 및 화학적 산소요구량이 Ia 등급을 유지하고 있고, 그 등급을 계속하여 유지하는 데에 지장이 없다고 인정하는 경우에는 제14조의3의 개정규정에도 불구하고 4킬로미터를 초과하는 지역에 대하여 공장의 설립을 승인할 수 있다.

제4조의2(공장설립이 제한되는 지역에 있는 기존 산업단지 안에서의 공장 신설, 증설 또는 업종변경에 관한 경과조치) 2010년 11월 26일 당시 제14조의2의 개정규정에 따른 공장설립이 제한되는 지역에 이미 지정·개발되어 있는 「산업입지 및 개발에 관한 법률」 제2조제8호에 따른 산업단지(2010년 11월 26일 전에 산업단지개발계획의 수립을 위한 용역이 발주되거나 산업단지개발계획의 승인신청서가 접수되는 등 산업단지의 지정·개발 절차에 착수한 산업단지로서 2010년 11월 26일 이후 그 지정·개발이 완료되는 산업단지를 포함하며, 이하 "기존 산업단지"라 한다) 안에서는 제14조의2 및 제14조의3의 개정규정에도 불구하고 다음 각 호의 어느 하나에 해당하는 행위를 할 수 있다.

1. 해당 기존 산업단지의 폐수종말처리장 처리용량의 범위에서 다음 각 목의 어느 하나에 해당하는 공장(이하 "특정수질유해물질배출등공장"이라 한다) 외의 공장을 신설하는 행위

가. 「수질 및 수생태계 보전에 관한 법률」 제2조제8호에 따른 특정수질유해물질을 배출하는 공장

나. 「유해화학물질 관리법」 제20조에 따른 유독물영업의 등록을 하거나 같은 법 제34조에 따른 취급제한·금지물질영업의 허가를 받아야 하는 공장

2. 해당 기존 산업단지의 폐수종말처리장 처리용량의 범위에서 특정수질유해물질배출등공장 외의 공장을 증설하는 행위

3. 해당 기존 산업단지의 폐수종말처리장 처리용량의 범위에서 공장의 업종을 특정수질유해물질배출등공장 외의 공장으로 변경하는 행위

[본조신설 2014. 4. 15.]

제5조(공장설립이 제한되는 지역에 있는 기존 산업단지 밖에서의 공

장 증설 또는 업종변경에 관한 경과조치) 2010년 11월 26일 당시 제14조의2의 개정규정에 따른 공장설립이 제한되는 지역에 이미 설립된 공장(기존 산업단지 밖에 있는 공장으로 한정한다)에 대해서는 제14조의2 및 제14조의3의 개정규정에도 불구하고 다음 각 호의 어느 하나에 해당하는 행위를 할 수 있다.

1. 2010년 11월 26일 당시 해당 공장 부지면적의 범위에서 특정수질유해물질배출등공장 외의 공장을 증설하는 행위

2. 폐수배출량이 증가하지 아니하는 범위에서 공장의 업종을 특정수질유해물질배출등공장 외의 공장으로 변경하는 행위

[전문개정 2014. 4. 15.]

제6조(과태료 부과처분에 관한 경과조치) ① 이 영 시행 전의 위반행위에 대하여 과태료의 부과기준을 적용할 때에는 별표 5의 개정규정에도 불구하고 종전의 예에 따른다.

② 이 영 시행 전의 위반행위로 받은 과태료 부과처분은 별표 5의 개정규정에 따른 위반행위의 횟수 산정에 포함한다.

부칙 〈제22967호, 2011. 6. 8.〉 (물의 재이용 촉진 및 지원에 관한 법률 시행령)

제1조(시행일) 이 영은 2011년 6월 9일부터 시행한다.

제2조 및 제3조 생략

제4조(다른 법령의 개정) ① 수도법 시행령 일부를 다음과 같이 개정한다.

제6조제9호, 제26조 및 별표 5 제2호사목부터 카목까지의 규정을 각각 삭제한다.

②부터 ④까지 생략

부칙 〈제23267호, 2011. 10. 28.〉 (환경기술 및 환경산업 지원법 시행령)

제1조(시행일) 이 영은 2011년 10월 29일부터 시행한다.

제2조(다른 법령의 개정) ①부터 ⑦까지 생략

⑧ 수도법 시행령 일부를 다음과 같이 개정한다.

제24조의2제4호 중 "「환경기술개발 및 지원에 관한 법률」"을 "「환경기술 및 환경산업 지원법」"으로 한다.

⑨부터 ⑱까지 생략
제3조 생략

부칙 〈제23313호, 2011. 11. 23.〉 (산업기술혁신 촉진법 시행령)
제1조(시행일) 이 영은 2011년 11월 25일부터 시행한다.
제2조 부터 제8조까지 생략
제9조(다른 법령의 개정) ①부터 ③까지 생략
④「수도법 시행령」 일부를 다음과 같이 개정한다.
제24조의2제1항제5호를 다음과 같이 하고, 같은 항 제6호를 삭제한다.
5. 「산업기술혁신 촉진법」 제15조의2 및 제16조에 따른 신기술 인증 또는 신제품 인증을 받은 제품
⑤부터 ⑦까지 생략
제10조 생략

부칙 〈제23416호, 2011. 12. 28.〉
이 영은 공포한 날부터 시행한다.

부칙 〈제23557호, 2012. 1. 26.〉
이 영은 2012년 1월 29일부터 시행한다.

부칙 〈제23784호, 2012. 5. 14.〉
이 영은 2012년 5월 15일부터 시행한다. 다만, 특별자치시와 특별자치시장에 관한 개정규정은 2012년 7월 1일부터 시행한다.

부칙 〈제23967호, 2012. 7. 20.〉 (환경정책기본법 시행령)
제1조(시행일) 이 영은 2012년 7월 22일부터 시행한다. 〈단서 생략〉
제2조(다른 법령의 개정) ①부터 ⑧까지 생략
⑨ 수도법 시행령 일부를 다음과 같이 개정한다.
제49조제1항제1호 중 "「환경정책기본법 시행령」 별표 1"을 "「환경정책기본법 시행령」 별표"로 한다.

제52조제4항제3호 중 “「환경정책기본법」 제38조”를 “「환경정책기본법」 제59조”로 한다.

⑩부터 ⑲까지 생략

제3조 생략

부칙 〈제24020호, 2012. 8. 3.〉 (사회복지사업법 시행령)

제1조(시행일) 이 영은 2012년 8월 5일부터 시행한다. 〈단서 생략〉

제2조 생략

제3조(다른 법령의 개정) ①부터 ⑤까지 생략

⑥ 수도법 시행령 일부를 다음과 같이 개정한다.

제53조의2제1항제2호 중 “「사회복지사업법」 제2조제3호”를 “「사회복지사업법」 제2조제4호”로 한다

⑦부터 ⑫까지 생략

부칙 〈제24229호, 2012. 12. 12.〉 (건축법 시행령)

제1조(시행일) 이 법은 공포한 날부터 시행한다. 〈단서 생략〉

제2조 부터 제9조까지 생략

제10조(다른 법령의 개정) 수도법 시행령 중 일부를 다음과 같이 개정한다.

제51조제2항제4호 중 “보호관찰소, 갱생보호소”를 “갱생보호시설”로 한다.

부칙 〈제24451호, 2013. 3. 23.〉 (환경부와 그 소속기관 직제)

제1조(시행일) 이 영은 공포한 날부터 시행한다.

제2조 생략

제3조(다른 법령의 개정) ①부터 ⑩까지 생략

⑪ 수도법 시행령 일부를 다음과 같이 개정한다.

제1조의2 중 “농림수산식품부장관”을 “농림축산식품부장관”으로 한다.

제8조제2항 및 제16조제2항 중 “행정안전부장관”을 각각 “안전행정부장관”으로 한다.

제27조제1항, 제31조제1항 단서, 제57조제1항, 제67조제6항 각 호 외의 부분 중 “국토해양부장관”을 각각 “국토교통부장관”으로 한다.

⑫부터 ㉓까지 생략
제4조 생략

부칙 〈제24560호, 2013. 5. 31.〉 (친환경농어업 육성 및 유기식품 등의 관리·지원에 관한 법률 시행령)
제1조(시행일) 이 영은 2013년 6월 2일부터 시행한다.
제2조 생략
제3조(다른 법령의 개정) ①부터 ③까지 생략
④ 수도법 시행령 일부를 다음과 같이 개정한다.
제12조제1항제6호 단서를 다음과 같이 한다.
다만, 「친환경농어업 육성 및 유기식품 등의 관리·지원에 관한 법률」 제2조제2호에 따른 친환경농수산물(수산물은 제외한다. 이하 같다)을 같은 법 제19조제2항 또는 제34조제2항에 따른 인증기준에 따라 경작하는 행위는 제외한다.
제12조제3항 중 "「친환경농업육성법」 제16조제1항에 따른 친환경농산물을 경작하는 중에 병해충이 발생하여 같은 법 제17조제3항에 따른 인증기준에"를 "「친환경농어업 육성 및 유기식품 등의 관리·지원에 관한 법률」 제2조제2호에 따른 친환경농수산물을 경작하는 중에 병해충이 발생하여 같은 법 제19조제2항 또는 제34조제2항에 따른 인증기준에"로 한다.
⑤ 생략
제4조 생략

부칙 〈제25050호, 2013. 12. 30.〉 (행정규제기본법 개정에 따른 규제 재검토기한 설정을 위한 주택법 시행령 등 일부개정령)
이 영은 2014년 1월 1일부터 시행한다. 〈단서 생략〉

부칙 〈제25309호, 2014. 4. 15.〉
제1조(시행일) 이 영은 공포한 날부터 시행한다.
제2조(공장설립이 제한되는 지역에 있는 기존 산업단지 안에서의 공장 증설 또는 업종변경에 관한 경과조치) 이 영 시행 전에 「산업집적활성화 및 공장설립에 관한 법률」 제13조에 따른 공장 증설 또는 업종변경 승인신청서가 접수된 경우 등 기존 산업단지 안에서 증설

또는 업종변경 절차에 이미 착수한 공장의 경우에는 이 영의 개정으로 신설되는 대통령령 제22506흐 수도법 시행령 일부개정령 부칙 제4조의2에도 불구하고 종전의 대통령령 제22506호 수도법 시행령 일부개정령 부칙 제5조에 따라 공장을 증설하거나 그 업종을 변경할 수 있다.

부칙 〈제25430호, 2014. 6. 30.〉
이 영은 2014년 7월 1일부터 시행한다.

부칙 〈제25532호, 2014. 8. 6.〉 (민감정보 및 고유식별정보 처리 근거 마련을 위한 공공기관의 운영에 관한 법률 시행령 등 일부개정령)
이 영은 2014년 8월 7일부터 시행한다.

부칙 〈제25751호, 2014. 11 19.〉 (행정자치부와 그 소속기관 직제)
제1조(시행일) 이 영은 공포한 날브터 시행한다. 다만, 부칙 제5조에 따라 개정되는 대통령령 중 이 영 시행 전에 공포되었으나 시행일이 도래하지 아니한 대통령령을 개정한 부분은 각각 해당 대통령령의 시행일부터 시행한다.
제2조 부터 제4조까지 생략
제5조(다른 법령의 개정) ①부터 〈325〉까지 생략
〈326〉 수도법 시행령 일부를 다음과 같이 개정한다.
제8조제2항 및 제16조제2항 중 '안전행정부장관"을 각각 "행정자치부장관"으로 한다.
〈327〉부터 〈418〉까지 생략

부칙 〈제25785호, 2014. 11. 28.〉
이 영은 공포한 날부터 시행한다.

부칙 〈제26774호, 2015. 12. 30.〉 (주민등록번호 수집 최소화를 위한 6·25 전사자유해의 발굴 등에 관한 법률 시행령 등 일부개정령)

이 영은 공포한 날부터 시행한다. 다만, 「수도법 시행령」 제67조의2 · · · 〈생략〉 · · · 개정규정은 공포 후 6개월이 경과한 날부터 시행한다.

부칙 〈제27335호, 2016. 7. 12.〉

제1조(시행일) 이 영은 2016년 7월 28일부터 시행한다. 다만, 제67조의2의 개정규정은 공포한 날부터 시행한다.

제2조(과태료에 관한 경과조치) 이 영 시행 전의 위반행위로 받은 과태료 부과처분은 별표 5 제2호다목의 개정규정에 따른 위반행위의 횟수 산정에 포함하지 아니한다.

부칙 〈제27960호, 2017. 3. 27.〉 (주민등록번호 등의 처리 제한을 위한 세무사법 시행령 등 일부개정령)

이 영은 2017년 3월 30일부터 시행한다. 〈단서 생략〉

부칙 〈제27985호, 2017. 4. 11.〉

제1조(시행일) 이 영은 공포한 날부터 시행한다.

제2조(수도시설의 관리 교육에 관한 적용례) 제52조제2항제2호 단서의 개정규정은 이 영 시행 이후 법 제36조제1항 및 제2항에 따른 교육대상자가 되는 사람부터 적용한다.

부칙 〈제28211호, 2017. 7. 26.〉 (행정안전부와 그 소속기관 직제)

제1조(시행일) 이 영은 공포한 날부터 시행한다. 다만, 부칙 제8조에 따라 개정되는 대통령령 중 이 영 시행 전에 공포되었으나 시행일이 도래하지 아니한 대통령령을 개정한 부분은 각각 해당 대통령령의 시행일부터 시행한다.

제2조 부터 제7조까지 생략

제8조(다른 법령의 개정) ①부터 〈249〉까지 생략

〈250〉 수도법 시행령 일부를 다음과 같이 개정한다.

제8조제2항 및 제16조제2항 중 "행정자치부장관"을 각각 "행정안전부장관"으로 한다.

〈251〉부터 〈388〉까지 생략

부칙 〈제28243호, 2017. 8. 16.〉 (자격요건에서의 불합리한 학력차별을 시정하기 위한 기술사법 시행령 등 19개 대통령령 일부개정령)

이 영은 공포한 날부터 시행한다.

부칙 〈제28471호, 2017. 12. 12.〉 (규제 재검토기한 설정 등을 위한 가맹사업거래의 공정화에 관한 법률 시행령 등 33개 대통령령 일부개정령)

제1조(시행일) 이 영은 2018년 1월 1일부터 시행한다.

제2조 생략

부칙 〈제28583호, 2018. 1. 16.〉 (물환경보전법 시행령)

제1조(시행일) 이 영은 2018년 1월 18일부터 시행한다.

제2조(다른 법령의 개정) ①부터 ⑳까지 생략

㉑ 수도법 시행령 일부를 다음과 같이 개정한다.

제14조의3제2호 중 "「수질 및 수생태계 보전에 관한 법률」"을 "「물환경보전법」"으로 한다.

㉒부터 ㊻까지 생략

부칙 〈제28948호, 2018. 6. 8.〉 (환경부와 그 소속기관 직제)

제1조(시행일) 이 영은 공포한 날부터 시행한다.

제2조 생략

제3조(다른 법령의 개정) ① 생략

② 수도법 시행령 일부를 다음과 같이 개정한다.

제27조제1항 중 "환경부장관, 국토교통부장관"을 "환경부장관"으로 한다.

제31조제1항 단서 중 "환경부장관 또는 국토교통부장관"을 "환경부장관"으로 한다.

제57조제1항 중 "전용상수도는 환경부장관과, 전용공업용수도는 국토교통부장관과"를 "환경부장관과"로 한다.

제67조제3항제2호를 다음과 같이 하고, 같은 항에 제4호 및 제5호를 각각 다음과 같이 신설한다.

2. 법 제17조제1항제1호에 따른 광역상수도사업 또는 지방상수

도사업의 인가 및 변경인가

4. 법 제48조에 따른 공업용수도시설의 설치 및 공업용수의 공급

5. 법 제49조제1항제1호에 따른 시설용량이 1일 1만톤을 초과하는 공업용수도사업의 인가 및 변경인가

제67조제6항 각 호 외의 부분 중 "국토교통부장관"을 "환경부장관"으로 한다.

③ 생략

부칙 〈제28965호, 2018. 6. 12.〉

제1조(시행일) 이 영은 2018년 6월 13일부터 시행한다. 다만, 별표 1의2의 개정규정은 2019년 6월 13일부터 시행한다.

제2조(수도시설의 관리 교육에 관한 경과조치) 이 영 시행 전에 종전의 제52조제2항제1호에 따라 교육을 받은 사람에 대해서는 이 영 시행일을 제52조제2항제1호 단서의 개정규정에 따른 최초 교육을 받은 날로 보아 교육 기간을 기산한다.

제3조(위생안전기준에 관한 경과조치) 부칙 제1조 단서에 따른 시행일 전에 법 제14조제1항에 따라 인증을 받은 제품등의 위생안전기준에 대해서는 별표 1의2의 개정규정에도 불구하고 종전의 규정에 따른다.

부칙 〈제29352호, 2018. 12. 11.〉

이 영은 2018년 12월 13일부터 시행한다.

부칙 〈제29874호, 2019. 6. 18.〉

이 영은 2019년 6월 25일부터 시행한다.

부칙 〈제30106호, 2019. 10. 8.〉 (과태료 금액 정비를 위한 41개 법령의 일부개정에 관한 대통령령)

제1조(시행일) 이 영은 공포한 날부터 시행한다.

제2조 부터 제5조까지 생략

부칙 〈제30929호, 2020. 8. 11.〉

이 영은 공포한 날부터 시행한다.

부칙 〈제31075호, 2020. 9. 29.〉

이 영은 2020년 10월 1일부터 시행한다.

부칙 〈제31176호, 2020. 11. 24.〉 (법정공고 방식 확대를 위한 69개 법령의 일부개정에 관한 대통령령)

제1조(시행일) 이 영은 공포한 날부터 시행한다.

제2조(공고 등의 방법에 관한 일반적 적용례) 이 영은 이 영 시행 이후 실시하는 공고, 공표, 공시 또는 고시부터 적용한다.

부칙 〈제31185호, 2020. 11 24.〉

제1조(시행일) 이 영은 2020년 11월 27일부터 시행한다.

제2조(수돗물평가위원회의 위원 구성에 관한 경과조치) ① 이 영 시행 이후 위원을 임명하거나 위촉할 당시 제49조의3제2항 후단의 개정규정을 충족하지 못하는 경우에는 해당 개정규정의 요건이 충족될 때까지는 일반 수요자 중에서 위원을 위촉해야 한다.

② 수돗물평가위원회의 위원 구성에 관하여는 제1항에 따라 제49조의3제2항 후단의 개정규정을 충족할 때까지는 종전의 제49조제2항에 따른다.

부칙 〈제31581호, 2021. 3. 30.〉

제1조(시행일) 이 영은 2021년 4월 1일부터 시행한다.

제2조(상수도관망시설운영관리사의 자격요건에 관한 특례) ① 제44조제1항 및 별표 3의2의 개정규정에도 불구하고 상수도관망시설운영관리사의 자격요건은 2022년 3월 31일까지는 다음 표에 따른다.

등급	자격요건
1. 상수도관망시설운영관리사 1급	「고등교육법」 제2조제1호에 따른 대학에서 이공계 분야의 학과를 졸업(법령에서 이와 같은 수준 이상의 학력이 있다고 인정되는 경우를 포함한다)한 후 수도시설의 설치·유지·관리와 관련된 분야에서 1년 이상 실무에 종사한 사람
2. 상수도관망시설운영관리사 2급	「고등교육법」 제2조제4호에 따른 전문대학에서 이공계 분야의 학과를 졸업(법령에서 이와 같은 수준 이상의 학력이 있다고 인정되는 경우를 포함한다)한 사람 또는 수도시설의 설치·유지·관리와 관련된 분야에서 1년 이상 실무에 종사한 사람

② 제1항에 따른 자격요건을 갖추어 2022년 3월 31일 이전에 상수도관망시설운영관리사 1급 또는 2급 자격을 취득한 사람은 2022년 4월 1일까지 환경부장관이 정하여 고시하는 상수도관망시설운영관리사 1급 또는 2급 과정을 각각 이수해야 한다.

부칙 〈제32352호, 2022. 1. 21.〉 (감정평가 및 감정평가사에 관한 법률 시행령)

제1조(시행일) 이 영은 2022년 1월 21일부터 시행한다.

제2조 부터 제4조까지 생략

제5조(다른 법령의 개정) ①부터 ㊹까지 생략

㊺ 수도법 시행령 일부를 다음과 같이 개정한다.

별표 3의3 비고 제1호 전단 중 "「감정평가 및 감정평가사에 관한 법률」 제2조제4호에 따른 감정평가업자가"를 "「감정평가 및 감정평가사에 관한 법률」에 따른 감정평가법인등이"로 하고, 같은 호 후단 중 "감정평가업자"를 "감정평가법인등"으로 한다.

㊻부터 〈64〉까지 생략

부칙 〈제32439호, 2022. 2. 15.〉

이 영은 2022년 2월 18일부터 시행한다.

부칙 〈제32528호, 2022. 3. 8.〉 (규제 재검토기한 설정 해제 등을 위한 91개 법령의 일부개정에 관한 대통령령)

이 영은 공포한 날부터 시행한다.

부칙 〈제32697호, 2022. 6. 14.〉 (댐건설ㆍ관리 및 주변지역지원 등에 관한 법률 시행령)

제1조(시행일) 이 영은 2022년 6월 16일부터 시행한다.

제2조(다른 법령의 개정) ①부터 ⑫까지 생략

⑬ 수도법 시행령 일부를 다음과 같이 개정한다.

제13조제1항제1호자목 중 “「댐건설 및 주변지역지원 등에 관한 법률」 제2조제4호”를 “「댐건설ㆍ관리 및 주변지역지원 등에 관한 법률」”로 한다.

⑭부터 ㉗까지 생략

제3조 생략

부칙 〈제32794호, 2022. 7. 11.〉

제1조(시행일) 이 영은 2022년 7월 12일부터 시행한다.

제2조(다른 법령의 개정) ① 기후위기 대응을 위한 탄소중립ㆍ녹색성장 기본법 시행령 일부를 다음과 같이 개정한다.

별표 1 제23호 중 “수도정비기본계획”을 “국가수도기본계획”으로 한다.

별표 3 제22호 중 “수도정비기본계획”을 “국가수도기본계획”으로 한다.

② 물관리기본법 시행령 일부를 다음과 같이 개정한다.

제13조제4항제8호를 다음과 같이 한다.

8. 「수도법」 제4조제1항에 따른 국가수도기본계획 및 같은 법 제5조제1항에 따른 수도정비계획

제14조제3항제9호 중 “「수도법」 제4조제1항제2호에 따른 수도정비기본계획”을 “「수도법」 제5조제1항에 따른 수도정비계획”으로 한다.

③ 지속가능발전 기본법 시행령 일부를 다음과 같이 개정한다.

별표 제100호 중 “수도정비기본계획”을 “국가수도기본계획”으로 하고, 같은 표 제101호 중 “전국수도종합계획”을 “수도정비계획”으로 한다.

부칙 〈제33479호, 2023. 5. 23.〉 (환경정책기본법 시행령)

제1조(시행일) 이 영은 2023년 6월 11일부터 시행한다.
제2조(다른 법령의 개정) ①부터 ⑦까지 생략
⑧ 수도법 시행령 일부를 다음과 같이 개정한다.
제52조제4항제3호 중 “환경보전협회”를 “한국환경보전원”으로 한다.
⑨부터 ⑯까지 생략

부칙 〈제33858호, 2023. 11. 16.〉 (자치입법권 강화 및 지방자율성 제고를 위한 41개 법령의 일부개정에 관한 대통령령)
이 영은 공포한 날부터 시행한다.

부칙 〈제33883호, 2023. 11. 21.〉
제1조(시행일) 이 영은 공포한 날부터 시행한다.
제2조(수도시설의 관리 교육 주기에 관한 특례 등) ① 이 영 시행 당시 종전의 제52조제2항제2호 본문에 따라 3년 마다 교육을 받아야 하는 사람으로서 그 교육 주기 만료일까지 2년 이상 남은 경우에는 이 영 시행 전에 교육을 받은 날부터 2년 이내에 교육을 받아야 한다.
② 이 영 시행 당시 종전의 제52조제2항제2호 본문에 따라 3년마다 교육을 받아야 하는 사람으로서 그 교육 주기 만료일까지 1년 이상 2년 미만 남은 경우에는 제52조제2항제2호의 개정규정에도 불구하고 이 영 시행일부터 1년 이내에 교육을 받아야 한다.
③ 이 영 시행 당시 종전의 제52조제2항제2호 본문에 따라 3년마다 교육을 받아야 하는 사람으로서 그 교육 주기 만료일까지 1년 미만 남은 경우 이 영 시행 이후 최초로 교육을 받아야 하는 시기에 관하여는 제52조제2항제2호의 개정규정에도 불구하고 종전의 규정에 따른다.

부칙 〈제34687호, 2024. 7. 9.〉
이 영은 2024년 7월 17일부터 시행한다.

부칙 〈제34831호, 2024. 8. 13.〉
제1조(시행일) 이 영은 공포한 날부터 시행한다. 다만, 제41조, 제43조, 제43조의2, 제43조의3, 제67조제6항, 제67조의2, 별표 3의

개정규정은 2024년 8월 17일부터 시행하고, 별표 5 제2호파목의 개정규정은 2025년 8월 17일부터 시행한다.
제2조(과태료의 부과기준에 관한 적용례) 별표 5 제2호어목4)의 개정규정은 이 영 시행 전의 위반행위에 대하여 이 영 시행 후에 과태료를 부과하는 경우에도 적용한다.
제3조(정수시설운영관리사 3급 자격시험의 응시자격에 관한 경과조치) 법률 제19662호 수도법 일부개정법률 부칙 제2조에 따라 2026년 8월 16일까지 실시하는 정수시설운영관리사 3급 자격시험의 응시자격에 대해서는 제41조 및 별표 3의 개정규정에도 불구하고 종전의 규정에 따른다.
제4조(시험과목의 일부 면제에 관한 경과조치) 법률 제19662호 수도법 일부개정법률 부칙 제2조에 따라 2026년 8월 16일까지 실시하는 정수시설운영관리사 3급 자격시험의 시험과목 일부 면제에 대해서는 제43조의 개정규정에도 불구하고 종전의 규정에 따른다.

부칙 〈제34988호, 2024. 11. 12.〉 (소상공인 등의 경영활성화 지원을 위한 22개 법령의 일부개정에 관한 대통령령)
제1조(시행일) 이 영은 공포한 날부터 시행한다. 다만, 다음 각 호의 개정규정은 각 호의 구분에 따른 날부터 시행한다.
1. 생략
2. ···〈생략〉··· 제8조 ···〈생략〉··· 개정규정: 2025년 1월 1일
제2조 부터 제6조까지 생략

부칙 〈제35019호, 2024. 11. 26.〉 (졸업예정자의 경제적 조기 자립 지원을 위한 9개 법령의 일부개정에 관한 대통령령)
이 영은 공포한 날부터 시행한다.

부칙 〈제35217호, 2025. 1. 21.〉
이 영은 2025년 1월 24일부터 시행한다.

부칙 〈제35381호, 2025. 3. 11.〉 (경제활동 규제 개선을 위한 8개 법령의 일부개정에 관한 대통령령)

이 영은 공포한 날부터 시행한다.

부칙 〈제35466호, 2025. 4. 22.〉
이 영은 2025년 4월 23일부터 시행한다.

부칙 〈제35804호, 2025. 10. 1.〉 (기후에너지환경부와 그 소속기관 직제)
제1조(시행일) 이 영은 공포한 날부터 시행한다. 다만, 부칙 제5조에 따라 개정되는 대통령령 중 이 영 시행 전에 공포되었으나 시행일이 도래하지 아니한 대통령령을 개정한 부분은 각각 해당 대통령령의 시행일부터 시행한다.
제2조 부터 제4조까지 생략
제5조(다른 법령의 개정) ①부터 ㉞까지 생략
㉟ 수도법 시행령 일부를 다음과 같이 개정한다.
제1조의2, 제3조, 제7조, 제8조제2항제1호, 같은 조 제3항, 제8조의2제2항, 제9조, 제11조제1항, 같은 조 제2항 각 호 외의 부분, 제11조의2제1항 · 제2항 · 제5항 · 제6항, 제14조의2제2호, 제16조제2항, 제16조의2, 제17조제1항 각 호 외의 부분 전단, 같은 조 제2항, 제19조제2항 · 제3항, 제24조의2제1항제7호, 같은 조 제2항, 제24조의4제1항 각 호 외의 부분, 같은 항 제7호, 같은 조 제2항 전단, 제24조의5제2항 · 제3항, 제24조의6 각 호 외의 부분, 제24조의7제1항 각 호 외의 부분, 같은 항 제5호, 제24조의8제2항 · 제3항, 제24조의10 각 호 외의 부분, 제24조의11제1항 · 제2항 · 제4항, 제27조제1항 · 제4항, 제31조제1항 단서, 제34조의3제2항 · 제3항, 제35조제5항, 제39조제3항, 제41조제1항 · 제2항, 제42조제1항 단서, 제43조의2제2항, 제44조제2항, 제46조 전단, 제46조의2제1항 각 호 외의 부분, 같은 항 제3호, 같은 조 제2항, 제49조의2제2항 · 제4항, 제52조제4항, 같은 조 제6항제5호, 같은 조 제7항 각 호 외의 부분, 같은 조 제8항 · 제9항, 제57조제1항, 제60조제10호, 제61조제1항 · 제2항, 제62조제1항 · 제2항, 제66조, 제67조제1항 각 호 외의 부분, 같은 조 제2항 각 호 외의 부분, 같은 조 제5항 각 호 외의 부분, 같은 조 제6항 각 호 외의 부분, 같은 항 제1호, 같은 조 제7항 각 호 외의 부분, 같은 조 제8항, 제67조의2 각 호

외의 부분 및 제68조 각 호 외의 부분 중 "환경부장관"을 각각 "기후에너지환경부장관"으로 한다.

제11조제4항, 제12조제1항제2호, 같은 항 제4호 단서, 제13조제1항제1호나목부터 마목까지, 같은 조 제2항, 제14조의2제1호나목 단서, 같은 조 제2호, 제15조제2항, 제22조제3호, 제23조제1항제4호, 제24조의4제2항 전단, 제24조의5제2항, 제24조의6 각 호 외의 부분, 제24조의8제2항, 제24조의11제1항, 제27조제1항, 제29조제4항, 제31조제2항, 제33조제2항제5호, 제36조제1항제7호, 제41조제2항, 제42조제6항, 제44조제2항, 제49조제1항제2호, 같은 조 제2항 전단, 제50조제3항, 제52조제6항제6호, 제53조제4호 및 제58조제1항 중 "환경부령"을 각각 "기후에너지환경부령"으로 한다.

제49조의2제4항 중 "환경부의 인터넷 홈페이지"를 "기후에너지환경부의 인터넷 홈페이지"로 한다.

별표 1 소득증대사업의 세부 사업 내용란, 같은 표 복지증진사업의 세부 사업 내용란 제5호, 같은 표 육영사업의 세부 사업 내용란, 별표 3의2 제1호의 자격요건란 나목, 같은 표 제2호의 자격요건란 나목 및 별표 3의3 비고 제5호 중 "환경부장관"을 각각 "기후에너지환경부장관"으로 한다.

별표 1의3 비고 제2호 및 별표 3의4 제2호가목 중 "환경부령"을 각각 "기후에너지환경부령"으로 한다.

㊱부터 〈80〉까지 생략

별표 / 서식

[별표 1] 주민지원사업의종류[제18조관련]

[별표 1의2] 위생안전기준(제24조 관련)

[별표 1의3] 검사기관의 지정기준(제24조의3제1항 관련)

[별표 1의4] 검사기관의 준수사항(제24조의3제3항 관련)

[별표 1의5] 물절약전문업의 등록기준(제25조의2 관련)

[별표 2] 시설규모별정수시설운영관리사배치기준[제34조관련]

[별표 2의2] 상수도관망시설운영관리사의 배치기준(제34조의2 관련)

[별표 2의3] 상수도관망관리대행업의 등록요건(제34조의4제1항 관련)

[별표 2의4] 상수도관망관리대행업자의 준수사항(제34조의4제2항 관련)

[별표 3] 정수시설운영관리사 자격요건(제41조제1항 관련)
[별표 3의2] 상수도관망시설운영관리사의 자격요건(제44조제1항 관련)
[별표 3의3] 보상금 산정방법(제61조의2제1항 관련)
[별표 3의4] 기술진단의 실시를 위한 장비기준 및 방법 등의 준수사항(제65조의2 관련)
[별표 4] 삭제 〈2020. 11. 24.〉
[별표 5] 과태료의 부과기준(제69조 관련)

수도법 시행규칙

[시행 2025. 10. 1.] [기후에너지환경부령 제1호, 2025. 10. 1., 타법개정]

제17조의3(수수료)
제17조의4(상수도관망시설운영관리사의 자격 취소 등)
제17조의5(수돗물 수질기준 위반 보고 등)
제17조의6(현장수습조정관의 요건)
제18조(주민공지의 내용 및 절차)
제18조의2(정수처리기준 등)
제18조의3(병원성 미생물의 조사 대상 시설 등)
제19조(수질검사 및 수량분석)
제20조(수질검사기관)
제21조(필수 수질검사시설)
제22조(수돗물품질보고서의 내용 등)
제22조의2(일반수도사업자가 해야 하는 위생상의 조치)
제22조의3(저수조 설치현황 신고)
제22조의4(대형건축물등의 소유자등이 해야 하는 소독등위생조치 등)
제22조의5(청소 및 위생점검의 대행)
제22조의6(청소, 위생점검, 수질검사 및 조치결과의 기록 · 보관)
제23조(급수관의 상태검사 및 조치 등)
제23조의2(정수장의 위생안전 인증기준 등)
제23조의3(정수장의 위생안전 인증 절차 등)
제23조의4(정수장의 위생안전 재인증 절차)
제23조의5(정수장의 위생안전 인증서)
제23조의6(저수조청소업의 신고)
제23조의7(저수조청소업자에 대한 행정처분기준)
제24조(긴급정지)
제25조(공급규정의 승인신청)
제25조의2(수도요금 생산원가 등의 공고 방법)
제25조의3(관리실태보고 등)
제26조(전용상수도인가등 신청서)
제27조(수도시설에 대한 기술진단의 구분)
제28조(정수장에 대한 기술진단의 구분 등)
제29조(상수도관망에 대한 기술진단의 범위 및 내용 등)
제30조(자체기술진단)
제31조(기술진단의 대행 기관)
제31조의2(수도시설에 대한 기술진단 결과 등의 보고 기한)
제31조의3(기술진단 결과의 평가)
제32조(규제의 재검토)

**개정 예정 법률 밑줄 별도 표시.

수도법 시행규칙

[시행 2025. 10. 1.] [기후에너지환경부령 제1호, 2025. 10. 1., 타법개정]

제1조(목적) 이 규칙은 「수도법」 및 같은 법 시행령에서 위임된 사항과 그 시행에 필요한 사항을 규정함을 목적으로 한다.

제1조의2(절수설비와 절수기기의 종류 및 기준) 「수도법」(이하 "법"이라 한다) 제3조제31호 및 제32호에 따른 절수설비 및 절수기기의 종류 및 기준은 별표 1과 같다. 〈개정 2012. 1. 27., 2019. 6. 25., 2024. 7. 4.〉

[제목개정 2012. 1. 27.]

[제6조에서 이동 〈2012. 1. 27.〉]

제2조(취수시설의 설치·변경 공고) ① 법 제7조의2제2항에 따라 특별자치시장·특별자치도지사·시장·군수·구청장(자치구의 구청장을 말한다. 이하 같다)이 공고해야 할 사항은 다음 각 호와 같다. 〈개정 2019. 6. 25.〉

1. 취수시설의 명칭
2. 취수시설의 위치 및 용량
3. 취수시설 설치자의 명칭 및 주소
4. 그 밖에 취수원의 수질 보전을 위하여 필요한 사항

② 제1항에 따른 공고는 해당 기관의 인터넷 홈페이지와 공보에 게재하는 방법으로 한다.

[본조신설 2014. 7. 1.]

[종전 제2조는 제2조의2로 이동 〈2014. 7. 1.〉]

제2조의2(공장설립이 제한되는 지역의 범위) 영 제14조의2제1호나목 단서 및 제2호에서 "기후에너지환경부령으로 정하는 수원"이란 「상수원관리규칙」제3조제2호 또는 제6호에 따른 수원을 말한다.

〈개정 2025. 10. 1.〉

[본조신설 2021. 4. 1.]

[종전 제2조의2는 제2조의3으로 이동 〈2021. 4. 1.〉]

제2조의3(공장설립승인지역에 설립하는 공장의 승인요건) 법 제7조의2제3항 전단에서 "기후에너지환경부령으로 정하는 공장"이란 다음 각 호의 구분에 따라 어느 하나에 해당하는 공장을 말한다. 〈개정 2014. 12. 24., 2018. 1. 17., 2019. 6. 25., 2019. 12. 20., 2024. 8. 16., 2025. 8. 7., 2025. 10. 1.〉

1. 「수도법 시행령」(이하 "영"이라 한다) 제14조의3제1호의 지역: 다음 각 목의 어느 하나에 해당하는 공장. 다만, 「물환경보전법」 제2조제10호의 폐수배출시설(같은 법 제32조제7항제2호에 따른 폐수를 전량(全量) 위탁처리하여 공공수역으로 폐수를 방류하지 아니하는 배출시설과 같은 법 제33조제7항에 따라 설치되는 폐수무방류배출시설은 제외한다)을 설치하는 사업장 또는 「화학물질관리법」 제18조에 따른 제한물질 · 금지물질의 취급 허가 또는 신고, 같은 법 제28조에 따른 유해화학물질의 영업허가 또는 영업신고의 대상인 사업장은 제외한다.

가. 「하수도법」 제2조제15호의 하수처리구역에 설립되는 공장으로서 발생되는 오수를 전량 같은 법 제2조제9호의 공공하수처리시설로 유입 · 처리하는 공장

나. 「한강수계 상수원수질개선 및 주민지원 등에 관한 법률」, 「낙동강수계 물관리 및 주민지원 등에 관한 법률」, 「금강수계 물관리 및 주민지원 등에 관한 법률」 및 「영산강 · 섬진강수계 물관리 및 주민지원 등에 관한 법률」에 따라 오염총량관리시행계획 또는 수질개선사업계획을 수립 · 시행하는 지역에서 설립되는 공장으로서 「하수도법 시행규칙」 별표 3 개인하수처리시설의 방류수수질기준 중 1일 처리용량이 50세제곱미터 이상인 오수처리시설의 방류수수질기준이 계속하여 유지될 수 있다고 인정하는 공장

다. 취수시설의 취수방법이 강변여과수인 지역에 설립되는 공장

라. 1일 오수 발생량이 10세제곱미터 미만인 공장

2. 영 제14조의3제2호의 지역: 다음 각 목의 어느 하나에 해당하는 공장

가. 별표 2에 따른 제조업을 영위하는 공장으로서 다음의 요건

을 모두 갖춘 공장

1)「화학물질관리법」 제2조제2호 · 제2호의2 · 제2호의3, 제2조제4호 또는 제2조제5호에 따른 인체급성유해성물질 · 인체만성유해성물질 · 생태유해성물질, 제한물질 또는 금지물질을 사용하거나 발생시키지 않는 공장

2)「물환경보전법」 제33조 또는 「대기환경보전법」 제23조에 따른 배출시설의 설치허가 또는 설치신고 대상이 아닌 공장

3) 광유류(석유 등 광물성원료로부터 얻어진 기름)가 포함되지 않은 폐수를 「하수도법」 제2조제9호 또는 제13호에 따른 공공하수처리시설 또는 개인하수처리시설로 유입하여 처리하는 공장

4) 공장에서 사용하는 연료가 전기 또는 가스인 공장

5) 공장으로 사용하는 건축물의 바닥면적 합계가 500제곱미터 미만인 공장

6) 영 제14조의3제2호의 지역에 6개월 이상 실제 거주한 주민이 설립하여 운영하는 공장

나. 대통령령 제22506호 수도법 시행령 일부개정령 부칙 제4조의2에 따른 기존 산업단지 안에서 설립하는 공장으로서 다음의 요건을 모두 갖춘 공장

1) 해당 산업단지의 공공폐수처리시설(「물환경보전법」 제48조에 따른 것을 말한다) 처리용량의 범위에서 설립하는 공장

2) 해당 공장 부지에서 발생하는 수질오염물질(「물환경보전법」 제2조제1호의2에 따른 점오염원 및 같은 조 제2호에 따른 비점오염원에 의한 수질오염물질을 모두 포함한다)이 자연유하(自然流下)로 전량 상수원이 없는 수계에 유입되는 공장

3) 토양오염으로 인한 지하수 오염이 상수원이 있는 수계에까지 영향을 미치지 않도록 특별자치시장 · 특별자치도지사 · 시장 · 군수 · 구청장과 협의하여 환경보전이행대책을 수립한 공장

[전문개정 2014. 12. 1.]

[제목개정 2020. 11. 27.]

[제2조의2에서 이동 〈2021. 4. 1.〉]

제3조(공장설립승인지역에 설립하는 공장의 준수사항) 법 제7조의2제4항에 따른 공장을 설립한 자의 준수사항은 다음 각 호의 구분과 같다. 〈개정 2018. 1. 17., 2019. 6. 25., 2023. 1. 3., 2024. 8.

16., 2025. 10. 1.〉

1. 영 제14조의3제1호의 지역

가. 폐수배출시설에서 배출되는 오수 · 폐수 등을 2일 이상 담아 둘 수 있는 완충저류시설을 설치할 것

나. 오염사고에 대비하여 오수 및 폐수의 외부 유출을 차단하는 시설 및 집수시설(集水施設)을 설치할 것. 다만, 제2조의3제2호에 해당하는 공장으로서 폐수가 발생하지 않는 공장이라고 시장 · 군수 · 구청장이 인정하는 경우에는 그렇지 않다.

다. 그 밖에 오염사고에 대비한 우회 배수로의 설치, 「물환경보전법」 제2조제13호의 비점오염저감시설의 설치 등 공장의 규모, 오수 · 폐수의 발생량 또는 설립하는 지역의 주변여건 등을 고려하여 기후에너지환경부장관이 필요하다고 인정하여 고시하는 사항을 지킬 것

2. 영 제14조의3제2호의 지역

가. 원료, 부원료 및 첨가물이 보관 · 이송과정에서 공장외부로 유출되지 아니하도록 할 것

나. 오염사고에 대비하여 오수 및 폐수의 외부유출을 차단하는 시설 및 집수시설을 설치할 것. 다만, 폐수가 발생하지 않는 공장이라고 시장 · 군수 · 구청장이 인정하는 경우에는 그렇지 않다.

다. 별표 2에 따른 제조업 외의 업종을 영위하지 않을 것(제2조의3제2호나목에 따른 공장은 제외한다)

[전문개정 2014. 12. 1.]

[제목개정 2020. 11. 27.]

제3조의2(상수원 정보관리체계 구축 및 운영) ① 기후에너지환경부장관은 법 제7조의3제1항에 따른 상수원 정보관리체계(이하 "상수원 정보관리체계"라 한다)의 구축 및 운영을 위하여 법 제7조의3제1항 각 호의 상수원 관련 정보의 기록 및 관리 등에 필요한 전산망을 설치하고 운영하여야 한다. 〈개정 2025. 10. 1.〉

② 기후에너지환경부장관은 법 제7조의3제2항에 따라 중앙행정기관, 지방자치단체, 「공공기관의 운영에 관한 법률」 제4조에 따른 공공기관 등 관계 기관의 장에게 법 제7조의3제1항 각 호에 해당하는 자료 또는 정보를 매년 1월 말까지 제출하도록 요청할 수 있다. 〈개정 2025. 10. 1.〉

③ 제2항에 따라 자료 또는 정보의 제출을 요청받는 관계 기관의

장은 제1항에 따라 설치된 전산망에 해당 자료 또는 정보를 직접 입력하는 것으로 자료 또는 정보의 제출을 갈음할 수 있다.

④ 제1항부터 제3항까지에서 규정한 사항 외에 상수원 정보관리 체계의 구축 및 운영에 필요한 세부사항은 기후에너지환경부장관이 정한다. 〈개정 2025. 10. 1.〉

[본조신설 2015. 3. 25.]

제3조의3(인증의 취소 등 행정처분의 기준) 법 제14조의2제1항에 따른 행정처분의 기준은 별표 2의2와 같다.

[본조신설 2020. 11. 27.]

[종전 제3조의3은 제3조의6으로 이동 〈2020. 11. 27.〉]

제3조의4(검사기관의 지정절차 등) ① 법 제14조의3제1항에 따라 검사기관으로 지정받으려는 자는 별지 제1호서식의 위생안전기준 검사기관 지정신청서에 다음 각 호의 서류를 첨부하여 기후에너지환경부장관에게 제출해야 한다. 〈개정 2025. 10. 1.〉

1. 실험실 평면도 1부
2. 기술인력의 보유 현황 및 그 자격을 증명할 수 있는 서류 1부
3. 시설 및 장비의 보유 현황 1부

② 영 제24조의3제1항 및 영 별표 1의3 제2호나목에 해당하는 장비의 세부 종류는 별표 2의3과 같다.

③ 기후에너지환경부장관은 법 제14조의3제2항에 따른 기준의 충족 여부를 판단하기 위하여 필요하면 국립환경과학원장에게 기술적 검토를 의뢰하여 그 의견을 들을 수 있다. 〈개정 2025. 10. 1.〉

④ 기후에너지환경부장관은 제1항에 따라 신청한 자를 법 제14조의3제1항에 따른 검사기관(이하 "검사기관"이라 한다)으로 지정하는 경우에는 별지 제1호의2서식의 위생안전기준 검사기관 지정서를 발급해야 한다. 〈개정 2024. 8. 16., 2025. 10. 1.〉

⑤ 검사기관으로 지정받은 자가 법 제14조의3제3항에 따라 영 제24조의3제2항 각 호의 어느 하나에 해당하는 사항을 변경하려면 변경사유가 발생한 날부터 30일 이내에 별지 제1호의3서식의 위생안전기준 검사기관 변경승인 신청서에 다음 각 호의 서류를 첨부하여 기후에너지환경부장관에게 제출해야 한다. 〈개정 2024. 8. 16., 2025. 10. 1.〉

1. 변경할 내용을 증명하는 서류

2. 위생안전기준 검사기관 지정서 원본

[본조신설 2020. 11. 27.]

제3조의5(검사기관에 대한 행정처분의 기준) 법 제14조의4제3항에 따른 행정처분의 기준은 별표 2의4와 같다.

[본조신설 2020. 11. 27.]

제3조의6(절수설비의 절수등급 및 표시에 관한 기준) 법 제15조제4항에 따른 절수설비의 절수등급 및 표시에 관한 기준은 별표 2의5와 같다. 〈개정 2020. 11. 27., 2024. 7. 4.〉

[본조신설 2019. 6. 25.]

[제3조의3에서 이동 〈2020. 11. 27.〉]

제4조(물절약전문업의 등록대상 사업) 법 제15조의2제1항제3호에서 "그 밖에 기후에너지환경부령으로 정하는 물 절약을 위한 사업"이란 물 절약을 위한 수도시설의 조사·연구 사업을 말한다. 〈개정 2025. 10. 1.〉

[본조신설 2014. 7. 1.]

제5조(물절약전문업의 등록신청 절차 등) ① 법 제15조의2제1항에 따라 물절약전문업의 등록을 하려는 자는 별지 제1호의4서식의 등록신청서에 다음 각 호의 서류를 첨부하여 「한국수자원공사법」에 따른 한국수자원공사(이하 "한국수자원공사"라 한다)에 제출해야 한다. 이 경우 신청을 받은 한국수자원공사는 「전자정부법」 제36조제1항에 따른 행정정보의 공동이용을 통하여 법인 등기사항증명서(신청인이 법인인 경우만 해당한다)를 확인해야 한다. 〈개정 2014. 12. 1., 2020. 11. 27.〉

1. 사업계획서

2. 영 별표 1의3에 따른 등록기준을 갖추었음을 증명하는 서류

② 제1항에 따른 신청을 받은 한국수자원공사는 다음 각 호의 어느 하나에 해당하는 경우를 제외하고는 별지 제1호의5서식의 등록증을 신청인에게 발급해야 한다. 〈개정 2020. 11. 27.〉

1. 법 제15조의4에 따른 등록 제한 사유에 해당하는 경우

2. 영 별표 1의3에 따른 등록기준을 갖추지 못한 경우

③ 제1항 및 제2항에 따라 물절약전문업의 등록을 한 자는 다음 각 호의 어느 하나에 해당하여 등록증을 재발급받으려는 경우에는 별지 제1호의4서식의 재발급신청서에 다음 각 호의 구분에 따른 서류를 첨

부하여 한국수자원공사에 제출해야 한다. 〈개정 2020. 11. 27.〉

1. 다음 각 목의 등록증 기재사항이 변경된 경우: 등록증 및 기재사항의 변경을 증명하는 서류

가. 상호

나. 대표자

다. 사업장 소재지

2. 등록증을 잃어버리거나 등록증이 헐어 못 쓰게 된 경우: 등록증(등록증이 헐어 못 쓰게 된 경우만 해당한다)

[본조신설 2014. 7. 1.]

제6조(물절약전문업의 등록취소 및 지원중단) 법 제15조의3에 따른 등록취소 또는 지원중단의 기준은 별표 2의6과 같다. 〈개정 2019. 6. 25., 2020. 11. 27.〉

[본조신설 2014. 7. 1.]

제7조 삭제 〈2011. 6. 9.〉

제8조(일반수도사업 인가신청) ①영 제27조제1항에 따른 일반수도사업 인가(변경인가) 신청서는 별지 제2호서식과 같다. 〈개정 2014. 7. 1.〉

②영 제27조제1항에 따라 제1항의 신청서에 첨부해야 하는 관계 서류와 도면은 다음 각 호와 같다. 〈개정 2019. 12. 20., 2021. 4. 1.〉

1. 수도시설의 평면도

2. 수리계통도 · 관로의 종단도 및 동수경사도(動水傾斜度: 물이 흐르는 방향의 직선거리에 대한 수위 차이)(마을상수도의 경우에는 수리계통도 및 급수관망도)

3. 취수량 및 취수에 대한 인허가 등을 증명하는 서류

4. 수리계산 및 구조계산에 관한 사항을 적은 서류(「건설기술 진흥법 시행령」 제17조 또는 제19조에 따른 지방심의위원회 또는 기술자문위원회의 심의를 받은 건설공사의 경우에는 그 심의 결과의 사본) 다만, 마을상수도의 경우는 제외한다.

제9조(시설기준) 영 제29조제4항에 따른 수도시설의 세부 시설기준은 별표 3과 같다.

제9조의2(저수조의 설치기준) 법 제18조제3항 본문에 따른 저수조의 설치기준은 별표 3의2와 같다.

[본조신설 2012. 5. 17.]

제10조 삭제 〈2010. 11. 29.〉

제11조(급수설비의 검사 기준 및 절차) ① 법 제21조제2항 및 제3항에 따른 급수설비의 검사 기준은 다음 각 호와 같다.

1. 급수설비에 사용된 수도용 자재와 제품이 영 별표 1의2에 따른 위생안전기준에 적합한지 여부

2. 급수설비 중 저수조의 경우에는 별표 3의2에 따른 저수조의 설치기준에 적합하게 설치되었는지 여부

② 일반수도사업자는 법 제21조제2항에 따라 급수설비의 검사를 하려는 경우에는 해당 급수설비의 소유자 또는 관리자에게, 같은 조 제3항에 따라 급수설비의 검사를 하려는 경우에는 수돗물을 공급받는 자에게 그 검사 예정일 30일 전까지 다음 각 호의 사항을 알려야 한다.

1. 급수설비의 검사 예정일

2. 급수설비의 검사 내용

3. 준비서류 등 급수설비의 검사에 필요한 사항

[본조신설 2014. 7. 1.]

제12조(수도시설관리자의 자격) 영 제33조제2항제5호에서 "기후에너지환경부령으로 정하는 자"란 다음 각 호의 어느 하나에 해당하는 자를 말한다. 〈개정 2025. 10. 1.〉

1. 「국가기술자격법」 제9조에 따른 토목 · 전기 · 전자 · 기계 · 건축 · 화공 또는 환경 분야의 기사1급 이상의 자격을 가진 자로서 1년 이상 그 분야 실무에 종사한 자

2. 법 제24조제1항 및 영 제41조에 따른 정수시설운영관리사 1등급 또는 2등급의 자격을 가진자

제12조의2(상수도관망 중점관리지역의 지정 등) ① 법 제21조의3제1항에 따른 상수도관망 중점관리지역(이하 "중점관리지역"이라 한다)의 지정 기준은 다음 각 호와 같다.

1. 수질사고 및 수질민원이 반복적으로 발생하거나 발생할 우려가 있는지 여부

2. 상수도관망의 노후 정도

3. 수질사고가 발생할 경우 큰 피해가 발생할 우려가 있는지 여부

4. 법 제26조제2항에 따른 수질기준 위반의 우려가 있는지 여부

② 법 제21조의3제2항에 따라 중점관리지역의 지정 또는 지정 해

제를 요청하려는 일반수도사업자는 기후에너지환경부장관에게 다음 각 호의 사항을 기재한 서류를 제출해야 한다. 〈개정 2025. 10. 1.〉

1. 중점관리지역의 지정 또는 지정 해제를 요청하는 지역의 위치 및 범위

2. 상수도관망도, 관의 제원(諸元) 및 법 제74조에 따른 상수도관망 기술진단 결과 등 상수도관망시설의 현황

3. 중점관리지역의 지정 또는 지정 해제 요청 사유

4. 수질사고 및 수질민원 발생현황

5. 정수장, 배수장 및 상수도관망의 수질측정 결과

③ 기후에너지환경부장관은 법 제21조의3제1항 또는 제5항에 따라 중점관리지역으로 지정하거나 그 지정을 해제한 경우에는 다음 각 호의 사항을 공고해야 한다. 〈개정 2025. 10. 1.〉

1. 중점관리지역으로 지정하거나 지정을 해제한 지역의 위치 및 범위

2. 지정 또는 지정 해제의 사유

④ 법 제21조의3제3항에 따른 중점관리지역의 수질측정 방법 및 주기는 별표 3의3과 같다.

⑤ 일반수도사업자가 법 제21조의3제3항에 따라 관망개선계획을 수립할 때에는 다음 각 호의 사항을 포함해야 한다.

1. 상수도관망의 연도별 세척·갱생 또는 교체 계획

2. 제1호에 따른 계획의 실행을 위한 재원조달계획

[본조신설 2021. 4. 1.]

제12조의3(상수도관망관리대행업의 등록 등) ① 법 제21조의4제1항에 따른 상수도관망관리대행업(이하 "상수도관망관리대행업"이라 한다)을 등록하려는 자는 별지 제2호의2서식의 상수도관망관리대행업 등록신청서에 다음 각 호의 서류를 첨부하여 유역환경청장 또는 지방환경청장에게 제출해야 한다.

1. 법 제21조의4제1항 및 영 별표 2의3에 따른 인력 및 장비 등의 보유 현황

2. 제1호의 사실을 증명할 수 있는 서류

② 제1항에 따른 신청을 받은 유역환경청장 또는 지방환경청장은 등록을 신청한 자가 그 요건을 갖추었으면 신청을 받은 날부터 30일 이내에 신청인에게 별지 제2호의3서식의 상수도관망관리대행업

등록증을 발급해야 한다.

③ 법 제21조의4제2항에서 “기술인력의 변경 등 기후에너지환경부령으로 정하는 중요한 사항”이란 다음 각 호의 어느 하나에 해당하는 사항을 말한다. 〈개정 2025. 10. 1.〉

1. 기술인력
2. 상호 또는 명칭
3. 대표자 성명
4. 사무실 소재지

④ 법 제21조의4제2항에 따라 변경등록을 하려는 경우에는 변경사항이 발생한 날부터 30일 이내에 별지 제2호의2서식의 상수도관망관리대행업 변경등록 신청서에 다음 각 호의 서류를 첨부하여 유역환경청장 또는 지방환경청장에게 제출해야 한다.

1. 상수도관망관리대행업 등록증
2. 변경 사항을 증명할 수 있는 서류

⑤ 제4항에 따라 변경등록 신청을 받은 유역환경청장 또는 지방환경청장은 변경 사항을 확인한 후 신청을 받은 날부터 30일 이내에 별지 제2호의3서식에 따른 상수도관망관리대행업 등록증에 변경사항을 적고 이를 내줘야 한다.

[본조신설 2021. 4. 1.]

제12조의4(상수도관망관리대행업의 등록취소 등) 법 제21조의5제1항에 따른 상수도관망관리대행업의 등록취소 등 행정처분의 세부기준은 별표 3의4와 같다.

[본조신설 2021. 4. 1.]

제13조(위탁에 관한 신고 등) 법 제23조제2항에 따라 일반수도사업자는 위탁계약을 체결하거나 해지한 날부터 30일 이내에 그 사실을 별지 제3호서식에 따라 기후에너지환경부장관에게 신고하여야 한다. 〈개정 2008. 6. 27., 2025. 10. 1.〉

제14조(정수시설운영관리사 자격시험의 시행공고 등) ①영 제42조제6항에 따라 「한국산업인력공단법」에 따른 한국산업인력공단(이하 “한국산업인력공단”이라 한다)의 장은 정수시설운영관리사 자격시험(이하 “자격시험”이라 한다)을 시행하려면 응시자격ㆍ시험과목ㆍ시험방법ㆍ합격기준ㆍ시험일시 및 시험장소 등 필요한 사항을 시험일 90일 전까지 「신문 등의 진흥에 관한 법률」 제9조제1항에 따라 전

국을 보급지역으로 등록한 일반일간신문 또는 한국산업인력공단의 홈페이지에 공고하여야 한다. 〈개정 2008. 6. 27., 2012. 5. 17., 2018. 6. 27.〉

②자격시험에 응시하려는 자는 별지 제4호서식의 응시원서를 한국산업인력공단의 장에게 제출하여야 한다. 〈개정 2008. 6. 27.〉

③제2항에 따라 응시원서를 제출하는 자는 수수료를 내야 한다. 〈개정 2010. 11. 29.〉

④ 제3항에 따른 수수료를 납부한 사람이 다음 각 호의 어느 하나에 해당하는 경우에는 다음 각 호의 구분에 따라 응시 수수료의 전부 또는 일부를 돌려주어야 한다. 〈신설 2010. 11. 29., 2012. 5. 17., 2018. 6. 27., 2024. 9. 26.〉

1. 수수료를 과오납한 경우: 그 과오납한 금액의 전부

2. 시험기관의 귀책사유로 시험에 응시하지 못한 경우: 납부한 수수료 전부

3. 응시원서 접수기간에 접수를 취소하는 경우: 납부한 수수료 전부

4. 응시원서 접수마감일의 다음 날부터 시험시행일 20일 전까지 접수를 취소하는 경우: 납부한 수수료의 100분의 60에 해당하는 금액

5. 시험시행일 19일 전부터 시험시행일 10일 전까지 접수를 취소하는 경우: 납입한 수수료의 100분의 50에 해당하는 금액

6. 사고 또는 질병으로 입원(시험일이 입원기간에 포함되는 경우로 한정한다)하여 시험에 응시하지 못한 경우: 납부한 수수료 전부

7. 「감염병의 예방 및 관리에 관한 법률」에 따른 치료·입원 또는 격리 처분(시험일이 치료·입원 또는 격리 기간에 포함되는 경우로 한정한다)을 받아 시험에 응시하지 못한 경우: 납부한 수수료 전부

8. 다음 각 목의 사람이 시험일 7일 전부터 시험일까지의 기간에 사망하여 시험에 응시하지 못한 경우: 납부한 수수료 전부

가. 수수료를 낸 사람의 배우자

나. 수수료를 낸 사람 본인 및 배우자의 자녀

다. 수수료를 낸 사람 본인 및 배우자의 부모

라. 수수료를 낸 사람 본인 및 배우자의 조부모·외조부모

마. 수수료를 낸 사람 본인 및 배우자의 형제자매

⑤제3항에 따른 수수료의 금액은 실비 등을 고려하여 기후에너지환경부장관이 정하여 고시한다. 〈개정 2008. 6. 27., 2010. 11. 29., 2025. 10. 1.〉

제15조(정수시설운영관리사의 자격증 발급 등) ① 법 제24조제1항 및 영 제41조제2항에 따른 자격증 발급 신청서는 별지 제5호서식과 같다. 이 경우 법 제24조제3항에 따른 정수시설운영관리사 3급의 양성과정을 이수한 사람의 경우에는 자격증 발급 신청서에 다음 각 호의 서류를 첨부해야 한다.

1. 최근 6개월 이내에 촬영한 증명사진(3.5센티미터×4.5센티미터)
2. 「가족관계의 등록 등에 관한 법률」에 따른 기본증명서
3. 최종 학력증명서 또는 경력증명서
4. 정수시설운영관리사 양성과정 이수증

② 정수시설운영관리사 자격증의 재발급을 받으려는 사람은 별지 제5호서식에 따른 정수시설운영관리사 자격증 재발급 신청서에 최근 6개월 이내에 촬영한 증명사진(3.5센티미터×4.5센티미터)을 첨부하여 법 제56조에 따른 한국상하수도협회의 장(이하 "한국상하수도협회장"이라 한다)에게 제출해야 한다.

③ 한국상하수도협회장은 제1항 또는 제2항에 따른 신청을 받은 경우 신청자가 영 제41조제1항에 따른 자격요건을 갖추었는지 확인하고 자격요건을 갖추었다고 인정되면 별지 제5호의2서식의 자격증(기후에너지환경부장관의 명의로 된 자격증을 말하며, 이하 이 조에서 같다)을 발급 또는 재발급해야 한다. 〈개정 2025. 10. 1.〉

④ 한국상하수도협회장은 제3항에 따른 자격증을 발급·재발급할 때에는 별지 제6호서식의 정수시설운영관리사 명부에 기록해야 한다.

⑤ 한국상하수도협회장은 제3항에 따른 자격증을 발급·재발급할 때에는 다음 각 호의 구분에 따른 수수료를 받을 수 있다.

1. 자격증 발급: 10,000원
2. 자격증 재발급: 10,000원

[전문개정 2024. 8. 16.]

제16조(자격시험 출제위원의 위촉 등) ①영 제42조제6항에 따라 한국산업인력공단의 장은 영 제44조에 따른 정수시설운영관리사시험위원회의 위원 및 정수시설운영 관련 분야에서 학식과 경험이 풍부한 자 중에서 자격시험의 출제 및 채점을 담당할 자(이하 "출제위

원"이라 한다)를 위촉한다. 〈개정 2008. 6. 27.〉

②제1항에 따라 출제위원으로 위촉된 자는 한국산업인력공단의 장이 요구하는 자격시험 문제의 출제와 채점상의 유의사항 및 준수사항을 성실히 이행하여야 한다. 〈개정 2008. 6. 27.〉

제17조(행정처분의 기준) 법 제25조제2항에 따른 정수시설운영관리사에 대한 행정처분의 기준은 별표 5와 같다.

제17조의2(상수도관망시설운영관리사 자격증의 교부절차) ① 법 제25조의2제1항 및 영 제44조제2항에 따라 상수도관망시설운영관리사 자격증의 발급을 신청하려는 사람은 별지 제7호서식의 상수도관망시설운영관리사 자격증 발급신청서에 다음 각 호의 서류를 첨부하여 한국상하수도협회장에게 제출하야 한다. 〈개정 2024. 7. 17., 2024. 8. 16.〉

1. 「가족관계의 등록 등에 관한 법률」에 따른 기본증명서
2. 최종학력증명서 또는 경력증명서
3. 최근 6개월 이내에 촬영한 증명사진(3.5센티미터×4.5센티미터)
4. 상수도관망시설운영관리사 과정 이수증(해당자에 한한다)

② 상수도관망시설운영관리사 자격증의 재발급을 신청하려는 사람은 별지 제8호서식의 상수도관망운영관리사 자격증 재발급신청서에 다음 각 호의 서류를 첨부하여 한국상하수도협회장에게 제출해야 한다. 〈개정 2024. 7. 17.〉

1. 「가족관계의 등록 등에 관한 법률」에 따른 기본증명서
2. 최근 6개월 이내에 촬영한 증명사진(3.5센티미터×4.5센티미터)
3. 상수도관망시설운영관리사 자격증(훼손되거나 기재사항이 변경된 경우만 해당한다)

③ 제1항 또는 제2항에 따른 상수도관망시설운영관리사 자격증 발급신청서 또는 자격증 재발급신청서를 받은 한국상하수도협회장은 발급 또는 재발급을 신청한 사람이 그 요건을 갖추었으면 신청인에게 별지 제9호서식의 상수도관망시설운영관리사 자격증을 교부해야 한다. 〈개정 2024. 7. 17.〉

[본조신설 2021. 4. 1.]

[종전 제17조의2는 제17조의5로 이동 〈2021. 4. 1.〉]

제17조의3(수수료) 한국상하수도협회장은 법 제25조의2제6항에 따라 상수도관망시설운영관리사 자격증을 발급 또는 재발급받으려는 사람에게 다음 각 호의 구분에 따른 수수료를 받을 수 있다. 〈개정 2024. 8. 16.〉

1. 자격증 발급: 10,000원
2. 자격증 재발급: 10,000원

[본조신설 2021. 4. 1.]

[종전 제17조의3은 제17조의6으로 이동 〈2021. 4. 1.〉]

제17조의4(상수도관망시설운영관리사의 자격 취소 등) 법 제25조의3제1항에 따른 상수도관망시설운영관리사의 자격 취소 등 행정처분의 세부기준은 별표 5의2와 같다.

[본조신설 2021. 4. 1.]

제17조의5(수돗물 수질기준 위반 보고 등) ① 법 제26조의2제2항에 따라 관할 유역환경청 또는 지방환경청의 장(이하 "지방환경관서의 장"이라 한다)은 조치계획의 적정성을 검토한 후 별지 제10호서식의 조치계획 적정성 검토보고서를 작성하여 기후에너지환경부장관에게 보고해야 한다. 〈개정 2022. 7. 12., 2024. 7. 17., 2025. 10. 1.〉

② 지방환경관서의 장은 제1항에 따라 조치계획의 적정성을 검토하는 경우에는 법 제74조의4에 따른 유역수도지원센터에 기술적 검토를 의뢰하여 그 의견을 들을 수 있다. 〈신설 2022. 7. 12.〉

③ 지방환경관서의 장은 제1항에 따른 조치계획의 적정성 검토 결과 조치계획의 보완이 필요하다고 인정되는 경우에는 다음 각 호의 사항을 명시하여 일반수도사업자에게 통보해야 한다. 〈신설 2022. 7. 12.〉

1. 조치계획의 보완필요사항
2. 조치계획의 보완기한

④ 지방환경관서의 장은 제1항에 따라 적정성이 검토된 조치계획의 이행 여부를 확인할 수 있다. 〈신설 2022. 7. 12.〉

[본조신설 2020. 11. 27.]

[제17조의2에서 이동 〈2021. 4. 1.〉]

제17조의6(현장수습조정관의 요건) 법 제26조의2제3항에서 "기후에너지환경부령으로 정하는 요건을 갖춘 현장수습조정관"이란 사고 발생현장을 관할하는 지방환경관서의 장 또는 지방환경관서의 장이 지

명하는 소속 공무원을 말한다. 〈개정 2025. 10. 1.〉

[본조신설 2020. 11. 27.]

[제17조의3에서 이동 〈2021. 4. 1.〉]

제18조(주민공지의 내용 및 절차) ①법 제27조제1항에 따른 주민공지에는 다음 각 호의 사항이 포함되어야 한다. 〈개정 2012. 5. 17.〉

1. 오염물질의 종류·농도 및 수질기준(수질기준의 경우에는 수돗물이 법 제26조제2항에 따른 수질기준에 위반한 경우만 해당한다)
2. 오염의 발생일시·원인 및 영향지역
3. 오염에 따른 건강상 위해의 가능성
4. 주민의 행동요령
5. 문제 해결을 위한 조치계획
6. 예상되는 원상회복 일시
7. 담당자의 이름 및 전화번호

②일반수도사업자는 제1항에 따른 주민공지를 하는 때에는 다음 각 호의 방법 중 하나 이상의 방법으로 그 공지사유를 알게 된 때부터 3일 이내에 공지하여야 한다. 다만, 영 제47조 각 호의 사유의 경우에는 그 사유를 알게 된 때부터 24시간 이내에 공지하여야 한다. 〈개정 2012. 5. 17.〉

1. 해당 지역의 방송 및 신문(호외를 포함한다)
2. 동사무소 등 관련 기관의 게시판 및 마을게시판
3. 확성기의 이용이나 전단지의 배포
4. 행정관서의 전화, 인터넷 홈페이지 등 지역통신망

③일반수도사업자는 제2항에 따라 주민공지를 하였으면 그 내용을 즉시 기후에너지환경부장관에게 보고하여야 한다. 수돗물의 수질이 기준 이내로 회복되어 주민공지를 해제한 경우에도 또한 같다. 〈개정 2012. 5. 17., 2025. 10. 1.〉

제18조의2(정수처리기준 등) ① 법 제28조제1항 본문에 따라 일반수도사업자가 지켜야 하는 정수처리기준은 다음 각 호와 같다. 〈개정 2014. 7. 1., 2019. 6. 25.〉

1. 취수지점부터 정수장의 정수지 유출지점까지의 구간에서 바이러스를 1만분의 9천999 이상 제거하거나 불활성화할 것
2. 취수지점부터 정수장의 정수지 유출지점까지의 구간에서 지아디아 포낭(包囊)을 1천분의 999 이상 제거하거나 불활성화할 것

3. 취수지점부터 정수장의 정수지 유출지점까지의 구간에서 크립토스포리디움 난포낭(卵胞囊)을 1백분의 99 이상 제거할 것

② 법 제28조제1항 본문에 따른 정수처리기준을 지켜야 하는 시설의 범위는 다음 각 호와 같다. 〈개정 2019. 6. 25.〉

1. 광역상수도
2. 지방상수도

③ 법 제28조제1항 단서에서 "기후에너지환경부령으로 정하는 인증"이란 해당 상수원(정수를 포함한다)이 제4항제1호에 따른 인증기준을 충족하여 병원성 미생물로부터 안전하다는 기후에너지환경부장관의 인증을 말한다. 〈신설 2019. 6. 25., 2025. 10. 1.〉

④ 법 제28조제1항 단서에 따른 인증기준, 인증주기 및 인증절차는 다음 각 호와 같으며, 그 세부 사항은 기후에너지환경부장관이 정하여 고시한다. 〈개정 2014. 7. 1., 2019. 6. 25., 2022. 7. 12., 2025. 10. 1.〉

1. 인증기준: 다음 각 목의 어느 하나에 해당할 것

가. 상수원의 수질이 「상수원관리규칙」 제24조제1항제4호에 따른 수질기준에 적합하고, 병원성 미생물로부터 안전한 상태로 유지될 것

나. 잔류소독제농도, 수소이온농도, 수온 등을 측정할 수 있는 수질자동측정기기를 설치하여 측정한 수질이 별표 5의3 제1호에 따른 기준에 적합하고, 병원성 미생물로부터 안전한 상태로 유지될 것. 이 경우 수질자동측정기기를 설치하는 위치 및 측정지점은 다음의 구분에 따른다.

1) 정수장의 정수지 유출지점부터 배수지(配水池) 유입지점까지의 송수관에 분기시설이 없는 경우: 배수지

2) 정수장의 정수지 유출지점부터 배수지 유입지점까지의 송수관에 분기시설이 있는 경우: 정수지에서 가장 가까운 분기시설

2. 인증주기: 3년으로 하되, 최초로 인증을 받는 경우에는 인증을 받은 날을 기준으로 1년부터 1년 6개월까지의 기간 내에 병원성 미생물로부터 안전하다는 사후평가를 받을 것을 조건으로 인증할 것

3. 인증절차: 인증을 받으려는 일반수도사업자는 인증기준에 적합하다는 사실을 증명할 수 있는 자체평가서, 수질검사 결과 등을 첨부하여 인증을 신청하여야 하며, 인증여부는 인증신청이 접수된 날

부터 90일 이내에 통보할 것

⑤ 법 제28조제4항 및 제5항에 따른 정수처리된 물의 탁도 등의 기준과 그 기준에 적합한지를 확인하기 위하여 필요한 검사의 항목, 주기 및 방법은 별표 5의3과 같다. 〈개정 2019. 6. 25., 2022. 7. 12.〉

⑥ 제2항 각 호의 시설을 운영하는 일반수도사업자는 법 제28조제6항에 따라 법 제28조제5항에 따른 검사결과를 3년간 기록·보존하여야 하며, 매월 검사결과를 별지 제11호서식에 따라 작성하여 다음 달 15일까지 기후에너지환경부장관에게 보고하여야 한다. 〈개정 2019. 6. 25., 2024. 7. 17., 2025. 10. 1.〉

⑦ 제2항 각 호의 시설을 운영하는 일반수도사업자는 법 제28조제7항에 따라 수도시설의 개선 등 필요한 조치를 하여야 하는 경우에는 자체시설 점검 등을 통하여 법 제28조제4항에 따른 기준에 위반된 원인을 분석하고 그에 필요한 개선조치를 한 후 10일 이내에 그 결과를 기후에너지환경부장관에게 보고하여야 한다. 〈개정 2019. 6. 25., 2025. 10. 1.〉

⑧ 기후에너지환경부장관은 일반수도사업자가 제7항에 따라 조치한 사항을 검토하여 필요한 경우에는 추가 조치를 명할 수 있다. 〈개정 2019. 6. 25., 2025. 10. 1.〉

[본조신설 2012. 5. 17.]

제18조의3(병원성 미생물의 조사 대상 시설 등) ① 법 제28조의2제1항에 따른 병원성미생물의 조사 대상 시설, 조사 시기·항목·방법 및 조사 결과 보고의 내용·절차 등에 관한 사항은 별표 5의4와 같다. 〈개정 2022. 7. 12.〉

② 법 제28조의2제1항에 따라 미생물의 분포실태를 조사하는 경우에는 「먹는물관리법 시행규칙」 제35조에 따라 지정받은 검사기관에 의뢰하여 시험을 실시하여야 한다.

[본조신설 2012. 5. 17.]

제19조(수질검사 및 수량분석) ①일반수도사업자는 법 제30조에 따른 수돗물평가위원회에 자문하여 다음 각 호의 사항이 포함된 1년 단위의 수질검사계획을 수립하여야 한다.

1. 수질검사의 개요
2. 원수 및 정수의 전년도 검사결과(배수 및 급수 계통을 포함한다)

3. 원수 및 정수의 검사지점·검사항목·검사빈도 및 검사방법(배수 및 급수 계통을 포함한다)

4. 수질검사 결과에 대한 주민공지 방안

②일반수도사업자는 법 제29조제1항에 따른 수량분석을 하기 위하여 별표 6에서 정하는 기준에 따라 수량측정용 유량계(이하 "유량계"라 한다)를 설치·관리하여야 하며, 취수량·급수량·유수수량 및 누수율에 대한 분석을 매 반기 1회 이상 주기적으로 하여야 한다.

③일반수도사업자는 제1항과 제2항에 따라 실시한 수질검사 및 수량분석의 결과를 3년간 보존하여야 한다.

④일반수도사업자는 제1항과 제2항에 따른 수질검사 및 수량검사의 결과와 생산 및 공급 시설의 현황 등에 대한 통계자료를 기후에너지환경부장관에게 보고하여야 한다. 〈개정 2025. 10. 1.〉

제20조(수질검사기관) 영 제49조제2항에서 "그 밖에 기후에너지환경부령으로 정하는 기관"이란 「먹는물관리법 시행규칙」 제35조에 따라 지정된 먹는물 수질검사기관을 말한다. 〈개정 2025. 10. 1.〉

제21조(필수 수질검사시설) 영 제49조제2항에서 "기후에너지환경부령으로 정하는 검사항목"이란 「먹는물 수질기준 및 검사 등에 관한 규칙」 제4조제1항가목 중 수도사업자가 매일 1회 이상 수질검사를 하여야 하는 항목과 매주 1회 이상 수질검사를 하여야 하는 항목을 말한다. 〈개정 2025. 10. 1.〉

제22조(수돗물품질보고서의 내용 등) ①법 제31조제1항에 따른 수돗물품질보고서에는 다음 각 호의 사항이 포함되어야 한다. 〈개정 2022. 7. 12.〉

1. 정수장 등 수질 관련 부서의 연락처
2. 보고서에 사용되는 용어의 정의
3. 취수지점부터 수도꼭지까지의 수돗물 생산 및 공급 과정
4. 원수의 수질 정보
5. 법 제26조제2항에 따른 수질기준 및 법 제29조에 따른 수질검사 결과(평균값 및 최대값)
6. 수질기준을 초과한 기간·원인·내용 및 초과항목별 인체에 미치는 영향
7. 수질기준 초과에 따른 조치사항 및 그 결과
8. 법 제27조에 따른 수질기준 위반내용의 공지 및 그 결과

9. 그 밖에 주민 협조사항, 수돗물 수질 이상 시의 신고방법, 수돗물의 음용방법 등에 관한 사항

②일반수도사업자는 매 회계연도 종료 후 6개월 이내에 수돗물품질보고서를 발간하여 관할 급수구역 안의 수돗물을 공급받는 자에게 전자매체나 우편 등의 방법으로 제공하여야 하며, 필요한 경우 수돗물품질보고서의 내용을 요약하여 제공할 수 있다.

제22조의2(일반수도사업자가 해야 하는 위생상의 조치) ① 법 제33조제1항에 따라 일반수도사업자가 해야 하는 위생상의 조치는 다음 각 호와 같다. 〈개정 2022. 7. 12.〉

1. 수도시설을 항상 청결히 하고 깔따구 유충 등 소형생물의 유입 여부를 주기적으로 확인하여 법 제26조제2항에 따른 수질기준을 준수하고 먹는물의 오염을 방지할 것

2. 수도시설의 주위에는 울타리를 설치하고 자물쇠장치를 하는 등 사람이나 가축이 함부로 시설에 접근하지 못하도록 할 것

3. 수도꼭지의 먹는물 유리잔류염소가 항상 0.1밀리그램/리터(결합잔류염소는 0.4밀리그램/리터) 이상이 되도록 할 것. 다만, 병원성 미생물에 의하여 오염되었거나 오염될 우려가 있는 경우에는 유리잔류염소가 0.4밀리그램/리터(결합잔류염소는 1.8밀리그램/리터) 이상이 되도록 할 것

② 제1항제1호에 따른 소형생물의 유입 여부 확인에 필요한 사항은 기후에너지환경부장관이 정한다. 〈신설 2022. 7. 12., 2025. 10. 1.〉

[본조신설 2012. 5. 17.]

[제목개정 2022. 7. 12.]

제22조의3(저수조 설치현황 신고) 영 제50조제3항에 따른 저수조 설치현황 신고서는 별지 제12호서식과 같다.

[본조신설 2024. 7. 17.]

[종전 제22조의3은 제22조의4로 이동 〈2024. 7. 17.〉]

제22조의4(대형건축물등의 소유자등이 해야 하는 소독등위생조치 등) ① 법 제33조제3항 전단에 따라 영 제50조제1항 각 호의 건축물 또는 시설(이하 "대형건축물등"이라 한다)의 소유자 또는 관리자(이하 "소유자등"이라 한다)는 반기 1회 이상 저수조를 청소해야 하고, 월 1회 이상 저수조의 위생상태를 별표 6의2에 따라 점검해야

한다. 다만, 일반수도사업자가 「재난 및 안전관리기본법」 제3조제1호에 따른 재난이 발생한 경우 안정적인 물 공급을 위하여 제3항 각 호의 구분에 따른 기준을 충족하는 것으로 확인되는 저수조에 대하여 기후에너지환경부장관과 협의하여 해당 반기가 끝나는 날의 다음 날부터 2개월의 범위에서 소유자등에게 저수조 청소 유예를 요청하는 경우에는 그렇지 않다. 〈개정 2024. 7. 17., 2024. 8. 16., 2025. 10. 1.〉

② 대형건축물등의 소유자등은 저수조가 신축되었거나 1개월 이상 사용이 중단된 경우에는 사용 전에 청소를 하여야 한다.

③ 제1항 및 제2항에 따라 청소를 하는 경우, 청소에 사용된 약품으로 인하여 「먹는물 수질기준 및 검사 등에 관한 규칙」 별표 1에 따른 먹는물의 수질기준이 초과되지 않도록 해야 하며, 청소 후에는 저수조에 물을 채운 다음 각 호의 기준을 충족하는지 여부를 점검해야 한다. 〈개정 2018. 6. 27., 2019. 6. 25.〉

1. 잔류염소: 리터당 0.1밀리그램 이상 4.0밀리그램 이하
2. 수소이온농도(pH): 5.8 이상 8.5 이하
3. 탁도: 0.5NTU(네펠로메트릭 탁도 단위, Nephelometric Turbidity Unit) 이하

④ 대형건축물등의 소유자등은 매년 마지막 검사일부터 1년이 되는 날이 속하는 달의 말일까지의 기간 중에 1회 이상 수돗물의 안전한 위생관리를 위하여 「먹는물관리법 시행규칙」 제35조에 따라 지정된 먹는물 수질검사기관에 의뢰하여 수질검사를 하여야 한다. 〈개정 2020. 11. 27.〉

⑤ 제4항에 따른 수질검사의 시료 채취방법 및 검사항목은 다음 각 호와 같다.

1. 시료 채취방법: 저수조나 해당 저수조로부터 가장 가까운 수도꼭지에서 채수
2. 수질검사항목: 탁도, 수소이온농도, 잔류염소, 일반세균, 총대장균군, 분원성대장균군 또는 대장균

⑥ 대형건축물등의 소유자등은 수질검사 결과를 게시판에 게시하거나 전단을 배포하는 등의 방법으로 해당 건축물이나 시설의 이용자에게 제4항에 따른 수질검사 결과를 공지하여야 한다.

⑦ 대형건축물등의 소유자등은 제4항에 따른 수질검사 결과가 법

제26조에 따른 수질기준(잔류염소의 경우에는 제3항제1호의 기준을 말한다)에 위반되면 지체 없이 그 원인을 규명하여 배수 또는 저수조의 청소를 하는 등 필요한 조치를 신속하게 해야 한다. 〈개정 2019. 6. 25.〉

[본조신설 2012. 5. 17.]

[제목개정 2019. 6. 25.]

[제22조의3에서 이동, 종전 제22조의4는 제22조의5로 이동 〈2024. 7. 17.〉]

제22조의5(청소 및 위생점검의 대행) ① 대형건축물등의 소유자등은 제22조의4에 따른 저수조의 청소와 위생상태의 점검을 법 제34조제3항에 따른 저수조청소업자(이하 '저수조청소업자"라 한다)에게 대행하게 할 수 있다. 〈개정 2020. 11. 27., 2024. 7. 17.〉

② 저수조청소업자는 제1항에 따라 청소 등을 대행하는 경우에는 별표 7의3에 따른 청소감독원을 현장에 배치하여야 한다. 〈개정 2025. 1. 24.〉

[본조신설 2012. 5. 17.]

[제22조의4에서 이동, 종전 제22조의5는 제22조의6으로 이동 〈2024. 7. 17.〉]

제22조의6(청소, 위생점검, 수질검사 및 조치결과의 기록ㆍ보관) 대형건축물등의 소유자등과 저수조청소업자는 제22조의4 및 제22조의5에 따라 저수조의 청소, 위생점검 또는 수질검사를 하거나 수질기준위반에 따른 조치를 하면 각각 그 결과를 기록하고, 2년간 보관하여야 한다. 이 경우 청소, 위생점검, 수질검사 및 수질기준위반에 따른 조치결과를 전산에 의한 방법으로 테이프ㆍ디스켓 등에 기록ㆍ보관할 수 있다. 〈개정 2024. 7. 17.〉

[본조신설 2012. 5. 17.]

[제22조의5에서 이동 〈2024. 7. 17.〉]

제23조(급수관의 상태검사 및 조치 등) ① 영 제51조에 해당하는 건축물 또는 시설의 소유자등은 법 제33조제4항에 따라 별표 7 제1호에 따른 일반검사를 다음 각 호의 구분에 따라 실시하여야 한다. 〈개정 2018. 6. 27., 2024. 7. 17.〉

1. 최초 일반검사: 해당 건축물 또는 시설의 준공검사(급수관의 갱생ㆍ교체 등의 조치를 한 경우를 포함한다)를 실시한 날부터 5년

이 경과한 날을 기준으로 6개월 이내에 실시

2. 2회 이후의 일반검사: 최근 일반검사를 받은 날부터 2년이 되는 날까지 매 2년마다 실시

②소유자등은 제1항에 따라 일반검사를 실시한 결과 검사항목 중 탁도, 수소이온 농도, 색도 또는 철에 대한 검사기준을 초과하는 경우에는 급수관을 세척(급수관 내부의 이물질이나 미생물막 등을 관에 손상을 주지 아니하면서 물이나 공기를 주입하는 방법 등으로 제거하는 것을 말한다. 이하 같다)하여야 한다. 다만, 급수관이 다연도강관인 경우에는 검사항목 중 검사기준을 초과하는 항목이 한 개 이상 있으면 반드시 이를 갱생하거나 교체하여야 한다.

③소유자등은 제1항에 따른 일반검사 결과가 다음 각 호의 어느 하나에 해당하면 별표 7에 따른 전문검사를 하고, 급수관을 갱생하여야 한다. 다만, 전문검사 결과 갱생만으로는 내구성을 유지하기 어려울 정도로 노후한 급수관은 새 급수관으로 교체하여야 한다. 〈개정 2012. 5. 17.〉

1. 일반검사의 검사항목에 대한 검사기준을 2회 연속 초과하는 경우

2. 일반검사의 검사항목 중 납·구리 또는 아연에 대한 검사기준을 초과하는 경우

④ 소유자등은 제1항에 따른 일반검사 또는 제3항에 따른 전문검사를 실시한 경우에는 그 결과를 일반수도사업자에게 통보하고, 해당 건축물 또는 시설의 게시판에 게시하거나 전단을 배포하는 등의 방법으로 이용자에게 공지하여야 한다. 〈신설 2018. 6. 27.〉

⑤소유자등은 제2항이나 제3항에 따른 세척·갱생·교체 등의 조치를 하였을 때에는 그 결과를 일반수도사업자에게 보고하고, 그와 관련된 자료를 3년 이상 보존하여야 한다. 〈개정 2018. 6. 27.〉

제23조의2(정수장의 위생안전 인증기준 등) ① 법 제33조의2제2항제1호에서 "기후에너지환경부령으로 정하는 기준"이란 별표 7의2의 정수장 위생안전 인증 수도시설의 기준을 말한다. 〈개정 2025. 10. 1.〉

② 법 제33조의2제2항제3호에서 "그 밖에 기후에너지환경부령으로 정하는 인증기준"이란 다음 각 호의 기준을 말한다. 〈개정 2025. 10. 1.〉

1. 법 제33조의2제2항제2호에 따라 위생 및 안전관리계획을 수립하려는 때에는 미리 그 내용의 적합성에 대하여 기후에너지환경부장관이 정하여 고시하는 바에 따라 한국상하수도협회의 의견을 들을 것

2. 제1호에 따라 수립한 위생 및 안전관리계획(이하 "위생 및 안전관리계획"이라 한다)에 따라 기후에너지환경부장관이 정하여 고시하는 기간 동안 정수장을 운영하였을 것

③ 법 제33조의2제2항 각 호 외의 부분에서 "기후에너지환경부령으로 정하는 인증기준"이란 다음 각 호와 같다. 〈개정 2025. 10. 1.〉

1. 별표 7의2 위생관리 분야의 세부기준 평가점수의 합이 100점 만점을 기준으로 하여 85점 이상일 것. 다만, 세부기준별 평가점수가 0점인 항목이 없어야 한다.

2. 별표 7의2 안전관리 분야의 평가 결과가 세부기준 모두 적합으로 평가될 것

④ 제1항 및 제3항에 따른 수도시설의 기준 및 정수장의 위생안전 인증기준의 세부사항은 기후에너지환경부장관이 정하여 고시한다. 〈개정 2025. 10. 1.〉

[본조신설 2025. 1. 24.]

[종전 제23조의2는 제23조의6으로 이동 〈2025. 1. 24.〉]

제23조의3(정수장의 위생안전 인증 절차 등) ① 법 제33조의2제1항에 따른 정수장의 위생안전 인증(이하 "정수장 위생안전 인증"이라 한다)을 받으려는 일반수도사업자는 별지 제12호의2서식의 정수장 위생안전 인증 신청서에 다음 각 호의 서류를 첨부하여 한국상하수도협회장에게 제출해야 한다.

1. 정수장의 평면도

2. 위생 및 안전관리계획

3. 정수장 운영보고서 등 정수장이 위생안전 인증기준에 적합함을 증명하는 서류

② 제1항에 따라 인증 신청을 하려는 일반수도사업자는 기후에너지환경부장관이 정하여 고시하는 수수료를 내야 한다. 〈개정 2025. 10. 1.〉

③ 정수장 위생안전 인증에 대한 평가 방법은 서류평가와 현장평가의 방법으로 한다. 다만, 서류평가만으로 인증기준에 적합한지 여부의 판단이 가능한 경우에는 현장평가를 생략할 수 있다.

④ 제1항 및 제3항에 따른 인증의 절차 및 평가방법 등에 관하여 필요한 사항은 기후에너지환경부장관이 정하여 고시한다. 〈개정 2025. 10. 1.〉

[본조신설 2025. 1. 24.]

[종전 제23조의3은 제23조의7로 이동 〈2025. 1. 24.〉]

제23조의4(정수장의 위생안전 재인증 절차) ① 법 제33조의2제4항에 따라 정수장 위생안전 재인증을 받으려는 일반수도사업자는 한국상하수도협회장에게 법 제33조의2제3항에 따른 인증의 유효기간이 끝나기 90일 전까지 재인증을 신청해야 한다.

② 제1항에 따른 재인증의 절차, 수수료 및 그 밖에 재인증에 필요한 사항에 관하여는 제23조의3을 준용한다. 이 경우 "인증"은 "재인증"으로 본다.

[본조신설 2025. 1. 24.]

제23조의5(정수장의 위생안전 인증서) 한국상하수도협회장은 법 제33조의2제5항에 따라 정수장 위생안전 인증을 받은 정수장에 대하여 별지 제12호의3서식의 정수장 위생안전 인증서를 교부해야 한다.

[본조신설 2025. 1. 24.]

제23조의6(저수조청소업의 신고) ① 법 제34조제1항에 따른 저수조청소업(이하 "저수조청소업"이라 한다)을 경영하려는 자가 갖추어야 할 인력·시설 및 장비 등의 기준은 별표 7의3과 같다. 〈개정 2025. 1. 24.〉

② 법 제34조제1항 전단에 따라 저수조청소업의 신고를 하려는 자는 별지 제13호서식의 신고서에 다음 각 호의 서류를 첨부하여 사업장의 소재지를 관할하는 특별자치시장·특별자치도지사·시장·군수·구청장(이하 이 조에서 "시장·군수·구청장"이라 한다)에게 제출해야 한다. 〈개정 2014. 7. 1., 2020. 11. 27., 2024. 7. 17.〉

1. 인력보유 현황 및 그 자격을 증명하는 서류
2. 시설 및 장비명세서

③ 시장·군수·구청장은 제2항에 따른 신고내용이 제1항에 따른 기준에 맞으면 별지 제14호서식의 신고증명서를 발급해야 한다. 〈개정 2020. 11. 27., 2024. 7. 17.〉

④ 법 제34조제1항 후단에서 "기후에너지환경부령으로 정하는 중요 사항"이란 다음 각 호의 사항을 말한다. 〈개정 2018. 6. 27.,

2020. 11. 27., 2025. 10. 1.〉
1. 대표자
2. 사업장의 명칭 및 소재지
3. 청소감독원

⑤ 법 제34조제1항 후단에 따라 저수조청소업의 변경신고를 하려는 자는 변경사유가 발생한 날부터 30일 이내에 별지 제13호서식의 신고서에 저수조청소업 신고증명서 원본과 변경내용을 증명하는 서류를 첨부하여 사업장 소재지(사업장 소재지의 변경으로 관할 시장·군수·구청장이 다른 경우에는 변경된 사업장 소재지를 말한다)를 관할하는 시장·군수·구청장에게 제출해야 한다. 〈개정 2020. 11. 27., 2024. 7. 17.〉

⑥ 시장·군수·구청장은 제4항에 따른 변경신고 내용을 확인한 후 신청인에게 변경신고 사항을 기재한 별지 제14호서식의 변경신고증명서를 발급해야 한다. 〈개정 2020. 11. 27., 2024. 7. 17.〉

⑦ 법 제34조제3항에 따라 저수조청소업을 폐업하거나 휴업하려는 자는 별지 제15호서식에 따라 시장·군수·구청장에게 신고해야 한다. 〈개정 2020. 11. 27., 2024. 7. 17.〉

[본조신설 2012. 5. 17.]

[제23조의2에서 이동 〈2025. 1. 24.〉]

제23조의7(저수조청소업자에 대한 행정처분기준) 법 제35조에 따른 저수조청소업자에 대한 행정처분기준은 별표 7의4와 같다. 〈개정 2025. 1. 24.〉

[본조신설 2012. 5. 17.]

[제23조의3에서 이동 〈2025. 1. 24.〉]

제24조(긴급정지) ①일반수도사업자가 법 제37조제2항에 따라 수돗물의 공급을 정지하였을 때에 주민에게 공지하여야 하는 사항은 다음 각 호와 같다.
1. 공급정지의 일시·원인 및 영향을 받는 지역
2. 오염에 따른 건강상 위해 가능성
3. 예상되는 급수 재개 시간
4. 주민의 행동요령
5. 문제 해결을 위한 조치계획
6. 담당자의 연락처

②제1항에 따른 급수정지의 주민공지 절차에 관하여는 제18조제2항 및 제3항을 준용한다.

제25조(공급규정의 승인신청) 영 제53조에 따라 공급규정의 승인을 받으려는 자는 다음 각 호의 사항이 포함된 신청서를 광역상수도와 지방상수도는 기후에너지환경부장관에게, 마을상수도는 특별시장·광역시장·특별자치시장·특별자치도지사·시장·군수(광역시의 군수는 제외한다)에게 제출하여야 한다. 〈개정 2012. 1. 27., 2012. 5. 17., 2013. 3. 23., 2018. 6. 8., 2025. 10. 1.〉

1. 수도요금의 수준·체계 및 산정기준
2. 원가계산
3. 수요예측
4. 급수절차
5. 급수설비의 비용부담에 관한 사항

제25조의2(수도요금 생산원가 등의 공고 방법) ① 법 제38조제3항에 따른 수도요금 생산원가 등의 공고는 해당 일반수도사업자의 인터넷 홈페이지에 게재하는 방법으로 한다.

② 법 제38조제3항에 따른 공고사항 중 수도요금 생산원가 및 요금부과 단가의 경우에는 최소 과거 4년간의 내용을 게재하여 수도요금 생산원가 대비 요금부과율의 변화 추이를 알 수 있도록 하여야 한다.

[본조신설 2014. 7. 1.]

[종전 제25조의2는 제25조의3으로 이동 〈2014. 7. 1.〉]

제25조의3(관리실태보고 등) ① 특별시장·광역시장·특별자치시장·특별자치도지사·시장·군수·구청장은 법 제47조제3항 및 법 제55조제5항에 따라 마을상수도 및 소규모급수시설 관리 실태를 별지 제16호서식에 따라 매년 1월 31일까지 기후에너지환경부장관에게 보고해야 한다. 〈개정 2020. 11. 27., 2024. 7. 17., 2025. 10. 1.〉

② 법 제55조제6항에서 "기후에너지환경부령으로 정하는 요건을 갖춘 자"란 다음 각 호의 어느 하나에 해당하는 사람을 말한다. 〈신설 2020. 11. 27., 2025. 10. 1.〉

1. 법 제24조제1항에 따른 정수시설운영관리사 자격을 가진 사람
2. 영 제33조제2항 각 호의 어느 하나에 해당하는 사람

3. 「먹는물관리법 시행규칙」 제36조의3제2항에 따라 기후에너지환경부장관이 지정한 기관이 개설한 다음 각 목에 관한 교육과정을 모두 이수한 사람

가. 소규모급수시설의 운영관리

나. 먹는물의 시료채취 및 현장측정

[본조신설 2012. 5. 17.]

[제25조의2에서 이동 〈2014. 7. 1.〉]

제26조(전용상수도인가등 신청서) ①영 제58조제1항에 따른 전용상수도 설치인가 신청과 법 제52조제2항에 따른 변경인가 신청 및 변경신고는 별지 제17호서식에 따른다. 〈개정 2024. 7. 17.〉

②법 제52조제3항에 따른 전용상수도의 휴지 또는 폐지 신고는 별지 제18호서식에 따른다. 〈개정 2024. 7. 17.〉

제27조(수도시설에 대한 기술진단의 구분) 법 제74조제1항에 따른 수도시설에 대한 기술진단은 다음 각 호와 같이 구분한다.

1. 정수장에 대한 기술진단 : 취수지점부터 정수장까지의 취수시설·도수시설(導水施設) 및 정수시설과 그에 속하는 시설물을 대상으로 하는 기술진단

2. 상수도관망에 대한 기술진단 : 정수장 이후의 송수시설·배수시설 및 배수관에 속하는 관과 그에 속하는 시설물을 대상으로 하는 기술진단

제28조(정수장에 대한 기술진단의 구분 등) ①제27조제1호에 따른 정수장에 대한 기술진단은 정수장의 규모에 따라 다음 각 호와 같이 구분한다.

1. 일반기술진단 : 시설용량이 1일 5천 톤 이하인 정수장에 대한 기술진단

2. 전문기술진단 : 시설용량이 1일 5천 톤을 초과하는 정수장에 대한 기술진단

②제1항에 따른 일반기술진단 및 전문기술진단의 내용은 다음 각 호와 같다.

1. 일반기술진단의 경우에는 다음 각 목의 내용

가. 시설 및 운영관리의 현황 조사

나. 공정별·시설별 기능진단 및 기능 저하요인 분석

다. 각 공정 상호 간의 기능 검토

라. 진단 결과에 따른 개선방안 제시

2. 전문기술진단의 경우에는 다음 각 목의 내용

가. 제1호가목부터 다목까지의 사항

나. 조직 및 경제성 분석을 통한 수도시설의 효율적인 운영관리 방안 제시

다. 장래 수요를 고려한 수량 및 수질관리의 개선계획 제시

라. 구체적인 시설개선계획 제시(사업 우선순위 및 사업비 산출을 포함한다)

제29조(상수도관망에 대한 기술진단의 범위 및 내용 등) ① 제27조 제2호에 따른 상수도관망의 기술진단은 그 수준에 따라 다음 각 호와 같이 구분한다. 〈개정 2020. 11. 27.〉

1. 일반기술진단 : 군 단위 이하의 급수구역에 공급되는 상수도관망에 대한 기술진단

2. 전문기술진단

가. 시 단위 이상의 급수구역에 공급되는 상수도관망에 대한 기술진단

나. 제1호에 따른 일반기술진단 결과, 정밀하고 종합적인 진단이 필요하다고 인정한 경우 시행하는 기술진단

다. 제31조의3에 따라 지방환경관서의 장이 제1호에 따른 일반기술진단 결과를 평가한 결과, 정밀하고 종합적인 진단이 필요하다고 인정한 경우 시행하는 기술진단

② 제1항에 따른 일반기술진단과 전문기술진단의 내용은 다음 각 호와 같다.

1. 일반기술진단

가. 블록별 상수도관망에 대한 현황

나. 일반기술진단의 평가지표별 결과 값 및 판정 등급

다. 불량 또는 심각한 상태로 판정된 블록에 대한 원인 분석, 개선방안의 도출 및 개선조치의 시행 결과

2. 전문기술진단

가. 제1호가목부터 다목까지의 사항

나. 현장조사를 통한 수압의 적정성, 수량의 안정성, 수질의 안전성, 구조적·물리적 안전성, 비상시의 대응성에 대한 정밀하고 종합적인 진단

다. 구체적인 시설개선계획 제시(사업 우선순위 및 사업비 산출을 포함한다)

③ 제1항과 제2항에 따른 일반기술진단 및 전문기술진단의 범위와 대상별 시행방법 등에 관한 세부사항은 기후에너지환경부장관이 정하여 고시한다. 〈개정 2025. 10. 1.〉

[전문개정 2008. 6. 27.]

제30조(자체기술진단) 법 제74조제1항에 따라 수도사업자가 스스로 수도시설에 대한 기술진단을 하는 경우에는 별표 8에 따른 기술인력을 갖추어야 한다. 〈개정 2020. 11. 27.〉

제31조(기술진단의 대행 기관) 법 제74조제2항에서 “기후에너지환경부령으로 정하는 자”란 다음 각 호에 해당하는 자로서 별표 8에 따른 기술인력을 갖춘 자를 말한다. 〈개정 2012. 5. 17., 2019. 6. 25., 2020. 11. 27., 2025. 10. 1.〉

1. 「엔지니어링산업 진흥법」 제21조에 따라 신고한 상하수도 분야 엔지니어링사업자
2. 한국환경공단
3. 한국수자원공사
4. 법 제56조에 따른 한국상하수도협회
5. 「과학기술분야 정부출연연구기관 등의 설립·운영 및 육성에 관한 법률」 제8조에 따라 설립된 한국건설기술연구원
6. 재단법인 한국수도연구소
7. 사단법인 대한토목학회
8. 사단법인 대한상하수도학회
9. 사단법인 한국건설안전기술협회
10. 「시설물의 안전 및 유지관리에 관한 특별법」 제45조에 따른 한국시설안전공단
11. 그 밖에 수도시설에 대한 기술진단 능력이 있다고 기후에너지환경부장관이 인정하여 고시하는 자

제31조의2(수도시설에 대한 기술진단 결과 등의 보고 기한) 법 제74조제3항에서 “기후에너지환경부령으로 정하는 기한”이란 다음 각 호의 구분에 따른 기한을 말한다. 〈개정 2025. 10. 1.〉

1. 기술진단 결과의 보고: 기술진단 실시 후 60일 이내
2. 시설개선계획 수립 결과의 보고: 시설개선계획 수립 후 60일

이내
3. 시설개선계획 시행 결과의 보고: 시설개선계획 시행 후 30일 이내
[본조신설 2014. 7. 1.]
제31조의3(기술진단 결과의 평가) ① 지방환경관서의 장은 법 제74조의2제1항에 따라 기술진단 결과에 대한 평가를 하는 경우 수도사업자에게 기술진단 종료 후 30일 이내에 기술진단 결과를 제출하도록 요구할 수 있다. 〈개정 2023. 8. 28.〉
② 지방환경관서의 장은 제1항에 따른 기술진단 결과를 제출받은 날부터 30일 이내에 다음 각 호의 항목에 대하여 적정하게 기술진단을 실시하였는지 여부를 평가하고, 그 결과를 수도사업자에게 통보해야 한다. 〈개정 2023. 8. 28.〉
1. 제28조제2항 각 호에 따른 정수장 기술진단 항목
2. 제29조제2항 각 호에 따른 상수도관망 기술진단 항목
③ 지방환경관서의 장은 기술진단 결과에 대한 평가 자료의 보완이 필요하다고 인정하는 때에는 다음 각 호의 사항을 명시하여 수도사업자에게 통보해야 한다. 이 경우 자료의 보완을 요구한 날부터 그에 따른 자료를 제출한 날까지의 기간은 제2항에 따른 평가기간에 산입하지 않는다. 〈개정 2023. 8. 28.〉
1. 보완필요사항
2. 보완기간
④ 지방환경관서의 장은 제2항에 따라 기술진단 결과에 대한 평가를 하는 때에는 다음 각 호의 어느 하나에 해당하는 전문기관에 기술진단의 적정 여부 등에 대한 기술적 검토를 의뢰하여 그 의견을 들을 수 있다. 이 경우 기후에너지환경부장관은 해당 전문기관에 검토비용을 지급해야 한다. 〈개정 2025. 10. 1.〉
1. 한국수자원공사
2. 법 제56조에 따른 한국상하수도협회
[본조신설 2020. 11. 27.]
제32조(규제의 재검토) 기후에너지환경부장관은 다음 각 호의 사항에 대하여 다음 각 호의 기준일을 기준으로 3년마다(매 3년이 되는 해의 기준일과 같은 날 전까지를 말한다) 그 타당성을 검토하여 개선 등의 조치를 하여야 한다. 〈개정 2025. 1. 24., 2025. 10. 1.〉

1. 제23조의2제1항·제4항 및 별표 7의3에 따른 저수조청소업의 인력·시설 및 장비 등의 기준과 저수조청소업의 변경신고 대상: 2014년 1월 1일

2. 제31조 및 별표 8에 따른 기술진단 대행 기관의 장비와 기술인력: 2014년 1월 1일

[본조신설 2014. 4. 30.]

부칙 〈제244호, 2007. 9. 11.〉

제1조 (시행일) 이 규칙은 공포한 날부터 시행한다. 다만, 별표 2의 비고 제11호의 개정규정은 2007년 9 월28일부터, 제10조의 개정규정은 2009년 6 월30일부터 각각 시행한다.

제2조 (절수설비 및 절수기기 설치에 관한 경과조치) 환경부령 제114호 수도법시행규칙중 개정령 별표 2 제2호 가목 및 나목의 개정규정은 2001년10월 4 일 이후 최초로 건축허가를 받은 것부터 적용한다.

제3조 (수도시설의 세부 시설기준에 관한 경과조치) 2006년 6 월30일 전에 설치된 수도시설에 대하여는 환경부령 제207호 수도법 시행규칙 일부개정령 별표 2의2의 개정규정 중 제1호 나목(2), 제2호 라목 및 마목, 제3호 가목 및 다목, 제4호 가목(2)·(3)(가) 및 라목, 제5호 바목 및 사목 (2) 내지 (4)와 제6호 마목 및 바목의 기준을 그 시설을 개량하기 전까지는 적용하지 아니할 수 있다.

제4조 (다른 법령의 개정) 이 규칙 시행 당시 다른 법령에서 종전의 「수도법 시행규칙」 또는 그 규정을 인용한 경우에 이 규칙 가운데 그에 해당하는 규정이 있으면 종전의 규정을 갈음하여 이 규칙 또는 이 규칙의 해당 조항을 인용한 것으로 본다.

부칙 〈제262호, 2007. 12. 26.〉 (먹는물 수질기준 및 검사 등에 관한 규칙)

제1조 (시행일) 이 규칙은 2008년 1월 1일부터 시행한다. 〈단서 생략〉

제2조 및 제3조 생략

제4조 (다른 법령의 개정) ① 수도법 시행규칙 일부를 다음과 같이 개정한다.

별표 7 제1호 급수관내 정체수 수질검사란의 검사 항목 및 기준

중 “아연 : 1㎎/ℓ 이하”를 “아연 : 3㎎/L 이하”로 한다.
② 생략
제5조 생략

부칙 〈제263호, 2007. 12. 28.〉 (수질 및 수생태계 보전에 관한 법률 시행규칙)
제1조 (시행일) 이 규칙은 공포한 날부터 시행한다. 〈단서 생략〉
제2조 부터 제5조까지 생략
제6조 (다른 법령의 개정) ① 부터 ③ 까지 생략
④ 수도법 시행규칙 일부를 다음과 같이 개정한다.
제5조제3항 중 “「수질환경보전법 시행령」 별표 8”을 “「수질 및 수생태계 보전에 관한 법률 시행령」 별표 13”으로 하고, 같은 항 중 “같은 법 시행령 제10조제2호에서”를 “같은 법 시행령 제33조제2호에서”로 한다.
⑤ 부터 ⑫ 까지 생략
제7조 생략

부칙 〈제278호, 2008. 2. 26.〉 (주민등록번호의 사용개선을 위한 국립환경과학원 시험의뢰 규칙 등 일부개정령)
이 규칙은 공포한 날부터 시행한다.

부칙 〈제291호, 2008. 6. 27.〉
이 규칙은 2008년 6월 28일부터 시행한다. 다만, 별표 4의 개정규정은 2009년 6월 30일부터 시행한다.

부칙 〈제386호, 2010. 11. 29.〉
제1조(시행일) 이 규칙은 공포한 날부터 시행한다. 다만, 제10조의 개정규정은 2011년 5월 26일부터 시행한다.
제2조(공장설립이 제한되는 지역에 설립되는 개별 공장의 준수사항에 관한 적용례) 제3조의 개정규정은 이 규칙 시행 후 최초로 설립되는 공장부터 적용한다.
제3조(수수료 환급에 관한 적용례) 제14조제4항의 개정규정은 이 규칙 시행 후 최초로 정수시설운영관리사 자격시험에 응시원서를 제

출한 자부터 적용한다.

부칙 〈제416호, 2011. 5. 31.〉 (한강수계 상수원수질개선 및 주민지원 등에 관한 법률 시행규칙)

제1조(시행일) 이 규칙은 2011년 6월 1일부터 시행한다. 〈단서 생략〉

제2조 및 제3조 생략

제4조(다른 법령의 개정) 「수도법 시행규칙」 일부를 다음과 같이 개정한다.

제2조 제2호를 다음과 같이 한다.

2.「한강수계 상수원수질개선 및 주민지원 등에 관한 법률」,「낙동강수계 물관리 및 주민지원 등에 관한 법률」,「금강수계 물관리 및 주민지원 등에 관한 법률」및「영산강·섬진강수계 물관리 및 주민지원 등에 관한 법률」에 따라 오염총량관리시행계획 또는 수질개선사업계획을 수립·시행하는 지역에서 설립되는 공장으로서 「하수도법 시행규칙」별표 3 개인하수처리시설의 방류수수질기준 중 1일 처리용량이 50세제곱미터 이상인 오수처리시설의 방류수수질기준이 계속하여 유지될 수 있다고 인정하는 공장

부칙 〈제417호, 2011. 6. 9.〉 (물의 재이용 촉진 및 지원에 관한 법률 시행규칙)

제1조(시행일) 이 규칙은 공포일부터 시행한다.

제2조(다른 법령의 개정) ① 수도법 시행규칙 일부를 다음과 같이 개정한다.

제7조를 삭제한다.

② 생략

부칙 〈제445호, 2012. 1. 27.〉

이 규칙은 2012년 1월 29일부터 시행한다.

부칙 〈제456호, 2012. 5. 17.〉

제1조(시행일) 이 규칙은 공포한 날부터 시행한다. 다만, 특별자치시장에 관한 개정규정은 2012년 7월 1일부터 시행한다.

제2조(다른 법령의 폐지) 수도시설의 청소 및 위생관리 등에 관한 규칙은 폐지한다.
제3조(수질검사에 관한 적용례) 제22조의3제4항의 개정규정은 이 규칙 시행 후 최초로 실시하는 수질검사부터 적용한다.
제4조(수도시설의 세부시설기준에 관한 경과조치) 이 규칙 시행 당시 종전의 규정에 따라 수도시설을 설치·운영하고 있는 일반수드사업자는 다음 각 호의 구분에 따른 시기까지 별표 3 제7호의 개정규정에 따른 시설을 갖추어야 한다.
  1. 별표 3 제7호가목의 시설
    가. 시설용량 50,000㎥/일 이상인 취수장: 2012년 12월 31일까지
    나. 시설용량 10,000㎥/일 이상 50,000㎥/일 미만인 취수장: 2013년 12월 31일까지
  2. 별표 3 제7호나목의 시설
    가. 시설용량 50,000㎥/일 이상인 정수장: 2012년 12월 31일까지
    나. 시설용량 10,000㎥/일 이상 50,000㎥/일 미만인 정수장: 2013년 12월 31일까지
  3. 별표 3 제7호다목 및 라목의 시설: 2013년 12월 31일까지

부칙 〈제462호, 2012. 6. 29.〉
이 규칙은 공포한 날부터 시행한다.

부칙 〈제503호, 2013. 3. 23.〉 (환경부와 그 소속기관 직제 시행규칙)
제1조(시행일) 이 영은 공포한 날부터 시행한다.
제2조 생략
제3조(다른 법령의 개정) ①부터 ⑤까지 생략
  ⑥ 수도법 시행규칙 일부를 다음과 같이 개정한다.
  제25조 각 호 외의 부분 중 "국토해양부장관"을 "국토교통부장관"으로 한다.
  별지 제2호서식의 서명란 중 "국토해양부장관"을 "국토교통부장관"으로 한다.

⑦부터 ⑬까지 생략

부칙 〈제543호, 2014. 1. 29.〉 (수질 및 수생태계 보전에 관한 법률 시행규칙)
제1조(시행일) 이 규칙은 2014년 1월 31일부터 시행한다. 〈단서 생략〉
제2조 부터 제6조까지 생략
제7조(다른 법령의 개정) 수도법 시행규칙 일부를 다음과 같이 개정한다.
제3조제3호 중 "「수질 및 수생태계 보전에 관한 법률」 제2조제12호의2"를 "「수질 및 수생태계 보전에 관한 법률」 제2조제13호"로 한다.

부칙 〈제553호, 2014. 4. 30.〉 (행정규제기본법 개정에 따른 규제 재검토기한 설정을 위한 가축분뇨의 관리 및 이용에 관한 법률 시행규칙 등 일부개정령)
이 규칙은 공포한 날부터 시행한다.

부칙 〈제561호, 2014. 7. 1.〉
제1조(시행일) 이 규칙은 2014년 7월 1일부터 시행한다.
제2조(급수설비의 검사에 관한 적용례) 제11조의 개정규정은 이 규칙 시행 후 실시하는 급수설비의 검사부터 적용한다.

부칙 〈제579호, 2014. 12. 1.〉
이 규칙은 공포한 날부터 시행한다.

부칙 〈제583호, 2014. 12. 24.〉 (화학물질관리법 시행규칙)
제1조(시행일) 이 규칙은 2015년 1월 1일부터 시행한다.
제2조 부터 제13조까지 생략
제14조(다른 법령의 개정) ①부터 ⑦까지 생략
⑧ 수도법 시행규칙 일부를 다음과 같이 개정한다.
제2조의2제1호 단서 중 "「유해화학물질 관리법」 제20조에 따른 유독물영업의 등록을 하거나 같은 법 제34조에 따른 취급제한·금

지물질영업의 허가를 받아야 하는 사업장"을 "「화학물질관리법」 제28조에 따른 유해화학물질 영업허가를 받아야 하는 사업장"으로 하고, 같은 조 제2호가목을 다음과 같이 한다.

가. 「화학물질관리법」 제2조제2호·제4호 또는 제5호의 유독물질, 제한물질 또는 금지물질을 사용 및 발생시키지 아니하는 공장

⑨부터 ⑳까지 생략

제15조 생략

부칙 〈제596호, 2015. 3. 25.〉

이 규칙은 2015년 3월 25일부터 시행한다.

부칙 〈제633호, 2015. 12. 31.〉 (법령서식 일괄 개정을 위한 금강수계 물관리 및 주민지원 등에 관한 법률 시행규칙 등 일부개정령)

이 규칙은 공포한 날부터 시행한다.

부칙 〈제642호, 2016. 3. 3.〉

이 규칙은 공포한 날부터 시행한다.

부칙 〈제684호, 2016. 12. 30.〉 (일몰규제 정비 등을 위한 대기환경보전법 시행규칙 등 일부개정령)

제1조(시행일) 이 규칙은 2017년 1월 1일부터 시행한다.

제2조 및 제3조 생략

부칙 〈제745호, 2018. 1. 17.〉 (물환경보전법 시행규칙)

제1조(시행일) 이 규칙은 2018년 1월 18일부터 시행한다.

제2조 및 제3조 생략

제4조(다른 법령의 개정) ①부터 ⑧까지 생략

⑨ 수도법 시행규칙 일부를 다음과 같이 개정한다.

제2조의2제1호 각 목 외의 부분 단서 중 "「수질 및 수생태계 보전에 관한 법률」 제2조제10호"를 "「물환경보전법」 제2조제10호"로 하고, 같은 조 제2호나목 중 "「수질 및 수생태계 보전에 관한 법률」 제33조"를 "「물환경보전법」제33조"로 한다.

제3조제1호다목 중 "「수질 및 수생태계 보전에 관한 법률」 제2조제13호"를 "「물환경보전법」 제2조제13호"로 한다.

별표 3 제7호가목 단서 중 "「수질 및 수생태계 보전에 관한 법률」 제9조"를 "「물환경보전법」 제9조"로 한다.

⑩부터 ㉕까지 생략

부칙 〈제747호, 2018. 1. 29.〉

제1조(시행일) 이 규칙은 공포한 날부터 시행한다. 다만, 별표 2 비고 제6호 단서의 개정규정은 공포 후 1년이 경과한 날부터 시행한다.

제2조(절수설비의 기준에 관한 적용례) 별표 2 제2호나목 및 같은 표 비고 제1호 · 제4호 · 제6호의 개정규정은 이 규칙 시행 이후 건축허가를 받는 경우부터 적용한다.

부칙 〈제764호, 2018. 6. 8.〉 (환경부와 그 소속기관 직제 시행규칙)

제1조(시행일) 이 규칙은 공포한 날부터 시행한다.

제2조(다른 법령의 개정) ① 및 ② 생략

③ 수도법 시행규칙 일부를 다음과 같이 개정한다.

제25조 각 호 외의 부분 중 "광역상수도는 국토교통부장관에게, 지방상수도는 환경부장관에게"를 "광역상수도와 지방상수도는 환경부장관에게"로 한다.

별지 제2호서식 중 "환경부장관, 국토교통부장관"을 "환경부장관"으로 한다.

④부터 ⑦까지 생략

부칙 〈제768호, 2018. 6. 27.〉

제1조(시행일) 이 규칙은 공포한 날부터 시행한다. 다만, 제23조제1항의 개정규정은 이 규칙 시행일부터 6개월이 경과한 날부터 시행한다.

제2조(저수조청소업의 변경신고에 관한 적용례) 제23조의2제4항제3호의 개정규정은 이 규칙 시행 이후 청소감독원을 변경하는 경우부터 적용한다.

부칙 〈제813호, 2019. 6. 25.〉

제1조(시행일) 이 규칙은 2019년 6월 25일부터 시행한다.

제2조(대형건축물등의 저수조 청소 후 점검기준에 관한 경과조치) 이 규칙 시행 전에 저수조를 청소한 경우 청소 후 점검기준에 관하여는 제22조의3제3항제3호의 개정규정에도 불구하고 종전의 규정에 따른다.

부칙 〈제833호, 2019. 12. 20.〉 (어려운 법령용어 정비를 위한 40개 법령의 일부개정에 관한 환경부령)

이 규칙은 공포한 날부터 시행한다.

부칙 〈제870호, 2020. 5. 27.〉

제1조(시행일) 이 규칙은 2020년 5월 27일부터 시행한다.

제2조(절수설비의 기준에 관한 적용례) 별표 1 제2호나목의 개정규정은 이 규칙 시행 이후 「건축법」 제11조에 따른 건축허가 또는 「주택법」 제15조에 따른 사업계획의 승인을 받는 경우부터 적용한다.

부칙 〈제893호, 2020. 11. 27.〉

이 규칙은 2020년 11월 27일부터 시행한다.

부칙 〈제910호, 2021. 4. 1.〉

이 규칙은 2021년 4월 1일부터 시행한다.

부칙 〈제975호, 2022. 2. 17.〉

제1조(시행일) 이 규칙은 2022년 2월 18일부터 시행한다.

제2조(절수설비의 절수등급 표시에 관한 적용례) 별표 2의5의 개정규정은 이 규칙 시행 이후 절수설비를 제조하거나 수입하는 경우부터 적용한다.

부칙 〈제994호, 2022. 7. 12.〉

제1조(시행일) 이 규칙은 2022년 7월 12일부터 시행한다.

제2조(다른 법령의 개정) ① 상수원관리규칙 일부를 다음과 같이 개정한다.

제9조 중 "법 제4조제3항에 따른 수도정비기본계획"을 "법 제5조제3항에 따른 수도정비계획"으로 한다.

② 환경부와 그 소속기관 직제 시행규칙 일부를 다음과 같이 개정한다.

제28조제5항제8호 중 "수도정비기본계획"을 "수도정비계획"으로 한다.

③ 환경분야 시험·검사 등에 관한 법률 시행규칙 일부를 다음과 같이 개정한다.

제17조의5제12호 중 "「수도법」 제4조에 따른 수도정비계획, 같은 법 제5조에 따른 전국수도종합계획"을 "「수도법」 제4조에 따른 국가수도기본계획, 같은 법 제5조에 따른 수도정비계획"으로 한다.

부칙 〈제1015호, 2023. 1. 3.〉

이 규칙은 공포한 날부터 시행한다.

부칙 〈제1052호, 2023. 8. 28.〉

이 규칙은 공포한 날부터 시행한다. 다만, 별표 8의 개정규정은 2024년 1월 1일부터 시행한다.

부칙 〈제1103호, 2024. 7. 4.〉

이 규칙은 공포한 날부터 시행한다.

부칙 〈제1109호, 2024. 7. 17.〉

이 규칙은 2024년 7월 17일부터 시행한다.

부칙 〈제1113호, 2024. 8. 16.〉

제1조(시행일) 이 규칙은 2024년 8월 17일부터 시행한다.

제2조(정수시설운영관리사 자격시험 응시원서에 관한 경과조치) 법률 제19662호 수도법 일부개정법률 부칙 제2조에 따라 2026년 8월 16일까지 실시하는 정수시설운영관리사 3급 자격시험의 응시원서에 대해서는 별지 제4호서식의 개정규정에도 불구하고 종전의 규정에 따른다.

제3조(정수시설운영관리사의 자격증 발급 수수료에 관한 경과조치)

이 규칙 시행 당시 정수시설운영관리사 자격시험에 합격하였으나 자격증을 발급받지 않은 사람의 자격증 발급(재발급은 제외한다) 수수료에 대해서는 제17조의3의 개정규정에도 불구하고 종전의 규정에 따른다.

부칙 〈제1120호, 2024. 9. 26.〉 (국가자격시험 응시수수료 등 부담 완화를 위한 수도법 시행규칙 등 3개 법령의 일부개정에 관한 환경부령)

제1조(시행일) 이 규칙은 공포한 날부터 시행한다. 〈단서 생략〉

제2조 및 제3조 생략

부칙 〈제1152호, 2025. 1. 24.〉

이 규칙은 공포한 날부터 시행한다.

부칙 〈제1184호, 2025. 8. 7.〉 (화학물질관리법 시행규칙)

제1조(시행일) 이 규칙은 2025년 8월 7일부터 시행한다.

제2조 부터 제6조까지 생략

제7조(다른 법령의 개정) ① 생략

② 수도법 시행규칙 일부를 다음과 같이 개정한다.

제2조의3제1호 각 목 외의 부분 단서 중 "「화학물질관리법」 제28조에 따른 유해화학물질 영업허가를 받아야 하는 사업장"을 "「화학물질관리법」 제18조에 따른 제한물질·금지물질의 취급 허가 또는 신고, 같은 법 제28조에 따른 유해화학물질의 영업허가 또는 영업신고의 대상인 사업장"으로 한다.

제2조의3제2호가목1) 중 "「화학물질관리법」 제2조제2호·제4호 또는 제5호에 따른 유독물질, 제한물질 또는 금지물질"을 "「화학물질관리법」 제2조제2호·제2호의2·제2호의3, 제2조제4호 또는 제2조제5호에 따른 인체급성유해성물질·인체만성유해성물질·생태유해성물질, 제한물질 또는 금지물질"로 한다.

③부터 ⑨까지 생략

부칙 〈제1호, 2025. 10. 1.〉 (기후에너지환경부와 그 소속기관 직제 시행규칙)

제1조(시행일) 이 규칙은 공포한 날부터 시행한다. 다만, 부칙 제6조에 따라 개정되는 부령 중 이 규칙 시행 전에 공포되었으나 시행일이 도래하지 아니한 부령을 개정한 부분은 각각 해당 부령의 시행일부터 시행한다.

제2조 부터 제5조까지 생략

제6조(다른 법령의 개정) ①부터 ㊱까지 생략

㊲ 수도법 시행규칙 일부를 다음과 같이 개정한다.

제2조의2, 제2조의3 각 호 외의 부분, 제4조, 제12조 각 호 외의 부분, 제12조의3제3항 각 호 외의 부분, 제17조의6, 제18조의2제3항, 제20조, 제21조, 제23조의2제1항, 같은 조 제2항 각 호 외의 부분, 같은 조 제3항 각 호 외의 부분, 제23조의6제4항 각 호 외의 부분, 제25조의3제2항 각 호 외의 부분, 제31조 각 호 외의 부분 및 제31조의2 각 호 외의 부분 중 “환경부령”을 각각 “기후에너지환경부령”으로 한다.

제3조제1호다목, 제3조의2제1항 · 제2항 · 제4항, 제3조의4제1항 각 호 외의 부분, 같은 조 제3항 · 제4항, 같은 조 제5항 각 호 외의 부분, 제12조의2제2항 각 호 외의 부분, 같은 조 제3항 각 호 외의 부분, 제13조, 제14조제5항, 제15조제3항, 제17조의5제1항, 제18조제3항 전단, 제18조의2제3항, 같은 조 제4항 각 호 외의 부분, 같은 조 제6항부터 제8항까지, 제19조제4항, 제22조의2제2항, 제22조의4제1항 단서, 제23조의2제2항제1호 · 제2호, 같은 조 제4항, 제23조의3제2항 · 제4항, 제25조 각 호 외의 부분, 제25조의3제1항, 같은 조 제2항제3호 각 목 외의 부분, 제29조제3항, 제31조제11호, 제31조의3제4항 각 호 외의 부분 후단 및 제32조 각 호 외의 부분 중 “환경부장관”을 각각 “기후에너지환경부장관”으로 한다.

별표 1 비고 제8호가목, 별표 2의3 비고, 별표 2의6 제1호다목 1) 및 2) 외의 부분, 별표 3 제4호라목 1)부터 3)까지 외의 부분 단서, 별표 5의3 제3호, 별표 5의4 제3호가목, 별표 7 비고 제3호 중 “환경부장관”을 각각 “기후에너지환경부장관”으로 한다.

별지 제1호서식, 별지 제1호의2서식, 별지 제1호의3서식, 별지 제2호서식, 별지 제3호서식, 별지 제4호서식, 별지 제5호의2서식 표지뒷면 제4호, 같은 서식 제2면, 별지 제9호서식 표지 뒷면 제4호, 같은 서식 제1면 및 별지 제12호의2서식 수수료란 중 “환경부장관”

을 각각 "기후에너지환경부장관"으로 한다.

별지 제1호서식의 처리절차란, 별지 제1호의3서식의 처리절차란, 별지 제5호의2서식 표지 및 별지 제9호서식 표지 중 "환경부"를 각각 "기후에너지환경부"로 한다.

㊳부터 〈98〉까지 생략

별표 / 서식

[별표 1] 절수설비와 절수기기의 종류 및 기준(제1조의2 관련)

[별표 2] 공장설립승인지역에서 영위할 수 있는 제조업의 범위(제2조의3제2호 관련)

[별표 2의2] 행정처분의 기준(제3조의3 관련)

[별표 2의3] 장비의 세부 종류(제3조의4제2항 관련)

[별표 2의4] 검사기관에 대한 행정처분의 기준(제3조의5 관련)

[별표 2의5] 절수설비의 절수등급 및 표시에 관한 기준(제3조의6 관련)

[별표 2의6] 등록취소 또는 지원중단의 기준(제6조 관련)

[별표 3] 수도시설의 세부 시설기준(제9조 관련)

[별표 3의2] 저수조의 설치기준(제9조의2 관련)

[별표 3의3] 중점관리지역의 수질측정 방법 및 주기(제12조의2제4항 관련)

[별표 3의4] 행정처분의 세부기준(제12조의4 관련)

[별표 4] 삭제 〈2010.11.29〉

[별표 5] 행정처분기준[제17조관련]

[별표 5의2] 행정처분의 세부기준(제17조의4 관련)

[별표 5의3] 탁도 등의 기준과 검사의 항목, 주기 및 방법(제18조의2제5항 관련)

[별표 5의4] 병원성미생물의 조사 대상시설 등(제18조의3제1항 관련)

[별표 6] 유량계설치및관리기준[제19조제2항관련]

[별표 6의2] 저수조 위생점검 기준(제22조의4제1항 관련)

[별표 7] 급수설비 상태검사의 구분 및 방법(제23조 관련)

[별표 7의2] 정수장 위생안전 인증 수도시설의 기준(제23조의2제1항 관련)

[별표 7의3] 저수조청소업의 인력·시설 및 장비기준(제23조의6제

1항 관련)

[별표 7의4] 저수조청소업자에 대한 행정처분기준(제23조의7 관련)

[별표 8] 기술진단에 필요한 기술인력(제30조 및 제31조 관련)

[별지 제1호서식] 위생안전기준 검사기관 지정신청서

[별지 제1호의2서식] 위생안전기준 검사기관 지정서

[별지 제1호의3서식] 위생안전기준 검사기관 변경승인 신청서

[별지 제1호의4서식] 물절약전문업(등록, 등록증 재발급)신청서

[별지 제1호의5서식] 물절약전문업 등록증

[별지 제2호서식] 수도사업(인가, 변경인가)신청서

[별지 제2호의2서식] 상수도관망관리대행업(등록,변경등록)신청서

[별지 제2호의3서식] 상수도관망관리대행업 등록증

[별지 제3호서식] 수도시설 운영·관리업무 위탁계약(체결, 해지)신고서

[별지 제4호서식] 정수시설운영관리사 자격시험 응시원서(원본)

[별지 제5호서식] 정수시설운영관리사 자격증 (발급, 재발급)신청서

[별지 제5호의2서식] 정수시설운영관리사 자격증

[별지 제6호서식] 정수시설운영관리사 명부

[별지 제7호서식] 상수도관망시설운영관리사 자격증 발급신청서

[별지 제8호서식] 상수도관망시설운영관리사 자격증 재발급신청서

[별지 제9호서식] 상수도관망시설운영관리사 자격증

[별지 제10호서식] 조치계획 적정성 검토보고서

[별지 제11호서식] 정수처리기준 운영결과 보고

[별지 제12호서식] 저수조 설치현황 신고서

[별지 제12호의2서식] 정수장 위생안전(인증, 재인증)신청서

[별지 제12호의3서식] 정수장 위생안전 인증서

[별지 제13호서식] 저수조청소업 (개설, 변경) 신고서

[별지 제14호서식] 저수조청소업 신고증명서

[별지 제15호서식] 저수조청소업 (폐업, 휴업) 신고서

[별지 제16호서식] 마을상수도(소규모급수시설)관리실태보고서(가축사체 매몰지 관련)

[별지 제17호서식] 전용상수도(공업용수도)설치(인가, 변경인가, 변경신고서)신청서

[별지 제18호서식] 전용상수도(공업용수도)(휴지, 폐지)신고서

대한민국 법령 시리즈 359

수도법

법 령 / 시 행 령 / 시 행 규 칙

2025년 12월 1일 인쇄 정가 23,000원
2025년 12월 11일 발행

편 저 편집부
디 자 인 송영미
발 행 인 조준형
발 행 처 해광출판사
Http://www.hgbookpub.com
E-mail : munbookcokr@naver.com
주 소 부산광역시 중구 해관로 41-1 (중앙동2가)
전화번호 (051) 253-0001 팩스 (051) 245-1187
등 록 제 2012-000005호

ISBN 979-11-6881-920-7

※ 법령 출처 : 법제처 국가법령정보센터
※ 본 도서는 〈공공데이터 제공 및 이용 활성화에 관한 법률〉을 근거로 출판되었습니다.

해광출판사 대한민국 법령 시리즈

001. 선원법
002. 어선법
003. 선박직원법
004. 해사안전기본법
005. 해양환경관리법
006. 선박의 입항 및 출항등에 관한 법률
007. 학교안전사고예방 및 보상에 관한 법률
008. 종합부동산세법
009. 방위사업법
010. 행정규제기본법
011. 식품산업진흥법
012. 위험물안전관리법
013. 화재의 예방 및 안전관리에 관한 법률
014. 도시가스사업법
015. 실내공기질관리법
016. 지방세법
017. 소득세법
018. 법인세법
019. 도선법
020. 선박안전법
021. 선박법
022. 수산업법
023. 고압가스안전관리법
024. 국민연금법
025. 공동주택관리법
026. 화학물질관리법
027. 어선원 및 어선 재해보상보험법
028. 장기등 이식에 관한 법률
029. 자연재해대책법
030. 공유재산 및 물품 관리법
031. 산업입지 및 개발에 관한 법률
032. 부정경쟁방지 및 영업비밀보호에 관한 법률
033. 금융지주회사법
034. 온실가스 배출권의 할당 및 거래에 관한 법률
035. 건축사법
036. 산림문화휴양에 관한 법률
037. 전기사업법
038. 사립학교법
039. 고등교육법
040. 액화석유가스의 안전관리 및 사업법
041. 선박투자회사법
042. 수산자원관리법
043. 위험물선박운송및저장규칙
044. 선박평형수관리법
045. 주택임대차보호법
046. 상가건물임대차보호법
047. 지방공기업법
048. 승강기안전관리법
049. 수목원·정원의 조성 및 진흥에 관한 법률
050. 민법
051. 치료감호 등에 관한 법률
052. 대부업 등의 등록 및 금융이용자 보호에 관한 법률
053. 사료관리법
054. 무형문화재 보전 및 진흥에 관한 법률
055. 총포·도검·화약류 등의 안전관리에 관한 법률
056. 경찰관직무집행법
057. 시설물의 안전 및 유지관리에 관한 특별법
058. 수산생물질병 관리법
059. 소비자기본법
060. 국제선박등록법
061. 정보통신망 이용촉진 및 정보보호 등에 관한 법률
062. 해운법
063. 농수산물 품질관리법
064. 수산업협동조합법
065. 해외건설촉진법
066. 수상레저안전법
067. 공무원재해보상법
068. 수상에서의 수색·구조 등에 관한 법률
069. 어촌어항법
070. 항만법
071. 항만운송사업법
072. 해양경비법
073. 해양사고의 조사 및 심판에 관한 법률
074. 외국인근로자의 고용 등에 관한 법률
075. 중소기업기본법
076. 자유무역지역의 지정 및 운영에 관한 법률
077. 대기환경보전법
078. 소음진동관리법
079. 폐기물관리법
080. 하수도법
081. 물환경보전법
082. 토양환경보전법
083. 환경정책기본법
084. 산업재해보상보험법
085. 관세법
086. 노동조합 및 노동관계조정법
087. 근로기준법
088. 군인연금법
089. 먹는물관리법
090. 기술보증기금법
091. 관광진흥법
092. 감염병의 예방 및 관리에 관한 법률
093. 사법경찰관리의 직무를 수행할 자와 그 직무범위에 관한 법률
094. 수의사법
095. 가정폭력방지 및 피해자보호 등에 관한 법률
096. 환경영향평가법
097. 체육시설의 설치 · 이용에 관한 법률
098. 장사 등에 관한 법률
099. 상호저축은행법
100. 은행법
101. 보호관찰 등에 관한 법률
102. 형법
103. 자동차관리법
104. 형사소송법
105. 전자금융거래법
106. 마약류 불법거래 방지에 관한 특례법
107. 도로법
108. 주세법
109. 변리사법
110. 하천법
111. 중소기업진흥에 관한 법률
112. 발달장애인 권리보장 및 지원에 관한 법률
113. 주택법
114. 장애인복지법
115. 농어업경영체 육성 및 지원에 관한 법률
116. 공인중개사법
117. 건강기능식품에 관한 법률
118. 예비군법
119. 개발제한구역의 지정 및 관리에 관한 특볕조치법
120. 국유재산법
121. 주차장법
122. 환경기술 및 환경산업 지원법
123. 대기관리권역의 대기환경개선에 관한 특볕법
124. 악취방지법
125. 미세먼지 저감 및 관리에 관한 특별법
126. 가축분뇨의 관리 및 이용에 관한 법률
127. 물의 재이용 촉진 및 지원에 관한 법률
128. 물관리기본법
129. 물관리기술 발전 및 물산업 진흥에 관한 컵률
130. 자원의 절약과 재활용촉진에 관한 법률
131. 전기 · 전자제품 및 자동차의 자원순환에 관한 법률
132. 건설폐기물의 재활용촉진에 관한 법률
133. 수도권매립지관리공사의 설립 및 운영 등게 관한 법률
134. 폐기물의 국가 간 이동 및 그 처리에 관한 법률
135. 폐기물처리시설 설치촉진 및 주변지역지원 등에 관한 법률
136. 자원순환기본법
137. 잔류성오염물질 관리법
138. 환경분쟁 조정법

해광출판사 대한민국 법령 시리즈

139. 화학물질의 등록 및 평가 등에 관한 법률
140. 환경오염시설의 통합관리에 관한 법률
141. 환경오염피해 배상책임 및 구제에 관한 법률
142. 중소기업제품 구매촉진 및 판로지원에 관한 법률
143. 환경개선비용 부담법
144. 환경분야 시험·검사 등에 관한 법률
145. 환경친화적 산업구조로의 전환촉진에 관한 법률
146. 환경친화적 자동차의 개발 및 보급 촉진에 관한 법률
147. 환경범죄 등의 단속 및 가중처벌에 관한 법률
148. 생명윤리 및 안전에 관한 법률
149. 장애인차별금지 및 권리구제 등에 관한 법률
150. 부동산투자회사법
151. 정치자금법
152. 과학기술기본법
153. 대리점거래의 공정화에 관한 법률
154. 상속세 및 증여세법
155. 학원의 설립 · 운영 및 과외교습에 관한 법률
156. 해양심층수의 개발 및 관리에 관한 법률
157. 전기용품 및 생활용품 안전관리법
158. 사회기반시설에 대한 민간투자법
159. 공직선거법
160. 정당법
161. 유류오염손해배상 보장법
162. 부정청탁 및 금품등 수수의 금지에 관한 법률
163. 항로표지법
164. 어장관리법
165. 민방위기본법
166. 공직자윤리법
167. 선거관리위원회법
168. 유선 및 도선 사업법
169. 전기공사업법
170. 사회복지사업법
171. 택지개발촉진법
172. 국가공무원법
173. 민간임대주택에 관한 특별법
174. 어음법·수표법
175. 민사집행법
176. 상법
177. 문화예술진흥법
178. 중소기업협동조합법
179. 농업협동조합법
180. 도로교통법
181. 의료사고 피해구제 및 의료분쟁 조정 등에 관한 법률
182. 산림보호법
183. 소년법
184. 동물보호법
185. 건축물관리법
186. 도시개발법
187. 화물자동차 운수사업법
188. 도시 및 주거환경정비법
189. 의료법
190. 국회법
191. 응급의료에 관한 법률
192. 출입국관리법
193. 노인복지법
194. 산림자원의 조성 및 관리에 관한 법률
195. 청소년 보호법
196. 초 · 중등교육법
197. 혁신도시 조성 및 발전에 관한 특별법
198. 경제자유구역의 지정 및 운영에 관한 특별법
199. 공공기관의 운영에 관한 법률
200. 대한민국헌법
201. 국민기초생활 보장법
202. 저작권법
203. 가사소송법
204. 국가유공자 등 예우 및 지원에 관한 법률
205. 국민체육진흥법
206. 전통주 등의 산업진흥에 관한 법률
207. 재난 및 안전관리 기본법
208. 정보통신공사업법
209. 주식회사 등의 외부감사에 관한 법률
210. 공익사업을 위한 토지 등의 취득 및 보상에 관한 법률
211. 개인정보 보호법
212. 국세기본법
213. 에너지이용 합리화법
214. 감정평가 및 감정평가사에 관한 법률
215. 국가인권위원회법
216. 가맹사업거래의 공정화에 관한 법률
217. 보건의료기본법
218. 산업안전보건법
219. 법무사법
220. 교육공무원법
221. 특허법
222. 민사소송법
223. 아동복지법
224. 전파법
225. 하도급거래 공정화에 관한 법률
226. 기초연금법
227. 사립학교교직원 연금법
228. 직업안정법
229. 장애아동 복지지원법
230. 부동산등기법
231. 자동차손해배상 보장법
232. 철도안전법
233. 항공안전법
234. 전자상거래 등에서의 소비자보호에 관한 법률
235. 독점규제 및 공정거래에 관한 법률
236. 상표법
237. 채무자 회생 및 파산에 관한 법률
238. 공무원연금법
239. 축산법
240. 근로복지기본법
241. 민원 처리에 관한 법률
242. 약사법
243. 방문판매 등에 관한 법률
244. 건축기본법
245. 지방세기본법
246. 지방세징수법
247. 지방자치법
248. 도시교통정비 촉진법
249. 공공주택 특별법
250. 국세징수법
251. 공인노무사법
252. 중대재해 처벌 등에 관한 법률
253. 외무공무원법
254. 소방시설공사업법
255. 검역법
256. 공중위생관리법
257. 할부거래에 관한 법률
258. 인터넷 멀티미디어 방송사업법
259. 전기통신사업법
260. 제품안전기본법
261. 철도사업법
262. 어린이제품 안전 특별법
263. 영유아보육법
264. 원자력안전법
265. 보험업법
266. 경비업법
267. 교통안전법
268. 세무사법
269. 관세사법
270. 공인회계사법
271. 지방공무원법
272. 고용정책 기본법
273. 국가경찰과 자치경찰의 조직 및 운영에 관한 법률
274. 협동조합 기본법
275. 재해구호법
276. 환경보건법

해광출판사 대한민국 법령 시리즈

277. 자살예방 및 생명존중문화 조성을 위한 법률
278. 소방산업의 진흥에 관한 법률
279. 소방기본법
280. 비송사건절차법
281. 자연환경보전법
282. 변호사법
283. 기업구조조정투자회사법
284. 전기통신기본법
285. 에너지법
286. 해양생태계의 보전 및 관리에 관한 법률
287. 사회보장기본법
288. 통신비밀보호법
289. 공증인법
290. 물류시설의 개발 및 운영에 관한 법률
291. 청소년활동 진흥법
292. 형의 집행 및 수용자의 처우에 관한 법률
293. 도시공원 및 녹지 등에 관한 법률
294. 태권도 진흥 및 태권도공원 조성 등에 관한 법률
295. 녹색건축물 조성 지원법
296. 우편법
297. 예금자보호법
298. 건설산업기본법
299. 금융회사의 지배구조에 관한 법률
300. 장애인활동 지원에 관한 법률
301. 언론중재 및 피해구제 등에 관한 법률
302. 국가재정법
303. 농지법
304. 게임산업진흥에 관한 법률
305. 정신건강증진 및 정신질환자 복지서비스 지원에 관한 법률
306. 디자인보호법
307. 의료기사 등에 관한 법률
308. 스마트도시 조성 및 산업진흥 등에 관한 법률
309. 내수면어업법
310. 한국주택금융공사법
311. 의료기기법
312. 유통산업발전법
313. 전통시장 및 상점가 육성을 위한 특별법
314. 여신전문금융업법
315. 해외자원개발 사업법
316. 산업교육진흥 및 산학연협력촉진에 관한 법률
317. 빈집 및 소규모주택 정비에 관한 특례법
318. 기업도시개발 특별법
319. 전력기술관리법
320. 국토기본법
321. 지하수법
322. 식품위생법
323. 광업법
324. 호스피스·완화의료 및 임종과정에 있는 환자의 연명의료결정에 관한 법률
325. 주식·사채 등의 전자등록에 관한 법률
326. 표시·광고의 공정화에 관한 법률
327. 골재채취법
328. 국민건강증진법
329. 새마을금고법
330. 여객자동차 운수사업법
331. 마리나항만의 조성 및 관리 등에 관한 법률
332. 한부모가족지원법
333. 국가를 당사자로 하는 계약에 관한 법률
334. 지방자치단체를 당사자로 하는 계약에 관한 법률
335. 축산물 위생관리법
336. 병역법
337. 음악산업진흥에 관한 법률
338. 국가균형발전 특별법
339. 첨단재생의료 및 첨단바이오의약품 안전 및 지원에 관한 법률
340. 공간정보의 구축 및 관리 등에 관한 법률
341. 공유수면 관리 및 매립에 관한 법률
342. 농수산물 유통 및 가격안정에 관한 법률
343. 아시아문화중심도시 조성에 관한 특별법
344. 신탁법
345. 자연공원법
346. 생활화학제품 및 살생물제의 안전관리에 관한 법률
347. 군인사법
348. 국제조세조정에 관한 법률
349. 낙동강수계 물관리 및 주민지원 등에 관한 법률
350. 주민등록법
351. 집합건물의 소유 및 관리에 관한 법률
352. 집단에너지사업법
353. 산림조합법
354. 반도체집적회로의 배치설계에 관한 법률
355. 자본시장과 금융투자업에 관한 법률
356. 담보부사채신탁법
357. 근로자퇴직급여 보장법
358. 국제과학비즈니스벨트 조성 및 지원에 관한 특별법
359. 수도법
360. 식품 등의 표시 · 광고에 관한 법률
361. 약관의 규제에 관한 법률
362. 인삼산업법
363. 종자산업법
364. 항공사업법
365. 건설기계관리법
366. 군형법
367. 궤도운송법
368. 기술의 이전 및 사업화 촉진에 관한 법률
369. 농수산물의 원산지 표시 등에 관한 법률
370. 담배사업법
371. 석유 및 석유대체연료 사업법
372. 가축전염병 예방법
373. 농어촌정비법
374. 식물신품종 보호법
375. 항공보안법
376. 중소기업창업 지원법
377. 군사법원법
378. 우주개발 진흥법
379. 해저광물자원 개발법
380. 산림복지 진흥에 관한 법률
381. 지능형 로봇 개발 및 보급 촉진법
382. 헌법재판소법
383. 옥외광고물 등의 관리와 옥외광고산업 진흥에 관한 법률
384. 혈액관리법
385. 국제항해선박 등에 대한 해적행위 피해예방에 관한 법률
386. 유료도로법
387. 독립유공자예우에 관한 법률
388. 신에너지 및 재생에너지 개발 · 이용 · 보급 촉진법
389. 신용정보의 이용 및 보호에 관한 법률
390. 출판문화산업 진흥법
391. 공항시설법
392. 국민 평생 직업능력 개발법
393. 아동 · 청소년의 성보호에 관한 법률
394. 방송법
395. 신용보증기금법
396. 화장품법
397. 청소년 기본법
398. 인터넷주소자원에 관한 법률
399. 양곡관리법
400. 도로명주소법
401. 전자문서 및 전자거래 기본법
402. 산업기술의 유출방지 및 보호에 관한 법률
403. 국가기술자격법
404. 양식산업발전법
405. 산업기술혁신 촉진법
406. 새만금사업 추진 및 지원에 관한 특별법
407. 전자정부법
408. 지역 개발 및 지원에 관한 법률
409. 한국농어촌공사 및 농지관리기금법
410. 계량에 관한 법률
411. 기업활동 규제완화에 관한 특별조치법
412. 군에서의 형의 집행 및 군수용자의 처우에 관한 법률

해광출판사 대한민국 법령 시리즈

413. 규제자유특구 및 지역특화발전특구에 관한 규제특례법
414. 금융위원회의 설치 등에 관한 법률
415. 남녀고용평등과 일·가정 양립 지원에 관한 법률
416. 농어업인 삶의 질 향상 및 농어촌지역 개발촉진에 관한 특별법
417. 댐건설·관리 및 주변지역지원 등에 관한 법률
418. 국가유산수리 등에 관한 법률
419. 법원조직법
420. 보훈보상대상자 지원에 관한 법률
421. 부패방지 및 국민권익위원회의 설치와 운영에 관한 법률
422. 과학기술분야 정부출연연구기관 등의 설립·운영 및 육성에 관한 법률
423. 연구개발특구의 육성에 관한 특별법
424. 친환경농어업 육성 및 유기식품 등의 관리·지원에 관한 법률
425. 연안관리법
426. 영화 및 비디오물의 진흥에 관한 법률
427. 신용협동조합법
428. 방송통신발전 기본법
429. 범죄피해자 보호법
430. 가축 및 축산물 이력관리에 관한 법률
431. 국가표준기본법
432. 국가통합교통체계효율화법
433. 범죄인 인도법
434. 국가과학기술 경쟁력 강화를 위한 이공계지원 특별법
435. 국제경기대회 지원법
436. 금융혁신지원 특별법
437. 수자원의 조사·계획 및 관리에 관한 법률
438. 축산자조금의 조성 및 운용에 관한 법률
439. 소방시설 설치 및 관리에 관한 법률
440. 양성평등기본법
441. 축산계열화사업에 관한 법률
442. 수입식품안전관리 특별법
443. 대외무역법
444. 국가연구개발사업 등의 성과평가 및 성과관리에 관한 법률
445. 무역보험법
446. 기술사법
447. 광산안전법
448. 농약관리법
449. 농업·농촌 및 식품산업 기본법
450. 문화산업진흥 기본법
451. 부담금관리 기본법
452. 야생생물 보호 및 관리에 관한 법률
453. 한국은행법
454. 별정우체국법
455. 원양산업발전법
456. 콘텐츠산업 진흥법
457. 한국수출입은행법
458. 외국인투자 촉진법
459. 물류정책기본법
460. 전자서명법
461. 산업발전법
462. 산업표준화법
463. 소프트웨어 진흥법
464. 토지이용규제 기본법
465. 해수욕장의 이용 및 관리에 관한 법률
466. 정보통신 진흥 및 융합 활성화 등에 관한 특별법
467. 정보통신산업 진흥법
468. 지진·화산재해대책법
469. 소금산업진흥법
470. 위치정보의 보호 및 이용 등에 관한 법률
471. 외국법자문사법
472. 이러닝(전자학습)산업 발전 및 이러닝 활용 촉진에 관한 법률
473. 암관리법
474. 실용신안법
475. 가족관계의 등록 등에 관한 법률
476. 무인도서의 보전 및 관리에 관한 법률
477. 감사원법
478. 정보보호산업의 진흥에 관한 법률
479. 결혼중개업의 관리에 관한 법률
480. 공익신고자 보호법
481. 박물관 및 미술관 진흥법
482. 낚시 관리 및 육성법
483. 동산·채권 등의 담보에 관한 법률
484. 임금채권보장법
485. 국민투표법
486. 농림수산업자 신용보증법
487. 국가채권 관리법
488. 중소기업은행법
489. 식품안전기본법
490. 외국환거래법
491. 발명진흥법
492. 건설기술 진흥법
493. 기후위기 대응을 위한 탄소중립·녹색성장 기본법
494. 인체조직안전 및 관리 등에 관한 법률
495. 엔지니어링산업 진흥법
496. 신문 등의 진흥에 관한 법률
497. 식물방역법
498. 석탄산업법
499. 산업융합 촉진법
500. 비료관리법
501. 임업 및 산촌 진흥촉진에 관한 법률
502. 복권 및 복권기금법
503. 대규모유통업에서의 거래 공정화에 관한 법률
504. 뉴스통신 진흥에 관한 법률
505. 지능정보화 기본법
506. 자격기본법
507. 중소기업 기술혁신 촉진법
508. 국가공간정보 기본법
509. 농어업재해대책법
510. 방송광고판매대행 등에 관한 법률
511. 지식재산 기본법
512. 초고층 및 지하연계 복합건축물 재난관리에 관한 특별법
513. 해양 조사와 해양정보 활용에 관한 법률
514. 공간정보산업 진흥법
515. 공공기관의 정보공개에 관한 법률
516. 행정기본법
517. 해상교통안전법
518. 농어업재해보험법
519. 문화유산의 보존 및 활용에 관한 법률
520. 자연유산의 보존 및 활용에 관한 법률
521. 국토의 계획 및 이용에 관한 법률
522. 건축법
523. 국민건강보험법
524. 계엄법
525. 환경친화적 선박의 개발 및 보급 촉진에 관한 법률
526. 해양폐기물 및 해양오염퇴적물 관리법
527. 연안사고 예방에 관한 법률
528. 전기안전관리법
529. 의약품 등의 안전에 관한 규칙
530. 공공보건의료에 관한 법률
531. 군보건의료에 관한 법률
532. 농어촌 등 보건의료를 위한 특별조치법
533. 보호소년 등의 처우에 관한 법률
534. 국가를 당사자로 하는 소송에 관한 법률
535. 간호법
536. 국립묘지의 설치 및 운영에 관한 법률
537. 주류 면허 등에 관한 법률
538. 부가가치세법
539. 자율운항선박 개발 및 상용화 촉진에 관한 법률

*** 해광출판사의 법령 시리즈는 계속 발행 됩니다.**
**** 각 도서의 개정판은 인쇄일을 기준으로 제작 되었습니다.**